国家卫生健康委员会

十四五

全国高等职业教育教材

供老年保健与管理专业用

养老机构运营管理

主　编　初晓艺

副主编　徐国辉　王元元

编　者（以姓氏笔画为序）

王　新（安徽卫生健康职业学院）

王元元（安徽医学高等专科学校）

代　雨（曲靖医学高等专科学校）

李　瑜（山东药品食品职业学院）

李来酉（宁波卫生职业技术学院）

初晓艺（山东药品食品职业学院）

赵志鑫（河南护理职业学院）

柳涵英（苏州市怡养护理院）

徐国辉（承德护理职业学院）

人民卫生出版社

·北 京·

版权所有，侵权必究！

图书在版编目（CIP）数据

养老机构运营管理 / 初晓艺主编 . —北京：人民
卫生出版社，2023.9（2025.10重印）
ISBN 978-7-117-32780-0

Ⅰ. ①养… Ⅱ. ①初… Ⅲ. ①养老院–运营管理–高
等职业教育–教材 Ⅳ. ①C913.6

中国版本图书馆 CIP 数据核字（2021）第 267772 号

| 人卫智网 | www.ipmph.com | 医学教育、学术、考试、健康，购书智慧智能综合服务平台 |
| 人卫官网 | www.pmph.com | 人卫官方资讯发布平台 |

养老机构运营管理
Yanglao Jigou Yunying Guanli

主　　编：初晓艺
出版发行：人民卫生出版社（中继线 010-59780011）
地　　址：北京市朝阳区潘家园南里 19 号
邮　　编：100021
E - mail：pmph @ pmph.com
购书热线：010-59787592　010-59787584　010-65264830
印　　刷：保定市中画美凯印刷有限公司
经　　销：新华书店
开　　本：850 × 1168　1/16　印张：12.5
字　　数：396 千字
版　　次：2023 年 9 月第 1 版
印　　次：2025 年 10 月第 6 次印刷
标准书号：ISBN 978-7-117-32780-0
定　　价：59.00 元

打击盗版举报电话：010-59787491　E-mail：WQ @ pmph.com
质量问题联系电话：010-59787234　E-mail：zhiliang @ pmph.com
数字融合服务电话：4001118166　　E-mail：zengzhi @ pmph.com

出版说明

随着社会的发展,人们的生活水平不断提高,人口老龄化已经成为世界上大多数国家人口发展过程中的普遍现象。社会迫切需要大批的经过专业教育,具有良好职业素质,具有扎实的老年护理与保健知识,具有较强的操作技能和管理水平的高素质技术技能型人才。

老年保健与管理专业作为培养国家紧缺型养老服务技术技能人才的新专业,于2015年列入教育部《普通高等学校高等职业教育(专科)专业目录》。2019年以来,《国家职业教育改革实施方案》和《国务院办公厅关于推进养老服务发展的意见》等一系列文件的颁布为高等职业教育老年保健与管理专业的发展提出了要求并指明了方向。

为推动老年保健与管理专业的发展和学科建设,规范老年保健与管理专业的教学模式,适应新时期老年保健与管理专业人才培养的需要,在2019年8月教育部公布了《高等职业学校老年保健与管理专业教学标准》以后,人民卫生出版社在全国广泛调研论证的基础上,启动了全国高等职业教育老年保健与管理专业第一轮规划教材编写工作。

本套教材编写紧密对接新时代健康中国高质量卫生人才培养需求,坚持立德树人,德技并修,推动思想政治教育与技术技能培养融合统一,深入贯彻课程思政,在编写内容中体现人文关怀和尊老敬老的中华传统美德。教材遵循技术技能型人才成长规律,编写人员不仅包括开设老年保健与管理专业院校的一线教学专家,还包括来自企业的一线行业专家,充分发挥校企合作的优势,体现"双元"的职业教育教材编写模式。教材编写团队精心组织教材内容,优化教材结构,积极落实卫生职业教育改革发展的最新成果,创新编写模式,从而推动现代信息技术与教育教学深度融合。

本轮教材编写的基本原则:

1. 符合现代职业教育对高素质老年保健与管理专业人才的需求 教材融传授知识、培养能力、提高技能、提升素质为一体,注重职业教育人才德能并重、知行合一和崇高职业精神的培养。重视培养学生的创新、获取信息及终身学习的能力,突出教材的启发性,为建设创新型国家提供人才支撑。

2. 体现衔接与贯通的职教改革发展思路 教材立足高职专科层次学生来源及就业面向,实现教材内容的好教、好学、好用。突出教材的有机衔接与科学过渡作用,并将职业道德、人文素养教育贯穿培养全过程,为中高衔接、高本衔接的贯通人才培养通道做好准备。

3. 与职业技能等级证书标准紧密接轨 职业技能等级证书标准以岗位需求为导向,注重多个学科的交融与交叉,是教学应达到的基本要求。因此教材内容和结构设计与职业技能等级证书考核要求和标准紧密结合,从而促进与1+X证书制度的有效融合,提高学生职业素养和技能水平,提升养老服务与管理人才培养质量。

本套教材共9种,供高等职业教育老年保健与管理专业以及相关专业选用。

3

前　言

我国人口老龄化进程明显加快，第七次全国人口普查数据显示，我国60岁及以上人口约2.6亿人，其中，65岁及以上人口约1.9亿人。养老服务业快速、高质量、规范的发展亟需懂管理、会运营的高素质养老管理人才，而推进教材建设，对培养具有良好职业道德、扎实专业知识和职业能力的老年保健与管理专业人才至关重要。

我们依据高等职业教育老年保健与管理专业的培养目标和要求，结合养老机构运营管理岗位的实际需要，以相关法规、标准、规范为依据，整合优化教学内容，组织学校专家和行业专家精心编写了本教材。

本教材全面落实党的二十大精神进教材要求，以养老机构各部门管理工作为主线，引入标准化、规范化的质量管理理念，融入安全意识、风险意识，体现尊老爱老、以人为本的职业素质，着重加强养老机构运营管理岗位能力的培养。全书共有九章，内容包括老龄化社会与养老机构概况、养老机构的建设管理、养老机构的营销管理、养老机构的组织行政管理与信息化管理、养老机构的服务管理、养老机构的安全与风险管理、养老机构的财务与后勤管理、养老机构的质量管理与标准化建设，以及养老机构服务的延伸与辐射。

本教材设有导入情境，提出工作任务，有利于激发学生的学习兴趣，引导学生主动学习，培养学生的探究精神和分析问题、解决问题的能力；设有知识链接、案例，有利于拓宽学生的知识面；设有学习目标、综合思考题，便于学生掌握学习要求；设有实践项目，有助于培养学生综合运用所学知识，理论联系实践，解决实际问题的能力。配套的数字资源便于教师进行授课和学习者自学使用。

本教材主要供高等职业教育专科老年保健与管理专业使用，也可作为养老机构管理岗位培训用书及养老机构工作人员参考书。

本教材的编写参考了国内外大量文献，同时也得到了编者所在单位相关领导和同事的大力支持，在此表示诚挚的谢意。

由于编写时间有限，且鉴于编者的知识水平和能力水平有限，书中难免存在疏漏之处，敬请读者批评指正。

初晓艺
2023年10月

目 录

第一章　老龄化社会与养老机构概况

01章

第一章
数字内容

学习目标

1. 掌握：养老机构类型与性质；养老机构服务内容。
2. 熟悉：我国养老行业发展现状及机遇。
3. 了解：我国老龄化特点及发展趋势；养老机构的含义及社会职能；国内外养老机构发展概况。
4. 能独立完成养老机构调研报告。
5. 树立"尊老爱老、以人为本"的服务理念。

导入情境

　　张女士的母亲去世后，张女士的父亲一个人生活，但随着年纪增大，老人又患有多种疾病，生活上渐渐不能照顾自己，张女士白天工作很忙，又经常出差，无法照顾老人，所以她很苦恼，听说本地有很多新建的养老机构，有公办的，也有民营的，有护理院还有老年公寓，如何在这些机构中选择适合父亲的机构，张女士拿不定主意。

工作任务：

请为张女士介绍不同类型养老机构的性质和特点。

第一节　我国人口老龄化现状及发展趋势

　　人口老龄化是指总人口中因年轻人口数量相对减少，老年人口数量相对增加而导致的老年人口比例相应增长的动态过程。根据世界卫生组织的有关规定，发达国家65岁以上人口占总人口的比例达7%以上，发展中国家60岁以上人口占总人口的比例超过10%，该国家或地区属老龄化国家或地区。

一、我国人口老龄化特点及发展趋势

（一）我国人口老龄化形成的原因

　　1. 生育率下降　决定人口老龄化最主要的因素是生育率下降。生育率下降的原因有两个方面：一是由于当前人口结构的关系，育龄妇女减少；二是工作、生活的压力，特别是随着经济社会发展节奏加快等，可能导致育龄妇女生育意愿不高。这两方面的原因直接影响到总和生育率，使得我国的生育

1

率下降,从而少儿人口及所占的比重大幅度下降,老年人口的比重则相对上升。

2. 人口预期寿命持续提高 我国经济社会快速发展,人民生活水平不断提高,医疗卫生条件大幅度改善,人民群众健康条件明显改善。人口预期寿命持续提高,是老龄化社会形成、发展以及成熟的一大原因。

（二）我国人口老龄化的现状及特点

我国正处于加速老龄化社会进程中。我国人口老龄化的主要特点有以下几个方面:

第一,老年人口规模庞大。国家统计局发布的《第七次全国人口普查公报》显示:截至2020年11月1日,我国60岁及以上人口为2.64亿人,占全国总人口的18.70%,其中65岁及以上人口为1.9亿人,占全国总人口的13.50%。

第二,老龄化进程明显加快。2010—2020年,我国60岁及以上人口比重上升了5.44个百分点,65岁及以上人口的比重上升了4.63个百分点。与上个10年相比,上升幅度分别提高了2.51和2.72个百分点。

第三,老龄化水平城乡差异明显。第七次全国人口普查数据显示,我国乡村60岁、65岁及以上老年人的比重分别为23.81%、17.72%,比城镇分别高出7.99、6.61个百分点。老龄化水平的城乡差异,除了经济社会原因外,与人口流动也是有密切关系的。

第四,老年人口文化程度有所提高。第七次全国人口普查数据显示,60岁及以上人口中,拥有高中及以上文化程度的有3 669万人,比2010年增加了2 085万人;高中及以上文化程度的人口比重为13.90%,比10年前提高了4.98%。

（三）我国老龄化人口发展趋势

人口老龄化将伴随21世纪始终,2030—2050年是中国人口老龄化最严峻的时期,重度人口老龄化和高龄化将日益突出。

二、我国养老行业发展现状及机遇

（一）我国养老行业发展现状

近年来,在国家一系列政策推动下,我国养老机构发展迅速。据国家统计局《中华人民共和国2020年国民经济和社会发展统计公报》显示,截至2020年年末,我国养老机构共3.8万个,养老服务床位823.8万张。

我国养老行业虽然取得了政策制度不断完善、投资主体日益多元、数量规模发展迅速、服务类型更加多样、服务设施不断完善、人员队伍逐渐发展等成果,但是还存在发展政策落实不到位、市场竞争不完善、建设滞后、服务水平低等问题,具体表现在以下几个方面:

一是养老机构发展政策落实不到位、体系不够完善。我国为鼓励养老机构的发展,虽然出台了多项优惠政策,但由于政策条文过于笼统、部分公办养老机构定位不准确、政策操作性不强等原因导致各项优惠政策落实不到位;此外,制约养老机构发展的土地、融资、连锁经营、风险分担等领域的关键政策尚未实现突破。

二是养老机构双轨运行,市场竞争机制不完全。养老产业本身具有初始投资大、回报率低、回收年限长等特点,使得它在投融资等方面困难重重。同时,公办养老机构享有国家在资金、政策、土地等多方面支持,与民办养老机构在市场上进行竞争,具有一定优势。

三是养老机构自身建设滞后,服务水平较低。主要表现在适老性设计和服务理念滞后、基础设施配备不足、专业人才缺乏等。护理康复需求规模巨大,供给却严重不足。现有的民办养老机构绝大部分只能提供日常生活照料,仅有少部分以护理康复为主。目前养老机构中医护人员数量少、学历低,护理人员年龄大、技能差的现象较普遍。

四是机构养老服务有效需求不足。"哑铃型"供给抑制有效需求,也就是市场上处于两端的豪华型养老机构和设施简陋的养老机构较多,真正符合大多数老年人的中档养老机构所占份额较低,呈现两头大、中间小的"哑铃型",直接导致大量老年人的需求得不到满足。

五是支持养老机构发展的社会氛围有待形成。

（二）我国养老行业发展机遇

人口老龄化是社会发展的重要趋势，也是今后较长一段时期我国的基本国情，这既是挑战也存在机遇。从挑战方面看，人口老龄化将减少劳动力的供给数量、增加家庭养老负担和基本公共服务供给的压力。同时也要看到人口老龄化促进了"银发经济"发展，扩大了老年产品和服务消费，而且目前老龄产业还远远不能满足老年人口的需求，因此人口老龄化为养老行业发展带来一些新的机遇。

第二节　养老机构概述

提高老年人生活质量，让老年人享受舒适安全、高质量的社会服务，是加强社会主义精神文明建设，构建和谐社会的需要，同时也是国家对老龄事业提出的新要求，是坚持"以人为本"的重要体现。随着经济的发展、社会的进步，以及人们养老观念的改变，传统的家庭养老功能逐渐被弱化，我国老年群体对社会养老服务的需求倍增，机构养老开始步入普通民众的视野，并以其独特的特点与优势赢得公众的认可，成为社会共同关注的话题。

一、养老机构的含义和发展

养老机构是指国家、社会组织和个人举办的，为老年人提供饮食起居、清洁卫生、生活护理、健康管理和文体娱乐活动等综合性服务的机构。它可以是独立的法人机构，也可以是附属于医疗机构、企事业单位、社会团体或组织、综合性社会福利机构的一个部门或者分支机构。

（一）机构养老和养老机构的含义

1. 机构养老　《中华人民共和国国民经济和社会发展第十四个五年规划和 2035 年远景目标纲要》提出，推动养老事业和养老产业协同发展，健全基本养老服务体系，大力发展普惠型养老服务，支持家庭承担养老功能，构建居家社区机构相协调、医养康养相结合的养老服务体系。这是我国政府基于目前绝大部分老年人的养老居住方式而做出的规划。机构养老是社会养老服务体系的三大组成部分之一，它在组织结构、服务形式和内容等方面与其他养老方式既有区别又有联系：与传统的家庭养老相比，机构养老可以通过提供社会化的养老服务分担家庭的养老功能；与社区养老相比，机构养老服务能够为老年人尤其是生活自理能力受限的老年人提供更为专业的服务。同时，从目前社会养老服务的发展趋势来看，我国政府正在积极鼓励和倡导机构养老与社区养老和居家养老相结合，把养老机构的专业护理服务延伸到社区和家庭。总之，机构养老作为社区养老和居家养老的有力补充形式，与社区服务和居家服务的建设相互配合，在养老服务供给中发挥着不可替代的作用。

2. 养老机构　养老机构是社会养老专有名词，是指为老年人提供集中居住和照料服务等综合性服务的机构。机构养老模式通常以各种养老机构为载体，实现其社会化的养老功能。

（二）我国养老机构发展历程

1. 我国古代养老机构的发展　早在南北朝时期，我国已经有了以救助孤寡老年人、儿童和病者的"孤独园"与"六疾馆"。这种慈善、救济性的组织，是我国养老机构的雏形，并在随后漫长的历史发展中，逐渐上升为国家性的制度举措。唐朝建立之后，武则天将梁武帝设立的"孤独园"更名为"悲田养病坊"，让其主要承担悲悯贫穷孤独和施舍救难的职能，国家对贫困孤独人民的救助、保障在唐朝有了明显的发展。随后，经过唐朝的推动，养老机构在宋代有了更快的发展。北宋初年即开设"福田院"，随后发展为"居养院"，南宋时期发展为"养济院"。这些不同名字的机构均以慈善性养老为主要任务，具体事务完全由政府负责管理。经元朝至明朝初期，朝廷即诏令各地方府县设置"养济院"，救济、收养各地贫民，为他们提供一定程度的生活保障。清朝时期，这种慈善、救济性的机构开始逐渐增多，沿袭明朝做法，清朝在京城及各地分别设立"养济院"，赡养鳏寡孤独及残疾无依靠的人，所需银两与口粮由政府负责拨付，地方乡绅可以自由捐献银两、衣物与口粮。这种由民间捐赠的做法在康熙年间进一步发展，各地开始出现"普济堂"。"普济堂"的费用主要来源于官田及富人捐助田的地租。可见在清朝时期，这种官府和民间力量合办的养老机构已经开始出现。

2. 我国现代养老机构的发展　中华人民共和国成立后,我国养老机构的发展主要经历了两个发展阶段。

（1）公办养老机构一枝独秀:20世纪50年代到90年代,中国的福利制度模式是由国家负责、政府包办的民政福利和单位包办的职工福利等组成的传统福利模式。老年人福利的基本结构属于城乡二元结构。城市范围内,老年人的福利主要是单位包办的职工福利以及特殊困难群体的国家福利,体现在养老机构方面,当时城镇范围内的养老机构主要有两种,一种是单位兴办的集体制的专门接收离退休人员的机构,另一种是收住城镇"三无"老人的公办社会福利院。城镇"三无"老人即无劳动能力、无生活来源又无法定赡养、抚养、扶养义务人,或者其法定赡养、抚养、扶养义务人无赡养、抚养、扶养能力的老年人。在农村,从新中国成立后我国就对农村中生活困难的老年人给予救济,大多数农村生活困难的老年人都是通过"五保"供养(吃、穿、住、医、葬)的方式维持生活,其中农村敬老院是集中收住农村"五保"老年人的主要场所。

（2）民办养老机构逐渐兴起:20世纪90年代初我国开始探索社会福利社会化的思路,从1998年开始,我国加大对社会力量兴办福利机构的政策引导和资金扶持,使得各种形式的福利机构如雨后春笋般涌现出来,改变了以往民办社会福利机构几乎空白的状态。2000年,国务院办公厅转发民政部等部门《关于加快实现社会福利社会化的意见》,自此社会力量兴办的社会福利机构迅速发展,成为我国社会福利事业的重要组成部分。为进一步调动社会力量参与社会福利事业的积极性,维护社会办福利机构的合法权益,推动社会福利社会化进程,民政部在2005年又下发了《关于支持社会力量兴办社会福利机构的意见》,这些文件的颁布实施集中体现了我国政府对于社会福利社会化的支持态度和引导其发展的基本方向。

自此以后,我国民办养老机构迅猛发展,形成公办养老机构和民办养老机构共同发展的良好局面。

（三）我国养老机构的职能

职能是指一个机构或单位的职责功能和所应起到的作用。养老服务社会化是社会现代化和人口老龄化双重作用下的产物,而社会现代化是更为重要的因素。养老机构是养老服务社会化的重要载体。换言之,养老服务从家庭外移至社会,需要社会力量有组织地承接,而不能是自发的、个体的行为,这是现代化社会的基本特征。养老机构便是有组织的社会力量之一,它应该履行以下五方面职能:

1. 高质量履行为农村"五保"和城镇"三无"等孤寡老年人提供住养等照护服务的传统职能　这是养老机构赖以存在的主要职能。我国古代的"悲田院""居养院""养济院"等养老机构就有收养贫困无依、老弱病残等老年人的职能。中华人民共和国成立后的城镇社会福利院和农村敬老院,其职能与上述机构是一脉相承的。目前,农村"五保"和城镇"三无"老年人生活质量仍较低,又因集中度较低,全国上述两类老年人的集中供养率较低。当今社会应从建设和完善社会福利制度的高度,逐步提高农村"五保"和城镇"三无"老年人的集中供养率,以满足其供养之所需。

2. 切实承担起家庭成员难以照护或无力照护老年人的服务职能　过去失能、半失能老年人以及部分高龄老年人的照护主要由家庭成员承担。伴随着现代化进程,社会生产和生活方式发生了革命性变化,传统家庭日常照护面临困境。因此,为社会成员消除后顾之忧,提高失能、半失能老年人及高龄老年人的生活质量,应是养老机构最重要的职能之一。

3. 认真履行满足多样化、个性化养老服务需求的职能　对于寻求丰富的集体生活或更为舒适生活的部分老年人,社会应有机构提供相应服务。

4. 承担为家庭养老服务提供示范和支持的职能　在迅速老龄化的背景下,社会各方面准备不足,应对措施还不完备,家庭和社区也缺乏相应的照护服务经验。相对而言,养老机构有设施、人员和技术上的优势,可以为家庭成员和社区工作人员提供培训、专业设施租赁、日托等服务,或者可以提供上门入户的照护技术指导和服务。

5. 探索实现向社会开放并互动的职能　养老机构存在于社区内,是社区的组成部分,其面向社会开放,符合现代社区资源共享的原则。入住老年人在开放中保持与社会接触,提高社会化程度;养老机构则在开放中接受社会资助,包括志愿者的人力支持,以降低运营成本。例如在新加坡,养老机构以设捐款箱、设立"慈善超市"的方式接受捐赠,义卖爱心人士捐赠的物品,还销售院内老年人的手工作品以募集资金。社区在开放中接受养老机构的辐射、示范和帮助,提高养老服务水平。护士、社会工作者和志愿者经常探望部分丧失或严重丧失活动能力的老年人,以减轻他们的孤独感,帮助他们独立生活。

履行上述五方面职能,意味着养老机构将不再局限于有床位的传统型机构,而应包括从事各类养老服务的机构,其服务可涵盖家政服务、生活照料、康复护理、精神慰藉、文化娱乐等方面。

二、养老机构的类型与性质

我国的养老机构根据承办主体可分为公办养老机构、民办非企业性质的养老机构、工商注册的养老机构;从具体运营模式来看,可分为公办公营、公办民营、民办民营等多种类型。不同属性的养老机构享有不同的权利、义务,适应不同的标准和政府补贴。

养老机构的性质是否以营利为目的,决定了运营主体、服务对象及提供服务的范围、水平等,是养老机构的基本分类标准。其次,根据创建主体、运营模式进行分类,可以规范政府、市场、社会在养老机构管理中的行为,厘清不同主体在养老机构运营和管理中的定位,增加多渠道养老机构供给。第三,按照服务的功能分类,可以依据老年人不同身体状况、年龄状况、家庭状况及对养老服务的不同需求,定位养老机构的功能,提供专业化的养老服务。

1. 依据养老机构的营利性质分类,可分为营利性机构和非营利性机构。

(1)非营利性机构:提供机构养老基本公共服务,以谋求社会效应为目标,而不以营利为目的。不以营利为目的并不代表不能营利,而是营利所得不能用于分配,但可以用于组织的发展。

(2)营利性机构:指在当地市场监管、税务部门注册登记的养老服务机构。营利性养老机构的产生是由我国国情所决定的:一方面是快速发展的老龄化进程导致总需求增加,政府负担加重;另一方面是养老需求的多元化导致政府单一供给的模式并不能满足多元化需求。营利性养老机构面向市场提供各类服务,以追求利益为目标。

2. 依据养老机构的创建主体分类,可分为公办机构和民办机构等。

(1)公办机构:所谓公办,是指由国家或集体举办,不以营利为目的,提供机构养老基本公共服务,因此属于公益性。新公共服务理论指出,政府须向服务型转变,我国政府改革也提倡“小政府大社会”的理念,公办养老机构具有保障基本养老服务的职能,其重要性不言而喻。公办机构按照运营模式可分为公办公营机构和公办民营机构。

1)公办公营机构:完全由政府投资兴办,享有政府预算和行政编制,在资金和相关人事上都由政府规定。

2)公办民营机构:是指已有的公有制性质的养老机构,按照市场要求进行改制、改组和创新,交由民间组织或社会力量管理,实现多种经济成分并存、多种管理和运营模式并存。

此外,还有公建民营模式,是指政府通过承包、委托、联合经营等方式,将政府拥有所有权但尚未投入运营的新建养老设施交由企业、社会组织或个人的运营模式,从而既可以保持机构的各种福利服务性质,又可以充分发挥民间组织的专业性,提高资源配置和管理效率。

(2)民办机构:是指国家政府以外的组织或个人作为主体举办者,面向多种类型的老年人提供养老服务的机构。民办机构根据运营模式又可分为民办公助型机构和民办民营型机构。

1)民办公助型机构:是指政府为民办养老机构提供场地、资金、设施等投入的机构,不包括税收、水电煤诸项优惠。由于接受了政府的资助,占用了公共资源,因此民办公助型养老院应当具有非营利性质。

2)民办民营型机构:是指在工商部门登记的,遵循市场规则,自负盈亏的机构。民办企业的逐利性决定了它的性质应当是营利性的。

3. 依据服务功能和服务模式,养老机构可以分为社会福利院和敬老院、老年公寓、老年康复机构和护理院、临终关怀机构、高端养老院、老年社区等。

(1)社会福利院和敬老院:社会福利院和敬老院是我国传统的养老机构,由政府开办或政府与集体合办,为特殊老年人群提供养老服务的社会福利机构。社会福利院主要面向城市无法定赡养人、无固定生活来源、无劳动能力的“三无”老人,敬老院主要面向农村“五保户”老人。

知识链接

按照需要提供帮助的程度划分的三类老年人

　　按照老年人生理功能衰退程度及因生活能力减退而需要提供帮助的程度,可将老年人区分为"自理老人、介助老人和介护老人"三种状态。"自理老人"指生活能完全自理,不依赖他人护理的老年人。"介助老人"指日常生活行为依赖扶手、拐杖、轮椅和升降设施等帮助的老年人。"介护老人"指日常生活行为依赖他人护理的老年人。

　　(2)老年公寓:是指专门为老年人建造的生活设施齐全、公用设施配套完善、可供老年人长期居住的养老机构。老年公寓一般为非营利机构,但可向入住老年人收取一定的基本费用,满足机构运行成本的需要,可略有盈余用于机构的进一步发展。除提供日常生活照料外,部分机构还能够为入住的老年人提供一定的文化活动和娱乐活动以及一定的卫生保健服务。

　　(3)老年康复机构、护理院:主要收治患有慢性病的老年人,除了为入住老年人提供看护照料之外,还可为老人提供医疗、康复治疗服务,适合患有慢性病且长期需要获得医疗服务的老年人入住。

　　(4)临终关怀机构:主要收住年迈久病、临终老年人,以减少入住老年人的身体和精神痛苦、进行姑息支持治疗为服务目标。

　　(5)高端养老院:一般邻近市区,服务项目除基本的养老服务项目外,还包括健康服务、医疗服务、体育健身、文化娱乐、金融服务、休闲旅游、法律服务及残障老年人专业化服务等项目。高端养老机构以营利为目的,收费水平较高,目标群体是有更高水平养老服务需求的高收入老年人。

　　(6)综合老年社区:主要收住能够独立生活的老年人,一般也设有专门的区域为老年人提供护理服务,通常是由独立的生活区域及一系列生活配套设施构成,包括配套的超市、邮局、银行等,因此综合老年社区需要配套提供不同服务的外部供应商。这些社区一般设立在医院附近或者内部建有医院;一般位于郊区,收费采用会员费或租金的形式。

　　(7)社区配套老年公寓:多为房地产开发商采用的商业模式,适合希望能和子女住得较近且能够独立生活的老年人。社区配套老年公寓的房屋设计和一般公寓相似,经过适老化设计后更加适合老年人居住。同一般的房地产项目类似,社区配套老年公寓只进行出售。

　　(8)度假疗养院:一般位于风景优美的旅游胜地,目标群体是健康且喜欢旅游的高收入老年人,客户一般只在疗养院里住几个星期或者几个月。

　　(9)高端养护院:高端养护院内一般拥有内部医院并且配备标准的医疗护理设备,优势在于它们能够提供医疗护理服务,收住有较高养护需求、需要辅助生活照料服务以及全天候医疗护理服务的老年人,一般采用租赁或者会员制的形式经营。

　　目前我国的大部分养老机构在功能和服务对象上存在交叉现象,难以十分清楚地分类。多数养老机构中的入住老年人中既有生活能够完全自理的老年人,也有患有慢性病、生活完全不能自理的老年人;养老机构在提供的服务方面也是多元化的,既包括生活照料也包括医疗护理、康复训练、文化娱乐、临终关怀等内容。社会福利院和敬老院、老年公寓、老年康复机构和护理院、临终关怀机构一般提供基本的养老服务。高端养老院、综合老年社区、社区配套老年公寓、度假疗养院、高端养护院除了提供基本养老服务所包含的项目,还提供包括健康服务、医疗服务、体育健身、文化娱乐、金融服务、休闲旅游、法律服务等项目。

三、养老机构的服务内容

　　机构养老作为一种最主要的社会化养老方式,其最重要的功能是为在养老机构如老年社会福利院、养老院、敬老院等场所的老年人提供生活、护理、医疗等方面的服务,从而提高老年人的晚年生活质量。

　　(一)养老机构的服务对象

　　养老机构的服务对象主要是老年人,但是某些养老机构(如社会福利院)也接收辖区内的孤残儿童或残疾人。

（二）养老机构的服务特点

1. 以人为本　养老机构以人为本,特别是以老年人为本,是一种全人、全员、全程服务。所谓"全人"服务是指养老机构不仅要满足老年人的衣、食、住、行等基本生活照料需求,还要满足老年人医疗保健、疾病预防、护理与康复以及精神文化、心理与社会等方面的需求;要满足入住老年人上述需求,需要养老机构全体工作人员共同努力,这就是所谓的"全员"服务;绝大多数入住老年人是把养老机构作为其人生最后的归宿,从老年人入住那天开始,养老机构工作人员就要做好陪伴老年人走完人生最后里程的准备,这就是"全程"服务。

2. 公益性　养老机构的服务宗旨是安排、照料、护理好老年人,让老年人满意,让老年人亲属放心,为政府和社会分忧。从养老机构的各种目标、服务对象、服务过程来看,这一机构是典型的非营利组织。非营利组织是支持或处理个人关心或者公众关注的议题或事件,不以营利为目的,从事公益性、互益性、服务性的非政府、非企业的社会组织,追求公共利益的最大化。公益性体现在两个方面:一是我国绝大多数养老机构是以帮扶和救助城市"三无"老人、日常生活疏于照料的老年人,以及农村"五保"老人为主,且多不以营利为主要目的;二是解放老年人家庭成员,为全社会成员提供安全的养老预期,为社会承担养老服务,旨在解决社会养老问题。对"三无""五保"孤寡老年人的养老服务,应该视为纯公共物品,应该由政府提供。

3. 高风险性　养老机构的服务对象是老年人,很多都是自理能力欠缺或高龄老年人,这些老年人在日常生活中出现突发疾病、意外事件、伤害、突发死亡等风险较高,这对于养老机构的照料服务提出了非常高的要求。一旦老年人发生意外,养老机构很容易陷入纠纷当中。另外,养老服务业是一个投资大、回报周期长、市场竞争激烈的高风险行业。如果没有市场意识、经营意识,没有严格的管理和风险防范机制,必然增加养老机构投资与经营风险。

（三）养老机构的服务内容

1. 协助满足老年人的基本需要

（1）食物和水的需要:注意老年人的膳食营养,为不能自理的老年人喂食和喂水。

（2）排泄的需要:帮助不能自理的老年人进行排便、排尿,及时清除排泄物。

（3）舒适的需要:营造安静、清洁、温度适宜的休养环境。

（4）活动和休息的需要:帮助老年人适当活动,并尽可能促进老年人的正常睡眠。

（5）安全的需要:防止老年人跌倒、噎食、误吸、损伤,保持皮肤的完整性。

（6）爱和归属的需要:营造良好的休养环境和人际环境,促进老年人的人际交往,帮助老年人及时与家人联系与沟通,并给予老年人精神上的关心。

（7）尊重的需要:运用沟通技巧,维护老年人的自尊,保护老年人的隐私。

（8）审美的需要:协助老年人的容貌、衣着修饰,使其保持良好的精神状态。

2. 老年人生活照料服务内容　如个人清洁卫生服务、衣着服务、修饰服务、饮食服务、如厕服务、口腔清洁服务、皮肤清洁服务、压疮预防、排泄护理等。

（1）个人清洁卫生服务:包括洗脸、洗手、洗头（含床上洗头）、洗脚,以及协助整理个人物品、清洁平整床铺、更换床单等。

（2）衣着服务:包括协助穿脱衣裤、帮助扣扣子、更换衣裤、整理衣物等。

（3）修饰服务:包括梳头、化妆、剪指甲和协助理发、修面等。

（4）饮食服务:包括协助用膳、饮水,或喂饭、喂水、管饲等。

（5）如厕服务:包括定时提醒如厕、协助如厕,以及使用便盆、尿壶等。

（6）口腔清洁服务:包括协助刷牙、漱口,协助清洁口腔,义齿的清洁保养等。

（7）皮肤清洁服务:包括清洗会阴、擦浴、沐浴等。

（8）压疮预防:包括保持床单位干燥、清洁、平整;定时翻身,更换卧位,防止局部受压过久,按摩受压部位以增进血液循环;保持皮肤干燥、清洁,预防皮肤受伤等。

（9）排泄护理:包括大小便失禁、尿潴留、便秘、腹泻老年人的照护,实施人工排便、清洗、更换尿布等。

四、国外养老机构概况

1850 年,法国成为世界上最早出现人口老龄化现象的国家。此后,人口老龄化迅速在瑞典、挪威、英国、德国、美国、瑞士、荷兰等欧美各国扩展开来。至 20 世纪 60 年代,西方国家几乎全部进入了老龄化社会,日本、新加坡等国家也相继加入了此行列。伴随着人口老龄化程度的不断加深,各国都建立了符合本国国情的养老保障制度和养老机构发展模式,各类养老机构得到了长足发展。

（一）国外养老机构类型

国外的养老机构形式各异,但都很注重老年人的隐私、生活环境、医疗条件及精神娱乐等方面,而不仅仅是为了保障老年人的基本生活所需。养老机构可针对老年人的个性差异和不同需求,提供个性化的照料方式和护理方案。

1. 美国养老机构　美国老年人不论有无配偶,一般都会选择与子女分开居住。这种分离式的家庭结构必然使得老年人的养老问题落在了政府和社会的身上。为此,美国政府兴建福利机构,为老年人提供全面的服务,同时,一些慈善机构和非营利机构也兴办了一些老年福利机构。老年人可以根据自身的经济状况、健康状况和社交需求等来选择不同性质、不同层次的养老机构。根据养老机构提供的服务类型和入住者状况,美国养老机构一般可分为四类:生活自理型养老机构、生活协助型养老机构、特殊护理型养老机构以及持续照料退休社区。

（1）生活自理型养老机构:主要面向年龄在 70~80 岁、生活能够自理的老年人。

（2）生活协助型养老机构:主要面向 80 岁以上、没有重大疾病但生活需要照顾的老年人,也为出院后处于恢复期的老年人或家人外出的老年人提供暂时性居所。

（3）特殊护理型养老机构:主要面向有慢性疾病的老年人、术后恢复期的老年人及有记忆功能障碍的老年人,社区内设有专业护士,提供各种护理和医疗服务。

（4）持续照料退休社区:主要面向那些退休不久、当前生活能够自理但不想由于未来生活自理能力的下降而被迫频繁更换居所的老年人。为了实现对入住老年人的持续护理服务,这种社区一般是生活自理单元、生活协助单元与特殊护理单元的混合,因此管理难度较大。

除生活自理型养老机构外,其他三类养老机构的开发运营需得到州政府授权,并与医院和专业护理机构建立紧密合作。为了支持老年福利事业,美国政府会根据养老机构的不同,进行相应的经济支持。一般来讲,接受政府资金支持的养老机构,必须在规定的硬件及软件方面达到政府规定的标准,并且严格遵守国家的相关规定和行业标准;不接受政府资金支持的养老机构,政府对其没有硬性的规定,但是机构必须遵照相关的行业标准运营。

2. 加拿大养老机构　加拿大的养老机构类别多样,依据护理需求的程度分成以下几种:

（1）高龄人士公寓:入住者基本能自我照料。这些公寓有些位于普通公寓内,有些完全是高龄人士合住。

（2）退休人士之家:入住者基本能照料自己,但每天需要约 1 小时的医护照顾。这类房屋里配备有护士,每天 24 小时值班,医生也定期到访。

（3）老人屋:入住者独立生活的能力较差,个人生活和健康都需要有人照顾。

（4）护理安老院:入住者完全失去独立生活的能力,需要长期、全面的照顾。这些养老机构的主办者大部分是私营企业,也有由教会、慈善团体、社区团体等非营利机构主办的,政府主办的数量不多。老年人们可以根据自己健康状况的变化,逐步提升护理要求,或者更换养老机构的级别。

3. 英国养老机构　早在 19 世纪,英国就开始重视工业化引起的社会结构变化和家庭功能弱化所带来的社会问题,开始建立老年人照顾机构。虽然 20 世纪 80 年代开始的社区照顾政策对老年人机构照顾带来一定的冲击,但机构养老仍是生活不能自理老年人的照顾方式之一。目前英国的机构养老主要是指院舍照顾,包括以下形式和内容:

（1）护理院:护理院提供医院设施外的最密集与最持续的护理照顾,除了提供基本的生活照护服务之外,还有专业的医疗、康复和护理服务等。这些机构受到严格的管制,并被要求符合一定的标准,譬如每天 24 小时都要有合格的护理人员。

（2）养老院:养老院面向非失能的老年人并提供多种多样的服务。这些养老院在促进积极的社会与个人生活方式维持的同时,通常会考虑到老年人独立性的逐渐丧失而为他们提供相应的服务,如助餐、助浴、助行、助厕等服务。对于那些不能独立完成日常生活活动或者患有持续性身体或心理症状(无需密集医学治疗)的人,养老院为他们提供一个长期性治疗,由全科医生提供老年人在院内的健康照顾。

(3)老年人公寓:老年人公寓主要是为身体健康、能够自己独立生活和偶尔需要协助的老年人而设的,一般是平房或者是专门建设的公寓。生活在公寓中的老年人不需要持续性照顾,他们居住在分开的单元房里,使用公共生活设施,遇有自己不能干的事情时可以呼唤管理员来帮助,如换灯具、搬动室内家具等,此为管理员呼唤服务。这种模式的养老机构在英国有很多,因为它比较适合大部分的老年人。

(4)其他养老机构:英国还有很多专门针对有某种特殊需求的老年人的养老院或者护理院,如临终关怀机构、专门看护痴呆患者的养老院等。

4. 澳大利亚养老机构 澳大利亚的老年人社会福利制度与英国相似,其为老年人提供的服务也主要分为两类,即院所照料和社区照料。院所照料即机构养老,是为一些由于疾病失去自理能力、亲人丧亡、在原家庭中得不到帮助、生活照料困难的老年人设置的,主要分为老年公寓和老年护理院两种。这些养老机构以私立和非营利机构为主,另外还有州政府设立的一些老年公寓和老年护理院。

(1)老年公寓:服务对象基本属于"自理老年人"和"介助老年人",针对的是有一部分自理能力、不需要 24 小时监护的老年人。老年公寓向老年人提供住宿和相关支持性服务,如洗衣、清洁及协助老年人穿衣、洗澡、就餐等护理服务。老年公寓最初只是向老年人提供一定生活支持的住所,后来得到联邦政府的认可,纳入政府预算,并根据服务强度和照料等级获得相应的资金支持。

(2)老年护理院:服务对象基本属于"介护老年人",大部分是失去自理能力,有特殊医疗、生理和心理保健需要的脆弱群体,以高水平护理照顾为主,如医院手术后的照料、临终关怀等。老年护理院要配备专业的护理人员,提供 24 小时不间断服务。护理院的开支较大,消耗了大部分的联邦政府预算。

5. 日本养老机构 日本的养老机构由日本各级政府、政府资助下的民间组织、民间企业、财团法人或个人(保健护士)开设,为社区老年人提供无偿或按国家标准收费的服务。此外,一些知名的日本大企业也办起了养老院。按照日本《老年人福利法》规定,为老年人提供服务的机构大体分为两种,即老年人福祉设施和收费老年人之家。

(1)老年人福祉设施:主要由政府出资创办。根据不同情况和老年人不同的需要具体细分为老年人日托服务中心、老年人短期入住设施、养护老年人之家、特别养护老年人之家、低费用老年人之家、老年福利中心、老年人护理援助中心等多种类型。

(2)收费老年人之家:主要是引入社会资金和力量,经过都、道、府、县级政府批准后由民间企业来经营,按照不同功能和形式又分为看护型、住宅型和健康型三种。

为了保证养老机构的良性运转和保证服务质量,日本政府决定在养老机构自我检查的基础上,引入更为客观和公正的第三方评价体系,包括硬件上的建筑、设备、人员配置以及软件上的服务质量、老年人的评价等。这些评价不是通过简单的检查、打分来达到警示督促的作用,而是在分析养老院现有的基础上由专业机构提出更好的改善方法。目前,日本全国范围内基本上都已经实施了这种评价制度,东京率先提出了三年一审核的思路,使养老制度不断走向完善。

6. 瑞典养老机构 瑞典是北欧福利型模式的创始者。按照瑞典《社会福利法》的规定,市级地方政府须根据老年人的特殊需要兴建老年福利机构。各地在建设老年福利机构时都遵循政策所强调的"尽可能让老年人独立生活在自己的寓所"的原则,竭力做到使在福利机构中的老年人像生活在自己的家里一样。老年人们可以自行选择不同的单元房,入住时,还可以搬来自己的家具和个人用品。瑞典的老年福利机构主要分为以下四种类型:

(1)入户服务公寓:入住老年人租住一室一厅或两室一厅的单元房,由市政府社会工作部门根据他们的需要提供各项入户服务。

(2)老年公寓:主要用于接收生活不能完全自理,并需要经常性照料的老年人,为可租住面积不大但是带卫生间、客厅和餐厅的单人间。工作人员将提供 24 小时的照料服务,定时提供膳食。

9

（3）疗养院：配备训练有素的护士专门负责照料患老年痴呆症、晚期重症以及需要经常性的医疗护理服务的老年人。

（4）类家庭：主要收住存在认知障碍的老年人。一个类家庭通常入住6个老年人,他们各自有独立的房间,有专业工作人员和他们生活在一起,提供24小时服务。目前,瑞典全国有7%的65岁以上老年人长期生活在各类福利机构中,80岁以上高龄老年人中选择机构养老的比例更高达17%。

（二）国外养老机构的发展经验

世界上许多发达国家对养老问题的探索和实践,已经取得的成果和经验,可以为我国养老机构的发展提供新思路,也有助于我国养老事业的进步和提高。

1. 美国养老机构发展的经验 1935年,美国社会保障法的颁布标志着联邦政府开始对贫困者实施帮助,作为其职能工作的一部分。此后,美国政府建立了相对完善的社会保障体系和实施办法,其中涉及社会养老问题。美国的机构养老实践,体现在以下两方面：

（1）非营利组织和私营组织承担大部分养老责任：目前私营组织及非政府组织的养老机构已经成为美国社会养老资源的一个重要组成部分。适当的社会竞争,使得养老机构无论是服务质量,还是服务的专业化,都有所提升。通过越来越多的机构加入,美国政府也进行相应的政策扶植和财务支持,以促使养老机构更好地发挥作用,缓解美国养老事业发展的压力。宽松的发展环境,使得私营养老机构在其服务推出及设置上,也能根据市场的变化和客户的需求,进行快速反应和调整。近年推出的居家援助式老年公寓,就是深受老年人欢迎的一项养老服务项目。这项服务主要针对75岁及以上的高龄老年人,主要是集中提供具有独立卫生间、厨房等生活设施的公寓供老年人居住,并且由专业的护理人员为其生活起居服务。如果老年人不愿意居住公寓,可在家中接受照顾。这样可以保证老年人有相对独立的生活空间,且专业化的服务也能使老年人的生活更加健康、快乐,具有很强的自主性和灵活度。

（2）专业化的医疗保健机构是保障老年人身心健康的主要承担组织：老年人不但希望身体健康,更希望得到周到的康复护理,所以客观上造成了对具有一定专业化的医疗保健机构的较大需求。根据老年人的身体状况及其需要护理的程度,美国又将养老机构分为三大类。第一类是技术护理照顾型养老机构,这种机构的主要服务对象是具有24小时护理需求的老年人。第二类是中级护理照顾型养老机构,这种机构的主要服务对象是没有较严重疾病,但是需要24小时监控服务的老年人。第三类是一般照顾型养老机构,这种机构的主要服务对象是需要提供生活起居照顾,但不需要较强专业技术医疗护理的老年人。

2. 英国养老机构发展的经验

（1）有完善的建设、管理和服务标准：英国的养老服务有着完善的法律和标准体系支撑。针对老年人的健康服务和社会服务需求,英国政府不断完善和出台《国民健康服务法》《全民健康与社区照顾法案》等相关的法律,同时,还有相应的详细、具体的标准体系来确保服务标准和服务质量。这些法律和标准,从养老机构的建设、养老服务的内容、对养老机构的管理与评估等方面均作了详细的规定,为英国老年人享受养老服务提供了一个很好的法律保障。

（2）"以人为本"的建设与服务理念：英国的养老机构规模都不大,一般的养老机构大多是二十几张床位。在建设和服务中,这些养老机构都秉承"以人为本"的原则,尽可能满足入住老年人的需要。养老机构通常办公面积很小,会议室也不大,但供老年人活动的多功能厅却很大。养老机构的室内装修、墙面装饰都非常温馨,也很安全、卫生,并配备有非常专业化的设备。比如很多养老机构的床垫可以根据老年人的体重调节软硬度,自动化的洗浴设备可以在很大程度上降低护理员的工作强度,并且注重保护老年人的隐私和满足老年人的个性化需要,非常温馨适用。服务人员的专业化程度也很高,会根据每位入住老年人的家庭、身体状况以及兴趣、爱好提供个性化的服务。可见,在英国的养老服务机构中,"以人为本"的理念在很多细节方面都能得到充分体现。

（3）充分发挥民营和志愿组织的力量：多元化、市场化、专业化是英国养老服务的主要特点。从20世纪80年代起,英国的社会服务领域就出现了一个最显著的特点,即混合经济型服务,也就是服务供给主体的多元化。政府开始从直接的服务供给者中退出来,鼓励民营和慈善组织发展养老服务,政府更多的是制定政策、监督管理和购买服务,这在很大程度上减少了政府的资金投入和服务压力,也丰富了养老服务的内容和种类。养老服务市场进一步细化,服务水平也更加专业化,最大限度地满足了老年人的服务需求。

（4）有严格的监督管理体制:英国有专门负责评估、监督和管理养老机构的组织。这些组织的主要任务就是监督和管理养老机构的服务质量,确保机构能够根据老年人的需求提供相应的服务。这些组织有完整的评估、监督和检查机制,有专业的人员队伍和专家队伍,每年都会对养老机构进行检查,并公开检查结果,提出改进的意见,同时还会根据老年人的需求以及投诉来提出完善服务的建议,以确保为老年人提供服务的质量。

（5）注重社区照护服务的发展:20世纪90年代之后,针对老年人口迅速增加、服务费用和服务压力不断增加等问题,英国政府在1990年颁布实施了《国民健康服务和社区照顾法》,开始了依托社区的社会服务体系建设,把长期在医院接受护理的老年人转移到社区进行照护,由医院护理转为社区服务。这在很大程度上缓解了医疗健康服务的压力。目前英国的老年服务大部分都在社区进行,包括老年人活动中心、日托所、老年公寓、护理院等,社区有专业的护理人员、社会工作者、志愿者为社区的老年人提供服务。

3. 日本养老机构发展的经验　日本政府在养老机构发展中发挥着重要作用,具体体现在以下几方面:

（1）政府的资金支持和监管支持:日本养老机构中很大一部分是由民政人员所组成的政府机构,经费全部来自政府的财政拨款,构成了发展养老机构产业的基础,使养老机构在日本盛行起来;日本政府对养老机构的监管分为两部分,一是完善的立法支持,这是严格监管的前提,没有详尽法律体系的支持,监管便失去了法律依据。二是严格的审查、准入、监管制度,这促使养老机构在其应有的良性轨道上发展。

（2）政府鼓励民间组织发展养老机构:在日本,政府已不再是养老机构的唯一供给者,而是多元化的供给主体。政府鼓励民间资金发展养老机构有几点明显的好处:其一,缓解供给不足的矛盾。由于资金有限,政府提供的养老机构不能完全满足市场的需要,民间资金的进入不仅可以缓解市场上供给不足的矛盾,还可以缓解政府资金紧张的局面,同时也符合市场经济的要求。其二,促进为老年人服务的多元化。在日本,利用社会福利协会、社会福利法人等组织,大力兴建各式各样的养老设施是日本政府的常见做法之一。这些组织的运营资金一部分来自接受其服务的老年人,一部分由政府给予资助。由于这种方式对机构及老年人都非常有利,更加接近民众的具体生活实际,所以很受日本民众的欢迎。因此,这种方式在日本的发展非常迅速,服务质量以及服务效率都非常高。

（3）通过产业指导等方式对专业技术给予支持:日本政府会指定专门的机构对养老机构进行指导。在日本养老产业发展的初始阶段,特别是二十世纪六七十年代日本初入老龄化社会时期,一些中小企业开始进入老年市场,但由于技术条件等的限制,发展并不理想且面临着诸多的问题,服务人员缺乏也成为当时日本养老机构发展的瓶颈。在这种情况下,日本政府制定了行业规范与行业标准,并对企业进行技术指导和管理指导,派专业人员前往养老机构对其给予现场指导,解决了企业的现实技术困难。不仅如此,日本政府还大力培育养老产业专门人才,通过提高薪金水平等方式使日本养老服务从业人员数量和素质有了稳步的提升。这些措施的实行为日本养老机构的发展注入了活力,使日本养老机构摆脱了发展瓶颈,进入了高速发展的时期。

（4）通过各种措施宣传机构养老模式:日本的"银色产业"中增长最快的当属养老院,日本老年人的养老模式有如此巨大的改变,不仅仅源于硬件的配套,更是来自日本政府通过各种宣传措施鼓励人们走出家庭养老。日本政府和企业通过各种媒体方式宣传机构养老的好处。通过政府的公益宣传加上企业的宣传,更多的日本老年人走出家庭进入养老机构安度晚年,使用机构养老模式的老年人数量明显增加。

4. 瑞典养老机构发展的经验　瑞典在老年福利机构的建设过程中不仅考虑到为在院老年人提供优质的居住环境,也综合考虑了福利机构功能和资源的社区利用效率。瑞典老年福利机构有以下几个突出的特点:

（1）布局合理,设施设备优良:由于老龄化程度较高,又由国家承担社会养老的主要责任,因此瑞典的每个城市都在市区建有若干老年福利机构。这些机构通常与附近居民区融为一体,交通便利、生活方便。福利机构内部设施极其完善,中央空调、通风设备、光照设备、厨房和卫生设施等一应俱全。同时配有各种方便老年人活动、起居的辅助设备,如电梯、轮椅、助行器等,并且还在每个房间设有终端呼叫系统、应急通道。

（2）管理科学,服务以人为本:老年福利机构在管理方面体现了专业化和规范化的特点。聘任经理作为机构负责人,主要负责机构运营、人员管理、制订经费预算等,具有很强的自主权。机构的工作人员分为社工和护士,都具有相应专业的学历。社工主要照顾在院老年人的起居饮食,护士承担老年人的护理工作。福利机构对老年人实行分组管理,如患老年痴呆症的老年人集中生活在一个单元,由社工和护士提供特殊照料护理。

（3）利用资源,扩大服务外延:老年福利机构不仅为在院老年人提供服务,而且还利用自身资源为机构周边的老年人提供终端呼叫、紧急援助、上门送餐、起居照料等上门服务。同时,福利机构还对社区老年人开放,他们可以到院内餐厅就餐,到活动室中喝咖啡、聊天、阅读报刊和图书等。老年福利机构已成为社区为老年人服务的中枢,向具有不同层次需要的老年人提供有效的照顾和服务。

（代　雨）

综合思考题

借鉴国外养老机构发展的经验,谈谈如何加强我国养老机构的发展和管理。

第二章 养老机构的建设管理

第二章
数字内容

学习目标

1. 掌握：养老机构建筑设计基本要求、功能用房与建筑指标；养老机构登记前准备和登记备案流程。
2. 熟悉：养老机构设计原则、设施设备要求。
3. 了解：养老机构选址的影响因素、分析方法与流程。
4. 学会综合运用所学知识，分析养老机构建筑设计的合理性，为养老机构登记备案做好准备。
5. 具有"以人为本"的服务理念，培养自觉遵守法律、规范以及质量、安全意识。

导入情境

某养老集团计划在某省级城市建设一家200张床位的中高端养老机构，主要服务对象是区域内的失能和半失能老年人，该集团规划发展部员工小刘协助部门负责人调研了很多地方，与工程人员一起讨论分析了各处选址的利弊，最终确定将市内一处老旧建筑改造为养老院。

工作任务：

1. 分析各处选址的可行性。
2. 根据国家相关规定，提出改建养老院的建筑设计要求。
3. 准备相关资料，到相关部门进行登记备案。

第一节　养老机构的选址

养老机构的选址关系到养老机构的投资和建设的速度，也决定了所提供的服务成本和质量，从而会影响到养老机构的运营管理和经济效益，因此，应从系统的观点来考虑，包括自然环境、周边配套、交通、区域内消费者购买力等诸多因素。

一、选址分析

（一）选址的影响因素

通常认为养老机构选址的影响因素分为两级指标。一级指标包含自然状况、环境状况、地块条件、交通状况、基础设施状况、社会状况、经济环境、政策规划等。二级详细指标有自然景观状况、绿地率、环境污染程度、地形条件、地质条件、地块面积；临街临路状况、交通设施状况；与公园、商场、医院等生活服务设施距离；人口密度、居民受教育程度、居民收入、居住环境条件、商业聚集程度、政策宏观因素、周边用地类型等。

1. 地理因素　地理因素包含区位和位置。区位是广义的、模糊的，例如热闹的市区、幽静的郊区和秀丽的景区。位置是狭义的、具体的，是一个具体的地址。

就选择养老地点来说，老年人有多种类型：恋家的老年人，希望能在自己的家乡安度晚年，这类老年人以乡村老年人为主，他们习惯了乡村的生活方式，不愿离开生活了很久的家乡；候鸟式养老的老年人，希望随着季节的变化像候鸟那样到处旅游养老，以身体健康的城镇高收入者为主；普通养老机构养老的老年人，以城镇一般职工为主，他们更期望以较低的成本实现养老。

除了地理位置，交通条件也是影响老年人选择养老机构的重要因素，老年人身体条件不如一般人，因此对公共交通出行的依赖性更大。

2. 环境因素　老年人的免疫力普遍降低，对环境状况更加敏感。优良的环境条件对老年人的身心健康显得尤为重要，特别是空气、水、噪声等常见而又容易产生污染的基本生活环境因素。

环境影响评价指标主要包括大气环境、水环境和噪声环境。①大气环境影响评价：主要指拟选址周边的空气污染情况，包括降尘、总悬浮微粒、氮氧化物等。②水环境影响评价：主要是进行水质的现状分析及影响预测，并根据水体位置，评价其对于项目拟选址周边的影响。水体的现状分析是指对地表水和地下水的污染现状进行调查、评价，分析对拟选址的建设、运营等的影响。③噪声环境影响评价：噪声是对于人们身体健康影响较大的因素之一。拟选址周边的噪声对将来入住老年人的生活和健康会造成负面影响，进而降低项目的入住率。

3. 经济因素　经济因素可以分为两个角度，即开发运营商角度和老年人角度。开发运营商角度的经济因素包括开发建设成本和运营成本，老年人角度的经济因素包括一次性费用和经常性费用。

养老机构选址的经济因素分别为土地价格或建筑物租金、建设成本、劳动力供应及工资成本高低，以及竞争状况、商业完善性、租金成本、消费水平等。竞争状况是指在项目辐射范围内相似业态的项目数量，包括护理院、养老院等。商业完善性主要指在选址附近的商铺是否完善，是否能满足日常生活的需要。项目建设需要取得土地使用权，项目建设成本中，土地成本是非常重要的一部分，对后期的一次性入住费和每月固定入住费都有较大影响。消费水平一般是以区域内年人均可支配收入为测量指标。

4. 政策因素　随着我国进入老龄化社会，养老行业受到了社会各界前所未有的重视，中央到地方都陆续出台了多项扶持政策，包括土地供应优惠、房产税、营业税等税费优惠，以及床位的建设补贴、运营补贴等。2013年颁布的《国务院关于加快发展养老服务业的若干意见》，再次明确了政府对养老事业的重视与扶持态度，其中提到了土地、税费、补贴等多项支持政策。随后各地相继出台了更详细、力度更大的扶持政策。

在养老机构选址时需要考虑的因素众多，在选址过程中应当根据自身战略规划、客群定位进行选址，为机构运营管理打下良好的铺垫。

（二）养老机构选址模式

养老机构选址有三种模式：城市中心区模式、城市郊区模式、高新开发区模式。三种模式优劣势分析如下：

1. 城市中心区模式　是指养老设施位于城市经济繁荣、文化活动较为丰富、活力性较强的地带。这种模式多为建设年代较早的养老机构选择的模式。

（1）优点：交通发达、便捷、周围配套设施齐全，如遇突发情况，可以就近送医。养老机构与周边社区的城市功能融合较好，养老环境与设施也相对开放，可减轻老年人的孤独感和乏味感；有利于社会各界开展的敬老、爱老活动；周围的居住区可成为该养老设施的潜在住户。

（2）缺点：土地价格贵，设施建设成本将会提高。一方面给入住老年人带来费用上的负担，将中低收入有入住需求的老年人拒之门外；另一方面开发单位在开发上多会选择高密度的模式，老年人居住设施的外部环境相对减少，不利于老年人与大自然接触，严重制约着养老设施的规模和服务质量。部分养老机构为旧建筑改造后的，在设施上就难以达到适老化的要求。

（3）应对方案：利用屋顶花园、露台、阳台等形式创造出多种室外空间的可能性，加强室内空间设计的层次性，从公共空间到私密空间，提供不同层级的交往空间、活动空间。

2. 城市郊区模式　市区的养老机构已处于高度饱和状态，可供开发利用的空间有限，而城市郊区多位于自然风景区附近，远离城市中心的嘈杂喧闹，具有相对市区中心较好的生态环境。

（1）优点：场地开发模式灵活，既可以选择低层高密度的开发模式，又可以选择高层低密度的开发模式；老年人的服务配套设施用地充足；比较接近城市快速路、城市干道、城市环路等的地块，交通时间上虽然耗费较市区长，但也比较容易通达；此外，其最直观的优势是空气质量好，自然环境好，物价水平相对较低，瓜果蔬菜新鲜。

（2）缺点：区位的优势上没有城市中心的养老设施明显，医疗条件没有市区优越，交通的不便利给子女探望老年人带来一定的麻烦，周边配套设施也不够完善，如去老年活动中心、老年大学、商场等要利用公共交通到达市区，浪费时间和精力。

（3）应对方案：首先，选址应尽可能要靠近医疗设施，或者委托医院定时上门开展医疗服务；其次，选址尽量接近城市干道或主要道路，或者开设到市内的班车，缓解交通不便的问题；此外，机构要利用区位优势开展以"生态、养生"等为主题的特色活动，或者利用便民增值服务来解决配套服务不完善的缺点。

3. 高新开发区模式　城市副中心、新城区的养老机构可采用高新区模式，这种模式可以提升区域养老水平，促进高新区的建设和全面快速发展。

（1）优点：高新开发区中政府的扶持力度和社会资源的投入比较大，因此，各种类型的基础设施建设都会有较高的标准。此外，建设用地比较充足，有利于机构养老建筑大规模地集中开发。以苏州高新区狮山敬老院为例，该项目占地面积为 28 亩，总建筑面积为 1.75 万平方米，设计床位 300 个。它是高新区为推动和完善新型养老服务体系而投资兴建的，主要为狮山街道"五保户"及其他有需求的老年人提供服务。该项目利用高新区的真山真水风貌，按照苏州传统宅院模式设计成园林式的养老机构。

（2）缺点：高新开发区建设初期会由于基础配套设施的不完善、资源的暂时短缺而给老年人带来生活的不便；完全崭新的环境可能会给老年人带来心理上的不适应；其他方面如距主城区距离较远的缺点与"城市郊区模式"类似。

（3）应对方案：在高新开发区基础设施建设完成后，再进行养老机构的开发建设。等周围形成了一定的生活气氛，再让老年人入住。此外，与周边医疗康复机构资源共享，可以提升养老机构的服务水平，带动整个区域的服务水平。

（三）选址可行性分析

养老设施的选址不论采取以上哪一种选址模式都应考虑三方面的因素：环境、交通、配套设施。除此之外，还需考虑定位、开发方式、开发规模、开发强度等因素。

1. 定位分析　定位决定选择的位置。如果是定位健康型老年人，位置可以选择在郊区或者市区，也可以选择高新区，应该环境好、交通方便、安全卫生、餐饮合理且有营养、娱乐活动丰富，并且健身活动室、绿化设施、医疗室、康复室等都应具备。如果是定位不能自理老年人，即护理院形式，建议选择在市区，老年人离家近，家人方便探望，护理院最能注册成为医保定点单位。护理院也可以选择在郊区，但是机构自身要有一定水平的医疗服务。

2. 开发方式分析　如果是新建新型老年社区，建议选择郊区或者是高新区模式，地价相对较低，而且能提供适应老年人生活的多样化场地，建设多种老年设施。在城市中心区则适合采取改造提升的方式，将周边资源整合利用，降低成本，同时也可激活城市某些衰败地块的活力。

3. 开发规模分析　城市中心区模式受土地和城市空间限制，往往开发规模不大，而郊区模式和高新区模式可以选择较大规模的开发，否则其他配套设施也跟不上。

4. 开发强度分析　目前我国养老问题严峻，多数城市养老床位严重缺少，所以增加开发容积率是势在必行的。城市中心模式由于占地面积小，要选择高密度的开发强度；郊区模式可以选择低层高密度和高层低密度两种开发强度；高新区今后面临高强度的开发，选择强度上与城市中心区类似，以高密度为主。

5. 交通状况分析　城市中心区交通比较发达,选址尽量避免拥堵地段。郊区模式应选址与城市主干道、城市快速路或市环路相近的地方。高新区也要选择与连接主城区的主要道路相近的地方,同时要考虑方便到达高新区的医疗机构。

6. 环境分析　城市中心区的养老机构尽量选择离城市公园、街心花园、休闲广场等休闲地带较近的地方;城市郊区的养老机构可选择著名旅游风景区附近,可组织老年人旅游,呼吸新鲜空气。高新区养老机构的选址要充分利用自然景观,若自然景观不理想,在规划建设过程中要突出环境规划和设计。

7. 配套设施分析　城市中心区的配套设施相对齐全。郊区的配套设施建议同步建设,消除老年人被孤立的感觉。高新区的基础配套建议先行开发。

二、选址流程

（一）选址要求

根据《老年人照料设施建筑设计标准》(JGJ 450—2018),老年人照料设施选址要求如下:

1. 基地选址要求

（1）应选择在工程地质条件稳定、不受洪涝灾害威胁、日照充足、通风良好的地段。

（2）应选择在交通方便、基础设施完善、公共服务设施使用方便的地段。

（3）应远离污染源、噪声源及易燃、易爆、危险品生产、储运的区域。

2. 布局与道路交通要求

（1）应根据老年人照料设施的不同类型进行合理布局,功能分区、动静分区应明确。

（2）建筑基地及建筑物的主要出入口不宜开向城市主干道。货物、垃圾、殡葬等运输宜设置单独的通道和出入口。

（3）交通应便捷流畅,满足消防、疏散、运输要求的同时应避免车辆对人员通行的影响。

（4）道路系统应保证救护车辆能停靠在建筑的主要出入口处,且应与建筑的紧急送医通道相连。

（5）应设置机动车和非机动车停车场。在机动车停车场距建筑物主要出入口最近的位置上,应设置无障碍停车位或无障碍停车下客点,并与无障碍人行道相连。无障碍停车位或无障碍停车下客点应有明显的标志。

 知识链接

无　障　碍

无障碍,是指环境或制度的一种属性,即一切有关人类衣食住行的公共空间环境以及各类建筑设施、设备的使用,都必须充分服务具有不同程度生理伤残缺陷者和正常活动能力衰退者（如残疾人、老年人）,营造一个充满爱与关怀,切实保障人类安全、方便、舒适的现代生活环境。

无障碍设施是指为了保障残疾人、老年人、儿童及其他行动不便者在居住、出行、工作、休闲娱乐和参加其他社会活动时,能够自主、安全、方便地通行和使用所建设的物质环境的设施。无障碍设施主要包括:坡道、缘石坡道、盲道;无障碍垂直电梯、升降台等升降装置;警示信号、提示音响、指示装置;低位装置、专用停车位、专用观众席、安全扶手;无障碍厕所、厕位;无障碍标志;其他便于残疾人、老年人、儿童及其他行动不便者使用的设施。

（二）选址具体流程

1. 获得物业信息　获取合适的物业信息作为选址的第一步。根据养老机构的战略条件、项目定位、发展理念等,整理形成简明的宣传资料和简要的公司项目选址要求,通过与以下渠道沟通获得有效的物业信息:

（1）政府相关部门需求沟通（例如市 / 区政府、市 / 区民政局等）。

（2）当地政府投资平台公司需求沟通（例如城市建设投资公司）。

（3）本地地产类咨询顾问公司。

（4）本地市场上专业的商业/写字楼、产业园等中介/招商机构（非住宅类中介）。

（5）本地的规划设计单位等。

2. 物业所在区域可行性判断　获得初步物业信息之后，首先要对物业所在区位进行可行性选址判断。判断要点如下：

（1）能够快速导入人口，这意味着所选区域应是成熟区域，有5万以上的常住人口基础，不建议考虑旅游区或无人入住的新区。

（2）良好的公共交通条件，如有公交车或者地铁、轻轨等多种公共交通可达，不建议考虑仅私家车可达的区域。

（3）附近已建成的医院：物业3公里范围内有二级以上已建成的综合医院，规划中的医院不做推荐。

3. 物业现场查勘与工程条件判断　区位可行性通过之后，进入现场查勘与工程条件判断环节，此环节需要由具备专业标准和工程、建筑经验丰富的人员参与。查勘内容包括：

（1）对项目的要点描述。

（2）物业独立性：物业必须独门独院，与周边居民小区的距离最好保持50m以上；不能选择住宅楼的商业裙楼，慎重考虑住宅小区的会所；物业内最好不要有正在经营的其他商户或企业。

（3）物业形态及规模：包括地上面积、地下面积、各楼栋面积、各楼层面积、塔楼面积、裙楼面积。

（4）消防条件：主要考虑4方面。①两条以上供养老机构独立使用的逃生通道；②疏散楼梯间的宽度不能少于2m，理想宽度为3m；③疏散楼梯与最远老年人房间门直线距离小于20m；④过道的墙面宽度不少于2m。其他细节在设计中可以解决。

（5）改造难度与改造量：包括外立面与幕墙的改造量、消防的改造成本、内部功能划分与隔断、空调加装、电梯加装、配电设备、热水系统、厨房条件、天花板防水与漏水、地板承重、室外环境清理等。

（6）出床率：良好的朝向、临窗面与采光条件；适合的房间面积，如护理型床位单床面积<35m²（含配套面积公摊），自理型房间面积<65m²（含配套面积公摊）。单层楼面面积在1 200~1 500m²之间比较适宜，面积过小，出床数量少，经营效率低；面积过大，浪费面积多，出床率低。

（7）电梯条件：至少有一部医用电梯（电梯井道尺寸2.1m×2.9m）、一部客梯，最好有一部污物梯。

（8）出入口管理：可独立管理出入口，不与其他人混用。出入口数量、进入性条件、人流和车流情况均需考虑。

（9）室外空间可利用条件：如前庭后院、花园面积、屋顶空间、污物垃圾堆放位置以及其他可用面积。

（10）周边综合环境：如自然环境、景观条件，有无噪声源、污染源，周边环境形象以及小区居民关系等。

（11）其他附加价值：如宿舍位置、车位、高楼层的可利用率等。物业的可行性判断不仅需要综合工程、建筑、经营等多方面考虑，还需结合项目产品模式、床位数量等产品线定位和后期的运营特殊要求进行财务测算。如果一个物业多数条件都比较理想，内部测算也满足可行性，就可以进入下一个环节——物业的合规合法性判断了。

4. 物业的合规合法性判断　在正式开始项目的商务洽谈前，需要获得以下明确信息，确保物业的合法性，以及符合政府相关部门对于物业改做养老经营用途的合规性要求，包括以下内容：

（1）物业的合法产权证明文件。

（2）物业无抵押、债务等法律纠纷。

（3）产权业主方同意物业做养老经营用途。

（4）上级主管部门同意该物业用于养老经营用途（主要涉及区民政局、街道办事处、区规划局、区环保局等，各地主管部门略有不同）。

（5）周边居民、商户、在营企业等群体对于该物业用于养老经营用途无明确反对意见。

如果以上条件中任何一条有问题，必须先明确解决以后，才能进入下一个环节——项目合作谈判。

5. 项目合作谈判　项目的商务合作条件是基于项目的合作模式具体展开的。一般而言,物业方与经营方的合作模式主要有以下几种:①整体收购;②整体长期租赁;③成立合伙制基金公司;④成立股份制合资公司;⑤保底租金+利润分成;⑥物业作价入股+股份比例分红。这六种合作模式中,项目规模不同,适用的合作模式就不同。规模小于1万平方米的项目,可以整体收购、整体长期租赁为主要合作模式;规模大于1万平方米的项目,可以采用后面四种模式进行洽谈,具体选择哪一种模式,与双方的企业背景、决策人的观念和思维方式、企业决策流程、行业认同度等有关。

项目合作条件谈判中最关键是达成三个方面的共识:一是物业价值的估值共识(包括租金的市场价值和物业的销售估值);二是双方出资的边界和方式;三是收益分配的原则和标准。双方在合作条件上达到主要共识后,则开始签订正式合同,合同通常由聘请的专业律师团队起草。

合同签订完成,项目选址阶段的工作就基本完成,后续则是建筑设计改造、筹备经营、开业等工作。

第二节　养老机构建筑设计

一、建筑设计原则

养老机构的建筑设计要充分考虑到老年人的生理、心理特点和需求,按照"以人为本"的原则,进行适老化设计,为老年人营造一个安全、舒适、方便的居住环境。

1. 安全性原则　安全性指老年人居住、使用的建筑和配套的设施设备,应确保老年人安全,不仅应避免老年人发生跌倒、跌撞等意外事故,还包括标志具有明确显示性、设备设施使用和操作的方便性以及材料对健康的安全性等。

2. 无障碍设计原则　无障碍设计主要是应对老年人移动、听觉和视觉障碍而进行的设计,如建筑的出入口面积加大、有高差部位应建成坡道等,以保证老年人使用方便和安全。此外,在设计中,还应考虑到"心理无障碍",比如室内应宽敞明亮,室外要有充分的绿化等,减少老年人的孤独感、隔离感等消极心理的产生。

3. 弥补性原则　弥补性是指通过各种弥补性环境弥补老年人生理功能的下降,主要体现在对老年人视觉、听觉和触觉的弥补。比如适当提高照度,同时加强照度的均匀性;利用发声装置帮助老年人明确自己所处的位置和环境,设置鲜明的标志,独具特色的造型、颜色等,方便老年人识别。

4. 可选择性原则　可选择是指提供多样性的生活空间,供入住的老年人选择,既要保证空间的私密性,确保老年人的隐私权,又要尽可能增加社会交往空间,为老年人提供交流的机会,有益于老年人的心理健康。

5. 适用性原则　适用性是指在建筑设计上应充分考虑不同老年人护理的需求,为老年人和护理者提供方便。对于有特殊照顾需求的老年人,如失智老年人,有时可能会出现徘徊、妄想等精神行为症状,应独立成区,以保障老年人的安全,避免打扰到其他老年人。

二、建筑设计基本要求

2018年3月30日住房和城乡建设部发布了行业标准《老年人照料设施建筑设计标准》(JGJ 450—2018),自2018年10月1日起实施。原国家标准《养老设施建筑设计规范》(GB 50867—2013)和《老年人居住建筑设计规范》(GB 50340—2016)同时废止。行业通常称此标准为"养老机构建筑设计标准",适用于新建、改建和扩建的总床位数或老年人总数不少于20床(人)的老年人照料设施的建筑设计。

该标准所指的老年人照料设施是指为老年人提供集中照料服务的设施,包括老年人全日照料设施和老年人日间照料设施。老年人全日照料设施是指为老年人提供住宿、生活照料服务及其他服务项目的设施,是养老院、老人院、福利院、敬老院、老年养护院等的统称。老年人日间照料设施是指为老年人提供日间休息、生活照料服务及其他服务项目的设施,是托老所、日托站、老年人日间照料室、老年人日间照料中心等的统称。

该标准对养老机构的选址、总平面布局与道路交通、用房设置及相关规定、建筑的交通空间、给水与排水、供暖、通风与空气调节、建筑电气等内容进行了详细要求,较之前增加了建筑细部、无障碍设计、室内装修、安全疏散与紧急救助、卫生控制、噪声控制与声环境设计、智能化系统等内容。选址、总平面布局与道路交通要求见本章第一节。

（一）场地和绿化景观设计要求

1. 场地设计要求　应为老年人设室外活动场地和室外休闲、健身、娱乐等活动的设施;位置应避免与车辆交通空间交叉,且应保证能获得日照,宜选择在向阳、避风处;地面应平整防滑、排水畅通,当有坡度时,坡度不应大于 2.5%;老年人集中的室外活动场地应与满足老年人使用的公用卫生间分隔邻近设置。

2. 绿化景观设计要求　总平面布置应进行场地景观环境和园林绿化设计;绿化植物应适应当地气候,且不应对老年人安全和健康造成危害;设置观赏水景水池时,应有安全提示与安全防护措施。

（二）建筑设计要求

1. 功能用房设置要求　功能用房包括老年人用房和管理服务用房,其中老年人用房包括生活用房、文娱与健身用房、康复与医疗用房。老年人居室和老年人休息室不应设置在地下室、半地下室。

（1）老年人全日照料设施

1）护理型床位设置的生活用房应按照料单元设计:照料单元是指主要为一定数量护理型床位而设的生活空间组团,包含居室、单元起居厅和为其配套的护理站等居住及交通空间,一般相对独立,并有护理人员对此区域内的老年人提供照料服务。照料单元应设居室、单元起居厅、就餐、备餐、护理站、药存、清洁间、污物间、卫生间、盥洗、洗浴等用房或空间,可设老年人休息、家属探视等用房或空间。照料单元的使用应具有相对独立性,每个照料单元的设计床位数不应大于 60 床。失智老年人的照料单元应单独设置,每个照料单元的设计床位数不宜大于 20 床。

2）非护理型床位设置的生活用房宜按生活单元或照料单元设计:生活单元是指主要为一定数量非护理型床位而设的生活空间组团,包含居室、卫生间、盥洗、洗浴、厨房等基本空间,一般成套布置,供老年人开展相对自主、独立的生活。生活单元应设居室、就餐、卫生间、盥洗、洗浴、厨房等用房或空间。

3）文娱与健身用房设置应满足老年人的相应活动需求,可设阅览、网络、棋牌、书画、教室、健身、多功能活动等用房或空间。

4）提供康复与医疗服务时,应设置相应的用房或空间。

5）管理与服务用房的具体要求:①应设值班、入住登记、办公、接待、会议、档案存放等办公管理用房或空间;②应设厨房、洗衣房、储藏等后勤服务用房或空间;③应设员工休息室、卫生间等用房或空间,宜设员工浴室、食堂等用房或空间。

（2）老年人日间照料设施

1）生活用房:应设就餐、备餐、休息室、卫生间、洗浴等用房或空间。

2）文娱与健身用房:应设至少 1 个多功能活动空间,宜按动态和静态活动的不同需求建成或分室设置。

3）康复与医疗用房:当提供康复服务时,应设相应的康复用房或空间;医疗服务用房宜设医务室、心理咨询室等。

4）管理服务用房:应设接待、办公、员工休息和卫生间、厨房、储藏等用房或空间,宜设洗衣房。

2. 老年人生活用房建筑设计要求

（1）老年人居室

1）采光和通风要求:应具有天然采光和自然通风条件,日照标准不应低于冬至日日照时数 2 小时。当居室日照标准低于冬至日日照时数 2 小时时,老年人居住空间日照标准应按下列规定之一确定:①同一照料单元内的单元起居厅日照标准不应低于冬至日日照时数 2 小时;②同一生活单元内至少 1 个居住空间日照标准不应低于冬至日日照时数 2 小时。

2）内部空间设计要求:每间居室应按不小于 6.00m^2/ 床确定使用面积。具体要求:①单人间居室使用面积不应小于 10.00m^2,双人间居室使用面积不应小于 16.00m^2。②护理型床位的多人间居室,床位数不应大于 6 床;非护理型床位的多人间居室,床位数不应大于 4 床。床与床之间应有为保护个人隐私进行空间分隔的措施。③居室的净高不宜低于2.40m；当利用坡屋顶空间作为居室时，最低处距地面净高不应低于2.10m，且低于2.40m高度部分面积不应大于室内使用面积的1/3。④居室内应留有轮椅回转空间，主要通道的净宽度不应小于1.05m，床边留有护理、急救操作空间，相邻床位的长边间距不应小于0.80m。⑤门窗应采取安全防护措施及方便老年人辨识的措施。

（2）老年人日间照料设施的休息室：每间休息室使用面积不应小于4.00m²/人。

（3）照料单元的单元起居厅：单元起居厅是指供照料单元内的老年人开展日常起居活动的空间，应按不小于2.00m²/床确定使用面积，平面及空间形式应适应老年人日常起居活动，并满足多功能使用的要求。

（4）餐厅：老年人集中使用的餐厅，配置要求应符合如下规定：

1）面积和座位数量配置：①老年人全日照料设施：护理型床位照料单元的餐厅座位数应按不低于所服务床位数的40%配置，每座使用面积不应小于4.00m²；非护理型床位的餐厅座位数应按不低于所服务床位数的70%配置，每座使用面积不应小于2.50m²；②老年人日间照料设施：餐厅座位数应按所服务人数的100%配置，每座使用面积不应小于2.50m²。

2）单人座椅应可移动且牢固稳定，餐桌应便于轮椅老年人使用。

3）空间布置应能满足餐车进出、送餐到位服务的需要，并应为护理人员留有分餐、助餐空间。

4）当单元起居厅兼作为老年人集中使用的餐厅时，应同时符合单元起居厅与餐厅的设计规定。

（5）卫浴空间

1）居室卫生间：护理型床位的居室应相邻设居室卫生间，居室及居室卫生间应设满足老年人盥洗、便溺需求的设施，可设洗浴等设施；非护理型床位的居室宜相邻设居室卫生间。居室卫生间应有良好的通风换气措施。当设盥洗、便溺、洗浴等设施时，应留有助洁、助厕、助浴等操作空间。与相邻房间室内地坪不宜有高差；当有不可避免的高差时，不应大于15mm，且应以斜坡过渡。

2）公用卫生间：照料单元应设公用卫生间，应与单元起居厅或老年人集中使用的餐厅邻近设置。卫生间内坐便器数量应按所服务的老年人床位数测算（设居室卫生间的居室，其床位可不计在内），每6~8张床设1个坐便器。每个公用卫生间内至少应设1个供轮椅老年人使用的无障碍厕位，或设无障碍卫生间。此外，应设1~2个盥洗盆或盥洗槽龙头。

3）公共盥洗室：当居室或居室卫生间未设盥洗设施时，应集中设置盥洗室，一般6~8张床设1个盥洗盆或盥洗槽龙头；盥洗室与最远居室的距离不应大于20.00m。

4）公共浴室：当居室卫生间未设洗浴设施时，应集中设置浴室。按每8~12张床设1个浴位，其中轮椅老年人的专用浴位不应少于总浴位数的30%，且不应少于1个；浴室内应配备助浴设施，并应留有助浴空间；应附设无障碍厕位、无障碍盥洗盆或盥洗槽，并应附设更衣空间。

（6）护理站：照料单元内的护理站位置应明显易找且适当居中，并利于服务人员的视线通达至单元起居厅、走廊等老年人公共活动场所。

 知识链接

护理站的设计

护理站是护理人员办公和为老年人提供服务的空间，同时也需密切观察老年人的活动情况，因此护理站宜在视线通达的位置，设计为开放式，以便护理人员视线能观察到更多的老年人活动区域，如公共走廊、楼梯、电梯等。护理站至老年人房间的服务距离一般不超过40m，服务距离过长会大量消耗护理人员的体力，降低劳动效率。护理站除具有一定护理功能外，最好兼有加热食品、提供茶点、清洗餐具等功能，工作区与备餐区域应相互独立，工作区周边宜配置各类后勤服务空间，且分别在两个方向的服务区设置出入口，方便护理人员频繁出入。护理站也是老年人及其家人、护理人员交流的主要场所，要充分考虑到坐轮椅的老年人在交流时的便利性，宜设置高低台，低台便于护理人员与老年人交流，高台可遮挡电脑等办公用物品，保护办公私密性。

（7）污物间：位置应邻近污物运输通道，内部应设清洗污物的水池及消毒设施。

3. 文娱与健身用房设计要求　老年人照料设施的文娱与健身用房总使用面积不应小于2.00m²/床（人），位置应避免对老年人居室、休息室产生干扰。大型文娱与健身用房宜设置在建筑首层，地面应平整，且应邻近设置公用卫生间及储藏间。严寒、寒冷、多风沙、多雾霾地区的老年人照料设施宜设置阳光厅，湿热、多雨地区的老年人照料设施宜设置风雨廊。

4. 康复与医疗用房设计要求　当设置临床、预防保健、医技等医疗服务用房时，应符合国家现行有关标准的规定。

（1）医务室：使用面积不应小于10m²，平面空间形式应满足开展基本医疗服务与救治的需求，且应有较好的天然采光和自然通风条件。

（2）康复用房：除应符合国家现行有关标准的规定外，还应符合下列规定：①室内地面应平整，表面材料应具有防护性，房间平面布局应适应不同康复设施的使用要求；②宜附设盥洗盆或盥洗槽。

5. 管理服务用房设计要求

（1）直接为老年人服务的入住登记、接待等窗口部门，其用房位置应明显易找并设置醒目标识。

（2）办公管理用房应为电子办公设备的安装、使用及维护预留条件。

（3）厨房应满足卫生防疫等要求，且应避免厨房工作时对老年人用房的干扰。

（4）洗衣房平面布置应洁污分区，并应满足洗衣、消毒、叠衣、存放等需求；墙面、地面应易于清洁、不渗漏；宜附设晾晒场地。

6. 交通空间设计要求　老年人使用的交通空间应清晰、明确、易于识别，且有规范、系统的提示标识；失智老年人使用的交通空间，线路组织应便捷、连贯。具体要求如下：

（1）出入口和门厅：宜采用平坡出入口，平坡出入口的地面坡度不应大于1/20，有条件时不宜大于1/30；出入口严禁采用旋转门；出入口的地面、台阶、踏步、坡道等均应采用防滑材料铺装，应有防止积水的措施，严寒、寒冷地区宜采取防结冰措施；出入口附近应设助行器和轮椅停放区。

（2）走廊：通行净宽不应小于1.80m，确有困难时不应小于1.40m；当走廊的通行净宽大于1.40m且小于1.80m时，走廊中应设通行净宽不小于1.80m的轮椅错车空间，错车空间的间距不宜大于15.00m。

知识链接

常 用 术 语

通行净宽：走廊、楼梯两侧墙面或固定障碍物之间的水平净距离。当设置扶手时，按扶手中心线计算。

开启净宽：门扇开启后，门框内缘与开启门扇内侧边缘之间的水平净距离。

轮椅回转空间：为方便乘轮椅者旋转以改变方向而设置的空间。

（3）电梯：二层及以上楼层、地下室、半地下室设置老年人用房时应设无障碍电梯，且至少1台能容纳担架。电梯的数量应综合考虑设施类型、层数、每层面积、设计床位数或老年人数、用房功能与规模、电梯主要技术参数等因素确定。为老年人居室使用的电梯，每台电梯服务的设计床位数不应大于120床。电梯的位置应明显易找，且宜结合老年人用房和建筑出入口位置均衡设置。

（4）楼梯：老年人使用的楼梯严禁采用弧形楼梯和螺旋楼梯，应符合下列规定：①梯段通行净宽不应小于1.20m，各级踏步应均匀一致，楼梯缓步平台内不应设置踏步；②踏步前缘不应突出，踏面下方不应透空；③应采用防滑材料饰面，所有踏步上的防滑条、警示条等附着物均不应突出踏面。

7. 建筑细部设计要求

（1）门窗设计要求

1）窗地面积比：单元起居厅、老年人集中使用的餐厅、居室、休息室、文娱与健身用房、康复与医疗用房的窗地面积比（A_c/A_d）≥1：6（A_c：窗洞口面积，A_d：地面面积），公用卫生间、盥洗室的窗地面积比≥1∶9。

2）遮阳措施：老年人用房东西向开窗时，宜采取有效的遮阳措施。

3）开启净宽：①老年人用房的门开启净宽不应小于0.80m，有条件时，不宜小于0.90m；②护理型床位居室的门开启净宽不应小于1.10m；③建筑主要出入口的门开启净宽不应小于1.10m；④含有2个或多个门扇的门，至少应有1个门扇的开启净宽不小于0.80m。

（2）阳台、上人平台设计要求：相邻居室的阳台宜相连通；阳台、上人平台宜设衣物晾晒装置；严寒及寒冷地区、多风沙地区的老年人用房阳台宜封闭，其有效通风换气面积不应小于窗面积的30%；开敞式阳台、上人平台的栏杆、栏板应采取防坠落措施，且距地面0.35m高度范围内不宜留空。

（三）无障碍设计要求

1．无障碍设计的场地和具体部位 主要包括以下7项：

（1）道路及停车场：主要出入口、人行道、停车场。

（2）广场及绿地：活动场地、服务设施、活动设施、休憩设施。

（3）交通空间：主要出入口、门厅、走廊、楼梯、坡道、电梯。

（4）生活用房：居室、休息室、单元起居厅、餐厅、卫生间、盥洗室、浴室。

（5）文娱与健身用房：开展各种文娱、健身活动的用房。

（6）康复与医疗用房：康复室、医务室及其他医疗服务用房。

（7）管理服务用房：入住登记室、接待室等窗口部门用房。

2．主要空间及设施的无障碍设计要求

（1）无障碍机动车停车位：应将通行方便、行走距离路线最短的停车位设为无障碍机动车停车位；无障碍机动车停车位的地面应涂有停车线、轮椅通道线和无障碍标志；无障碍机动车停车位一侧，应设宽度不小于1.20m的通道，供乘轮椅者从轮椅通道直接进入人行道和到达无障碍出入口。

（2）无障碍电梯

1）候梯厅要求：①候梯厅深度不宜小于1.50m，公共建筑及设置病床梯的候梯厅深度不宜小于1.80m；②呼叫按钮高度为0.90~1.10m；③电梯门洞的净宽度不宜小于900mm；④电梯出入口处宜设提示盲道；⑤候梯厅应设电梯运行显示装置和抵达音响。

2）轿厢要求：①轿厢门开启的净宽度不应小于800mm；②在轿厢的侧壁上应设高0.90~1.10m带盲文的选层按钮，盲文宜设置于按钮旁；③轿厢的三面壁上应设高850~900mm的扶手；④轿厢内应设电梯运行显示装置和报层音响；⑤轿厢正面高900mm处至顶部应安装镜子或采用有镜面效果的材料；⑥宜选用病床专用电梯；⑦电梯位置应设无障碍标志。

（3）轮椅空间：满足轮椅进入的要求，通行净宽不应小于0.80m，且应留有轮椅回转空间。

（4）坡道和台阶：当地面有高差时，应设轮椅坡道连接，且坡度不应大于1/12；当轮椅坡道的高度大于0.10m时，应同时设无障碍台阶。无障碍台阶的设计要求包括：①台阶踏步宽度不宜小于300mm，踏步高度不宜大于150mm，并不应小于100mm；②踏步应防滑；③三级及三级以上的台阶应在两侧设置扶手；④台阶上行及下行的第一阶宜在颜色或材质上与其他阶有明显区别。

（5）扶手：交通空间的主要位置两侧应设连续扶手。扶手的无障碍设计要求包括：①无障碍单层扶手的高度应为850~900mm，无障碍双层扶手的上层扶手高度应为850~900mm，下层扶手高度应为650~700mm。②扶手应保持连贯，靠墙面的扶手的起点和终点处应水平延伸不小于300mm的长度。③扶手末端应向内拐到墙面或向下延伸不小于100mm，栏杆式扶手应向下呈弧形或延伸到地面上固定。④扶手内侧与墙面的距离不应小于40mm。⑤扶手应安装坚固，形状易于抓握。圆形扶手的直径应为35~50mm，矩形扶手的截面尺寸应为35~50mm。⑥扶手的材质宜选用防滑、热惰性指标好的材料。

（6）卫生间、盥洗室主要设施及设计要求：①便器：选择坐便器、无障碍小便器；无障碍小便器下口距地面高度不应大于400mm；②安全抓杆：厕位两侧距地面700mm处应设长度不小于700mm的水平安全抓杆，另一侧应设高1.40m的垂直安全抓杆；安全抓杆应安装牢固，直径应为30~40mm，内侧距墙不应小于40mm；小便器两侧应在离墙面250mm处，设高度为1.20m的垂直安全抓杆，并在离墙面550mm处，设高度为900mm水平安全抓杆，与垂直安全抓杆连接；③救助呼叫按钮：在坐便器旁的墙面上应设高400~500mm的救助呼叫按钮;④无障碍洗手盆:水嘴中心距侧墙应大于550mm,其底部应留出宽750mm、高650mm、深450mm供乘轮椅者膝部和足尖部移动的空间,并在洗手盆上方安装镜子,出水龙头宜采用杠杆式水龙头或感应式自动出水方式;⑤其他设施:多功能台长度不宜小于700mm,宽度不宜小于400mm,高度宜为600mm;挂衣钩距地高度不应大于1.20m;取纸器应设在坐便器的侧前方,高度为400~500mm。

（7）浴室

1）无障碍淋浴间:①无障碍淋浴间的短边宽度不应小于1.50m;坐台高度宜为450mm,深度不宜小于450mm;②淋浴间应设距地面高700mm的水平抓杆和高1.40~1.60m的垂直抓杆;③淋浴间内的淋浴喷头的控制开关的高度距地面不应大于1.20m;④毛巾架的高度不应大于1.20m。

2）无障碍浴盆:①在浴盆一端设置方便进入和使用的坐台,其深度不应小于400mm;②浴盆内侧应设高600mm和900mm的两层水平抓杆,水平长度不小于800mm;洗浴坐台一侧的墙上设高900mm、水平长度不小于600mm的安全抓杆;③毛巾架的高度不应大于1.20m。

（8）地面:无障碍设施的地面防滑等级及防滑安全程度应符合国家相关标准的要求。

（四）室内装修

室内部品与家具布置应安全稳固,适合老年人生理特点和使用需求。具体各空间装修设计及家具选择要点等如下:

1. 空间设计 室内装修应考虑康复辅助器具的便捷、使用空间,并预留所需建筑设备的条件。注意合理把握空间尺度,比如起居室的开间、进深尺寸要综合考虑常用家具的摆放、轮椅的通行以及老年人看电视的适宜视距等因素进行确定。一般老年住宅中起居室的开间为3 300~4 500mm,进深通常不宜小于3 600mm。此外,应注意起居室的开间尺寸与其他空间的关系,有效组织交通动线。作为生活起居的中心,起居室宜在住宅的中部。起居室不宜设计为通过式、穿行式空间。应将套内主要交通动线组织在起居室的一侧,使沙发坐席区和看电视区形成一个安定的"袋形"空间。

2. 玄关 玄关处应注意入口门槛处理,如有门槛,可根据门槛的高度和宽度定制小坡道,在门槛两侧粘贴牢固。玄关处可以放置挂板和鞋凳等实用物件,便于老年人及时放置出门前需要带的东西,避免遗忘。鞋凳宜长而宽,鞋凳下方的空间可以设置搁板,若门厅空间比较狭窄,可以考虑设置可折叠换鞋凳。鞋柜的高度以850mm为宜,底下留空的高度以350mm为宜,可配置感应式灯带,便于老年人看清下方的鞋。

3. 卧室 卧室在布局设计上应为照护工作、轮椅回转等预留空间。

（1）床:如床靠墙摆放,可以在墙边布置围挡,一方面保护老年人防撞伤,另一方面达到防脏、易清洁的效果。围挡的材质可选用装饰皮革等温暖、易清洁的材料。床头顺手的位置和高度可设置灯光开关和紧急呼叫按钮,方便老年人上床后关灯。床的高度以400~500mm为宜,便于老年人上下床;若有使用轮椅的老年人,床面高度则需要与轮椅坐面高度齐平。床垫不宜过软,以免老年人起身困难。床边设置扶手,便于老年人起身时借力。失能老年人宜选择具有床体升降、背腿联动等功能的护理床,便于护理人员进行护理操作。护理床上的可移动栏杆可保护老年人防止坠床,护理时可以拆下,方便护理人员工作。

（2）床头柜:床头柜的高度应适当增加,便于老年人从床上站起来时撑扶,其下方可设置抽拉板,作为小桌面,方便护理操作时使用。床头柜边缘可以设置小围挡,防止物品摔落造成安全隐患。床头柜上的台灯一般选择体积小、重量轻、灯头可转动的款式,灯罩不宜过大。

（3）书桌:书桌下部不宜有过多的抽屉,方便老年人坐下或轮椅推入。书桌上宜放置台灯。

（4）插座:书桌周围插座的位置应尽量高于桌面,方便老年人操作。

（5）卧室辅具:可配备床边马桶椅,设置小夜灯,减少老年人夜间起床发生摔倒的风险。

4. 客厅

（1）坐具:椅子或沙发要稳固,座面高度以老年人上身与大腿能呈垂直角度为宜,坐面若过深,建议放坐垫来改善。另外,坐具要有椅背与扶手,以协助老年人起身。家具边缘要加装防护垫,防止老年人碰撞到突出硬角或尖锐边缘。沙发坐面宜有适当硬度,后背高度一般达到老年人颈部的高度,材质应选择皮革等亲肤又便于打扫的材质。扶手可以自然地放置手臂,站起时借力撑扶。如果沙发过于宽大,也可以在中间位置加设扶手。沙发旁的椅子可以选择小型、易移动的类型,便于老年人与家人或朋友交流时能够自如转向和挪动。

（2）茶几:茶几应灵活可动,做圆角处理,茶几底部应放空,便于老年人伸直腿。茶几高度宜在 500mm 左右,略高于沙发坐面,坐在沙发上的老年人无须过度俯身前倾就可取放茶杯等物品。茶几与其他家具间应留出足够的通行距离,与沙发之间的距离要大于 300mm,与电视柜的间距至少为 800mm,要保证轮椅单向通行。宜在坐具旁设置边几,放在沙发旁的边几可以供老年人放置常用物品,例如药品、老花镜等。老年人侧身就能取放物品,比在沙发前方设置茶几更为省力方便。边几的高度宜与沙发扶手高度相近。

（3）电视机与电视柜:电视柜的高度一般以老年人坐在沙发上平视为宜。考虑到老年人的听觉、视觉会逐渐衰退,电视机与坐席区的距离不宜过远,一般为 2 000~3 000mm。老年人听力减退,往往将音量放得过大,因此,电视机附近的墙或门应重视隔音。

5. 厨房

（1）空间设计:老年人使用的厨房应注意提供合理的操作活动空间,保证有足够的操作台面摆放常用设备和物品,既可以提高使用效率,也可以避免安全隐患。一般情况下,两侧操作台之间的通行及活动宽度不应小于 900mm。对于使用轮椅的老年人,通行及活动区域的尺寸宜适量增加,至少保证轮椅回转所需的直径 1 500mm 的空间。

（2）操作台:操作台布局宜优先选择 U 形、L 形布局形式,这两种布局更适合轮椅老年人使用且有利于形成连续的台面。此外,U 形和 L 形操作台的转角部分能形成稳定的操作、置物空间。可通过对台面转角进行斜线处理进一步提高利用率,增加便于使用的操作空间。台面转角内侧也可用于设置管井等。操作台下部留空便于轮椅回转和操作,可以合理地多设置一些台面,以便摆放微波炉、电饭煲等常用小家电,或进行备餐、备菜等操作,这些台面还可以充当老年人活动的“扶手”。对老年人来说,弯腰或举高比较费力,甚至存在危险;而中部空间的高度适合老年人拿取东西,因此,可以利用台面和顶柜之间的中部空间,精心设计置物空间,如设置一些五金架或中部柜等。厨房吊柜推荐使用升降类五金,减少拿取时爬高或者踮脚发生的危险。

（3）安全炊具:如果使用燃气器具,最好带有安全装置,也可选择电磁炉,防止明火可能造成的危险。

（4）厨房水池:单槽水池便于将厨具整个放入池中洗刷;而双槽水池的单个水槽一般较小,只能将厨具半放在水槽中,且易造成水花飞溅。因此,宜选用较大的单槽水池,可在水池上方设置可移动的小篮,起到一定的双槽水池的效果。

（5）龙头:龙头的开关应便于老年人操作,出水口最好可以适当调节高度,或选用抽拉龙头,以便于清洗水槽内部,减少操作负担。抽拉的感应龙头不但能减少向前打开开关的次数,还可有效节水。有条件的可设置洗碗机,不仅能有效减轻老年人的劳动负担,同时兼具杀菌消毒功能,使饮食更健康。

（6）厨房门:注意厨房门与服务阳台门的位置关系,当厨房外有服务阳台门时,从室内其他空间到服务阳台会穿行厨房。因此,应将厨房门、服务阳台门开设在适宜的位置,并注意缩短二者之间的距离,减少对厨房内操作活动的影响。当厨房的开间达到 2 100mm 以上,或进深方向尺寸较为充裕时,可利用厨房门后空间设置深度 300~450mm 的辅助柜及台面,以供放置微波炉、电饭煲等小件设备,使空间得到充分利用。注意要保证水池附近的有效采光和厨房的通风换气。

6. 餐厅

（1）餐桌:桌面进行圆角处理,易于老年人从桌边经过,还能避免磕碰。

（2）餐椅:餐椅的扶手可以稍微短一些,或者设置成圆弧形,让老年人离开桌子的时候,可以方便地完成转身,并轻松地借力站起。

7. 卫生间及浴室

（1）浴室空间:直接进入浴室时,需 750mm 以上空间;当进入需迂回时,门开尺寸至少 800mm（洗浴过道容身处亦大于 800mm）;进入浴室路上应没有障碍。进入处需有可直接抓取的扶手,或者改成移门。淋浴空间宽度设定在 800mm 以上,这样才能有容纳轮椅或者淋浴椅的空间;当老年人需要护理人员从后面帮忙洗浴的时候,淋浴空间宽度应在 1 000mm 以上,深度在 1 600mm 以上。

（2）浴室柜或台盆：适宜高度为800mm，此高度水不容易流向肘部而滴落，也可减少腰部的负担。轮椅老年人使用的台盆高度一般约650mm，下方要有足够的空间，避免膝盖和脚碰撞；台盆适宜深度为600mm，站或者坐都方便。水龙头把手容易接触的深度约300mm，接触到水流的深度约300mm，水龙头吐水高度在100mm以上。

（3）便器：传统马桶较低，老年人站立起较费力，所以可以用辅高坐垫来增加马桶的高度。有条件的，建议选择智能马桶，智能马桶包含了清水冲洗、自动烘干、垫圈加热、抗菌除臭等功能，不仅能消除冬天如厕冰冷感，而且清洁卫生，更有利于老年人身体健康。

（4）淋浴设备：应为老年人选择淋浴坐凳，坐凳的坐垫应具有防滑功能和小孔，能够单独拆下清洗，扶手可以抬起，方便使用。尽量为老年人选择恒温花洒，恒温水龙头能够更好地控制水温，彻底解决水温忽冷忽热的现象。除头顶固定花洒外，宜选用手持花洒，高度应可调节，位置宜低一些，方便坐姿沐浴的老年人直接拿取使用。花洒下方设置的水龙头，在不使用时要能够向一侧扭转，在淋浴花洒旁边设置扶手，扶手与花洒距离200~300mm左右为宜。推荐使用坐式淋浴器，与浴缸相比，坐式淋浴器节约了约1/3的水量，尤其适合心脏病患者，其雾浴蒸汽能在短时间内使全身体温提高，老年人坐在座椅上便可轻松清洗到脚趾处。

（5）浴缸：传统的浴缸常见的深度为600~650mm，当进出时，抬脚达到腰高老年人会增加跌倒的风险。从地面到浴缸边缘的高度为350~450mm是最容易出入的，浴缸的深度约500mm。应在浴缸内外安置防滑垫，浴缸外侧增加脚踏板，浴缸周边安装扶手，浴缸建议选择步入式，浴缸内防滑小凳能为老年人创造更稳定的沐浴过程。

8. 地面　厨房及卫生间有水的地方需要使用防滑材质的地砖或地板，地板宜选择环保、防滑（尤其不要打蜡的类型）、质软（避免硬度过高致摔倒受伤）、隔音、有地暖功能、耐划痕（比如轮椅滚动），等等。

9. 室内照明　随着年龄的增长，视力会逐渐减弱。因此，相比于年轻人，老年人更需要增强照明的亮度。正常整个房间的照明，老年人需亮度50~250lx。读字的照明，老年人需亮度600~1 500lx（为年轻人的两倍左右）。此外，宜多使用辅助照明。

10. 室内色彩　色彩搭配得宜不仅能提升空间效果，还能改变人的心情和生理状况。优化色彩组合，最大限度地利用颜色效果，为老年人创造舒适的住宅环境。室内色彩应有利于营造温馨、宜居的环境氛围，宜以暖色调为主。例如最接近皮肤色的米色及剥开树皮里的木肌色，最易使人感觉放松，尽量少用黯淡色。另外，地毯的使用也能提升空间温度感。

11. 其他　标识设置应系统、连续、科学合理，符合老年人认知特点。标识设置、室内装饰材料的选择、室内环境污染浓度限量应符合国家现行有关标准的规定。

（五）安全疏散与紧急救助

安全疏散与紧急救助的主要要求包括：①每个照料单元的用房均不应跨越防火分区；②向老年人公共活动区域开启的门不应阻碍交通；③老年人用房的厅、廊、房间如设置休息座椅或休息区、采取管道设施、挂放各类物件等形成的突出物应有防刮碰的保护措施；④建筑的主要出入口至机动车道路之间应留有满足安全疏散需求的缓冲空间；⑤全部老年人用房与救护车辆停靠的建筑物出入口之间的通道应满足紧急送医需求，紧急送医通道的设置应满足担架抬行和轮椅推行的要求，且应连续、便捷、畅通；⑥老年人的居室门、居室卫生间和公用卫生间的厕位门、盥洗室门、浴室门等，均应选用内外均可开启的锁具及方便老年人使用的把手，且宜设应急观察装置；⑦老年人照料设施的人员疏散应符合现行国家标准《建筑设计防火规范》（GB 50016—2014）的规定。

（六）卫生控制

老年人照料设施的建筑和场地的设计应便于保持清洁、卫生，空间布局应有利于防止传染病传播。老年人全日照料设施设有生活用房的建筑间距应满足卫生间距要求，且不宜小于12m。建筑及场地内的物品运送应洁污分流，且运送垃圾废物、换洗被服等污物的流线不应穿越食品存放、加工区域及老年人用餐区域。临时存放医疗废物的用房应设置专门的收集、洗涤、消毒设施，且有医疗废物运送路线的规划。遗体运出的路径不宜穿越老年人日常活动区域。

（七）噪声控制与声环境设计

老年人照料设施的噪声控制与声环境设计应符合国家有关规定。声环境设计宜利用自然声创造良好的整体环境,并利用环境声景改善老年人的生活环境。

三、建筑设备设施要求

养老机构建筑设备主要包括给水与排水、供暖、通风与空气调节、建筑电气、智能化系统等。《老年人照料设施建筑设计标准》(JGJ450—2018)对建筑设备提出了相关要求。

（一）给水与排水

老年人照料设施给水系统供水水质应符合现行国家标准的规定。非传统水源(再生水、雨水、海水等)可用于室外绿化及道路浇洒,但不应进入建筑内老年人可触及的生活区域。建筑宜供应热水,并宜采取集中热水供应系统。给水系统、储水温度、控温稳压装置,保温措施、计量水表、卫生洁具和给水排水配件等均应符合国家相关规定。

（二）供暖、通风与空调

1. 供暖系统　老年人照料设施在严寒和寒冷地区应设集中供暖系统,在夏热冬冷地区应设安全可靠的供暖设施。无供暖设施的老年人照料设施,应根据当地的气候特点,在老年人浴室内安装安全可靠的供暖设备或预留安装供暖设备的条件。散热器、热水辐射供暖分集水器必须有防止烫伤的保护措施。供暖系统应符合国家现行标准的规定,主要房间供暖温度要求见表2-1。

表2-1　主要房间供暖室内设计温度

房间类别	设计温度 /℃	房间类别	设计温度 /℃
居室	20	文娱与健身用房	20
居室卫生间、盥洗室	20	康复与医疗用房	20
公用卫生间	18	办公室	20
浴室	25	楼梯间、走廊	18

2. 通风系统　厨房、卫生间、浴室等应设置具备防止回流功能的机械排风设施。严寒、寒冷及夏热冬冷地区的老年人照料设施建筑,宜设置满足室内卫生要求且运行稳定的通风换气设施。

3. 空调　当设置集中空调系统时,应设置新风系统,主要房间设计最小新风量(宜按换气次数法确定),并应符合国家相关规定。老年人用房的人员长期逗留区域舒适性空调室内设计参数见表2-2。

表2-2　老年人用房的人员长期逗留区域舒适性空调室内设计参数

类别	设计温度 /℃	相对湿度 /%	风速 /(m·s⁻¹)
供热工况	22~24	—	≤0.2
供冷工况	26~28	≤70	≤0.25

（三）建筑电气

1. 照明　建筑出入口、阳台应设照明设施。供老年人使用的盥洗盆或盥洗槽、厨房操作台应设局部照明,有条件时,每个居室的门外可增设局部照明。居室至居室卫生间的走道墙面距地 0.4m 处应设嵌装脚灯,居室的顶灯、长过道的照明宜采用双控开关两地控制。照明开关应选用带夜间指示灯的宽板翘板开关,安装位置应醒目,且颜色应与墙壁区分,高度宜距地面 1.10m。光源宜选用暖色节能光源,照度应符合国家有关规定。

2. 电源插座　应采用安全型电源插座。电源插座的设置应结合建筑家具的布置,并应满足主要家用电器和安全报警装置的使用要求。居室床头、盥洗盆或盥洗槽、厨房操作台、洗衣机应设置电源插座。居室的电源插座高度距地宜为 0.60~0.80m;供老年人使用的电炊操作台的电源插座高度距地宜为 0.90~1.10m。配电箱、电线及安全防护应符合国家相关规定。

（四）智能化系统

1. 信息设施系统　老年人居室、单元起居厅和餐厅、文娱与健身用房、康复与医疗用房应设有线电视、电话及信息网络插座；宜设无线局域网络全覆盖设施。

2. 公共安全系统

（1）建筑内以及室外活动场所（地）应设视频安防监控系统。各出入口、走廊、单元起居厅、餐厅，文娱与健身用房，各楼层的电梯厅、楼梯间，电梯轿厢等场所应设安全监控设施。

（2）建筑首层宜设入侵报警装置。

（3）老年人居室、单元起居室、餐厅、卫生间、浴室、盥洗室、文娱与健身用房、康复与医疗用房均应设紧急呼叫装置，且应保障老年人方便触及。紧急呼叫信号应能传输至相应护理站或值班室。呼叫信号装置应使用 50V 及以下安全特低电压。

（4）失智老年人的照料单元宜设门禁系统。

3. 温度监测及调控系统　老年人居室、单元起居室、餐厅、卫生间、浴室、盥洗室、文娱与健身用房，以及康复与医疗用房宜设温度监测及调控系统，并宜在各用房内单独调控。

4. 照护及健康管理平台　应符合下列规定：

（1）宜设照护及健康管理平台，对照护人群的健康数据进行采集、分析和管理。

（2）建筑内以及室外活动场所（地）宜设活动监护及无线定位报警系统。

（3）特殊照料人群（如失智老人）空间应设防走失装置。

（4）宜设照料人群与家人间信息及时传递措施。

第三节　养老机构的登记管理

一、登记前期工作

2019 年 1 月，民政部发布《关于贯彻落实新修改的〈中华人民共和国老年人权益保障法〉的通知》（民函［2019］1 号），自 2019 年 1 月 2 日起不再实施养老机构设立许可，养老机构设立需依法做好登记和备案管理，并提出加强养老机构事中事后监管。

养老机构登记备案前，应咨询当地政府部门关于养老机构登记备案的具体要求，进行相关材料的准备和提交。

（一）申办养老机构应满足的基本条件

养老机构应当依照《中华人民共和国老年人权益保障法》等法律法规和标准规范的规定开展服务活动，并符合下列基本条件：

1. 应当符合《中华人民共和国建筑法》《中华人民共和国消防法》《无障碍环境建设条例》等法律法规，以及《老年人照料设施建筑设计标准》（中华人民共和国住房和城乡建设部公告 2018 年第 36 号）、《建筑设计防火规范》（中华人民共和国住房和城乡建设部公告 2018 年第 35 号）等国家标准或者行业标准规定的安全生产条件，并符合环境影响评价分类管理要求。依照《中华人民共和国安全生产法》第十七条规定，不具备安全生产条件的，不得从事经营服务活动。

2. 应当符合《养老机构管理办法》规章。

3. 开展医疗卫生服务的，应当符合《医疗机构管理条例》《医疗机构管理条例实施细则》等法规规章，以及养老机构内设医务室、护理站等设置标准。

4. 开展餐饮服务的，应当符合《中华人民共和国食品安全法》等法律法规，以及相应食品安全标准。

5. 法律法规规定的其他条件。

（二）相应登记备案材料的准备

不同类型养老机构的登记备案材料不尽相同，应根据不同机构性质，如民办非营利养老机构、营利性养老机构或公办公营养老机构，以及相关法律法规要求准备材料，一般主要包括：

1. 机构基本情况

（1）机构名称：养老机构名称是机构品牌标识的一部分，拟定机构名称时应充分结合机构的目标受众、发展战略、企业文化、品牌宣传和服务特色。

（2）注册地址：公司拟运营的地址，自有产权提供产权证明，租赁需提供租赁合同。

（3）设备设施：提供医疗、照护、餐饮、康复等服务内容所必需的仪器设备。如老年人身体功能评估工具、转运辅具、急救设备、康复设施以及消防安全、食品卫生等相关必需的设备设施。

（4）机构制度：制度是机构运营的保障，也是登记备案时必需的申报材料，包括公司章程和各部门规章制度等资料。

2. 从业人员资质佐证文件　根据养老机构类型及服务内容不同，应在登记前充分学习《中华人民共和国公司法》《中华人民共和国老年人权益保障法》《养老机构管理办法》《医疗机构管理条例》《中华人民共和国食品安全法》等法律法规对从业人员的资质要求，学习者包括企业法人、主要负责人、高级管理人员和专业技术人员等。佐证文件一般包括身份证明、学历证明、从业资质证明、专业技术职称证书等。

3. 特殊政策要求文件　随着养老市场的全面开放，各地方政府纷纷出台了一些鼓励、引导养老产业快速发展的利好政策，如养老行业创业补贴、区域性床位补贴、减免水电费等相关政策。养老机构申办者可根据自身条件，除正常登记备案所需材料，按照所匹配政策要求准备申请材料。

二、养老机构的登记备案

不同类型主体的养老机构申请登记的归属部门不同，但随着政府服务便利化水平的不断提高，各地方政府相继优化养老机构登记流程，逐步实现线上"一网通办"、线下"只进一扇门"，现场办理"最多跑一次"。前期材料准备完毕后，可先到归属部门申请登记，登记结束后再到民政部门进行备案。

（一）不同类型性质养老机构的登记

1. 拟设立民办非营利性养老机构的，由申请人依照《民办非企业单位登记管理暂行条例》规定，依法向所在设区市或县（市、区）社会组织登记管理机关申请民办非企业法人登记，所在地民政养老服务部门履行业务主管单位具体职责。

2. 拟设立营利性养老机构的，应当在市场监管部门办理登记。在市场监督管理部门登记的养老机构，其登记名称行业表述可以为"养老院""颐养院""安养院""养护院""老年公寓"等，业务（经营）范围统一核定为"机构养老服务"。

3. 拟设立公办公营养老机构且符合《事业单位登记管理暂行条例》规定的，可以向编制部门申请事业单位设立登记。

（二）养老机构的备案流程

登记成功后，即可携带登记部门下发的企业经营执照、公章及相关材料到所属民政部门进行备案工作。备案流程见图2-1。

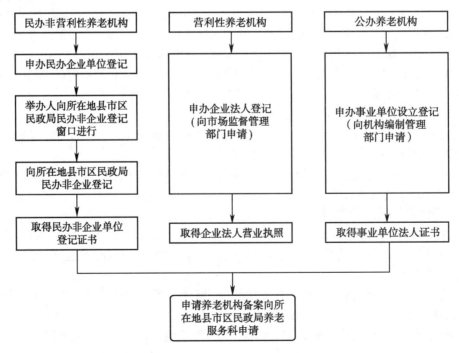

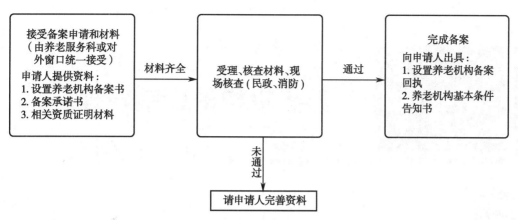

图 2-1 养老机构的登记备案流程

 知识链接

养老机构的变更与终止

《中华人民共和国老年人权益保障法》第四十六条规定,养老机构变更或者终止的,应当妥善安置收住的老年人,并依照规定到有关部门办理手续。有关部门应当为养老机构妥善安置老年人提供帮助。2020年,民政部发布的《养老机构管理办法》第三十五条进一步规定,养老机构因变更或者终止等原因暂停、终止服务的,应当在合理期限内提前书面通知老年人或者其代理人,并书面告知民政部门。老年人需要安置的,养老机构应当根据服务协议约定与老年人或者其代理人协商确定安置事宜。民政部门应当为养老机构妥善安置老年人提供帮助。

（柳涵英）

 综合思考题

1. 简述养老机构的设计原则。
2. 请结合家中的实际条件,为自己家中设计一份适老化改造方案。

第三章 养老机构的营销管理

第三章
数字内容

学习目标

1. 掌握:养老市场消费行为的特点,目标市场的定位,以及营销规划的原则、方法和技巧。
2. 熟悉:养老机构服务创新的设计流程。
3. 了解:养老机构常用的盈利模式、营销方案。
4. 能够独立为机构撰写可行的营销策划案。
5. 具有尊敬长者,在营销中充分识别顾客需求,与顾客共情的能力。

第一节 养老机构的营销战略

小李是一家养老集团的管培生,最近集团打算在东南沿海某市筹建一家新机构,鉴于小李在管培生项目中的优异表现,集团指定小李作为新建项目筹备组的负责人,并派驻小李到当地了解市场情况。已知当地养老市场竞争激烈,已有多家连锁养老机构在当地开办分支养老机构。

工作任务:

1. 进行市场调研,了解当地养老市场需求,洞悉当地潜在客户对养老服务的决策模式。
2. 根据市场现状,进行市场细分,结合公司优势核心业务和外部环境,选择适合公司进入的目标市场。

一、养老服务产品

随着全球老龄化到来,养老产业在全世界都步入发展的快车道。涌现出来的各种类别的养老机构是养老产业重要的组成部分,也是专业养老服务的主要提供者。在服务营销学视域内,养老机构作为服务提供商,为顾客提供的专业化养老服务是一种典型的服务产品。在养老服务产品消费中,虽然老年人是养老服务的最终消费者,但是根据目前国情下养老服务的消费特点,老年人和家属都可能成为养老服务的支付者,所以本章内所描述养老服务产品的顾客应包括老年人和老年人家属。

（一）服务产品的特性

1. 无形性　服务产品的无形性是指服务在购买之前是看不见、摸不着的,没有具体的量化指标可供评价参考。这是服务产品与有形产品最主要的差别。例如与有形的老年用品相比,养老服务产品

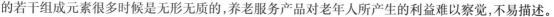

的若干组成元素很多时候是无形无质的,养老服务产品对老年人所产生的利益难以察觉,不易描述。

相比较而言,纯粹的产品是高度有形的,而纯粹的服务是高度无形的,但它们在现实中都非常少见。现实中,很多服务产品需要利用有形的实物才能完成服务程序。例如养老机构为老年人提供餐饮服务中,不仅有初始进行烹饪的服务产品,也有最终呈现的有形产品——饭菜。所以在更多情况下,老年用品可能作为养老服务的载体,而养老服务则可能是老年用品价值或功能的延伸。现实中许多养老机构向顾客提供的往往也都是产品和服务的"综合体"。

2. 流程性　又称为不可分离性,是服务的又一本质特性,同时也是有形产品营销与服务产品营销的最大区别所在。一般而言,有形产品首先进行生产,然后是销售和消费;而大部分服务产品却是先进行销售,然后是同时进行生产和消费。有形产品在从生产、流通、到达顾客手里的流程中,往往要经过一系列的中间环节,生产与消费常常具有一定的时间间隔。而服务产品则与之不同,服务产品的生产流程与消费流程同时进行。例如养老机构服务人员提供服务于老年人时,也正是老年人消费服务的时候,二者在时间上不可分离。

服务的这种特性表明,顾客只有而且必须加入服务的生产流程中,才能最终消费到服务。顾客不仅是服务的顾客,而且是服务的协作生产人。他们参加生产流程并且能观察生产流程,因此他们可能会影响服务交易的结果。例如,在养老机构中,只有当老年人高度配合护理人员的护理工作,护理人员才能为老年人提供高质量的护理服务。

3. 异质性　异质性指服务的构成因素和服务质量水平经常变化。养老服务行业是以"人"为中心的产业,人的个性的存在使得服务很难采用同一种标准。服务是一系列活动的整合流程,其中的顾客、员工、管理人员以及环境等任何一个要素发生了变化都会对服务流程和服务结果产生影响。所以,养老机构针对每个老年人每次提供的服务可能都会有所不同,无论是两个完全不同的养老机构所提供的同种服务,还是同一机构、同一员工在不同时间内提供的服务,即使提供的服务完全相同,不同的老年人对其评价结果也会存在差异。

4. 易逝性　服务无法像有形产品那样可以储存,服务的不可存储性导致了服务的易逝性。因为服务的生产和消费同时进行,使得服务不可能储存起来以备未来出售。如果生产或制造出来的服务没有被及时地消费掉,就只有浪费掉。例如对于机构养老服务而言,一位护理员可以同时为入住的五位老年人提供照护服务,但即使只有一位老年人入住,护理员也要为其提供照护服务,处于闲置的四位老年人照护服务产能是无法储存的,是无法累积到下次的。

（二）服务特性对于机构养老服务的营销启示

1. 服务无形性的营销启示　养老服务的无形性使人们对养老服务质量的评价变得非常困难。虽然对于养老机构服务质量有较完善的评价体系,但是老年人和家属常常会通过主观感知来评价服务质量。所以,如何将养老服务进行有形化展示是养老机构营销的重点之一。

2. 服务流程性的营销启示　服务流程很大程度上决定了用服务质量和顾客满意度等指标来反映的服务结果。养老机构在服务各环节中只要和顾客发生接触,不管多细微都可能会给顾客留下印象,所以这些接触与互动直接影响了服务评价。养老机构想要管理好服务流程,就应当加强实时监控能力,可以通过对服务流程实施标准化规范,从而减少潜在的服务失误。除此之外,养老机构还应当对服务流程进行系统的管理,也就是说不但要管理内部员工,更要加强对顾客的管理。例如,许多养老机构采用的活动积分制,入住老年人积极参与机构组织的活动就会有积分,积分可以在机构换取小礼物,或冲抵入住费用,老年人参加活动的积极性大大增加,入住体验也因此改善。

3. 服务异质性的营销启示　服务的异质性使服务管理和控制变得更加困难。顾客对养老机构及其提供的服务产生形象混淆,对于同一个养老机构品牌,它的几家连锁店提供的服务可能参差不齐。对此,养老机构可以采用服务流程的标准化来尽力为顾客提供具有统一质量特征的服务,具体可以考虑采取以下三个措施:①挑选优秀的服务人员并加强培训,以便提供优良的服务;②在组织内部实施服务流程的标准化,如通过流程图等形式对服务时间和程序进行严格规定,以便及时了解已有或潜在的服务缺陷;③通过顾客建议和投诉系统,对顾客进行调查,追踪顾客满意度,发现和改善质量较差的服务。

4. 服务易逝性的营销启示　无形的服务不能储存,而且需求难以准确预测,所以养老机构的计划服务能力就显得非常重要。养老机构可以通过挽留和计划安排来"储存"顾客。例如,养老机构接受预订服务,这样可以根据顾客的需求情况和自身服务能力进行调节,从而减少顾客的等待和流失。

对于每项具体的服务来说,服务的四个特性的组合是不同的,这将成为差别化以及竞争优势的源泉,公司可以通过调整服务特性组合来获取竞争优势。例如,养老服务机构可以通过高度标准化来降低成本,取得竞争优势。

二、养老服务中的消费行为

（一）服务消费决策的影响因素

人们对服务的购买和使用是由个人或组织的需求引发,需求驱使人们搜寻信息,评价备选方案,最终作出是否购买的决策。

1. 养老服务的消费需求　1943年,美国心理学家马斯洛发表了《人类动机的理论》一书。在这本书中,马斯洛将人类需求像阶梯一样从低到高按层次分为五种,分别是:生理的需求、安全的需求、爱与归属的需求、尊重的需求和自我实现的需求。生理的需求包括食物、水分、空气、睡眠、性的需求等。它们在人的需要中最重要,最有力量。安全的需求意为人们需要稳定、安全、有秩序,能免除恐惧和焦虑;爱与归属的需求指一个人要求与其他人建立感情的联系或关系,如友情、爱情的需求;尊重的需求意为人希望获取自尊和希望受到别人的尊重的需求;自我实现的需求指人们希望实现自己的能力或者潜能,并使之完善化的需求。一般来说,某一层次的需求相对满足了,就会向高一层次发展,追求更高一层次的需求就成为驱使行为的动力。无论一个人年纪如何,都有这几个层次的需求。也有学者从养老服务的角度将老年人的需求层次归纳为老有所养、老有所医、老有所乐、老有所学、老有所为。

对于养老机构来说,有效识别老年人或家属的需求,才能有针对性地为老年人提供匹配的服务。从生理需求的角度,老年人和家属期望养老机构能够提供住宿、餐饮、适度活动等基本服务;从安全需求的角度,主要考虑人身安全和健康保障,期望养老机构能够提供安全的生活照护和医疗保健等专业化服务;从情感和归属需求的角度,考虑方便亲友探访,往往体现在对养老机构位置的要求,并期望在机构能够交到志同道合的朋友;从尊重需求和自我实现需求的角度,就对机构提出了较高的要求,期望的重点是能让老年人"老有所学、老有所乐",老年人不仅会关注机构文娱、教育设施配套建设,还会期望机构内有老年社工的专业服务。

2. 养老服务的信任属性　一旦人们意识到自己的需求和需要解决的问题,那么需求就会驱使人们寻找满足需求和解决问题的方案。备选方案可能是解决同一个问题的不同方法,例如,当单身活力老年人需要照顾时,既可以请家政保姆,也可以请居家养老服务机构,还可以选择住进养老机构或养老社区。但服务产品的特性使得对备选方案进行评价非常困难。人们发现对于某些服务产品而言,在消费之前,顾客难以对其进行评价;即便在实际消费以后,顾客也很难对其进行评价,这就是服务产品的信任属性。实际上,人们对这些服务的评价归根结底是依靠对服务提供者技能和专业性的信任。所以在养老服务营销全过程中,取得顾客的信任至关重要!

3. 顾客感知风险　由于很难评价专业度较高的服务产品,顾客在消费决策之前,有许多顾虑,如表3-1所示。

表 3-1　养老服务感知风险类型

感知风险类型	顾客感知举例
功能风险（不满意的目标结果）	我的高血糖在这里能控制好吗？ 做早操会不会损伤我的膝关节？
财务风险（金钱损失、不可预期的成本）	这家机构收费会不会太贵？ 会不会通过评估多收钱？
时间风险（浪费时间、时间延迟的影响）	楼里就一部电梯,每天进出会不会排队？ 食堂打饭要不要排队？

续表

感知风险类型	顾客感知举例
物理风险（人身伤害、财产损失）	浴室的地面太滑了，洗澡时会不会摔倒？ 和陌生人一个房间，他会不会偷我的钱？
心理风险（担忧、情绪）	这个照护师怎么看起来冷冰冰的，我们能相处好吗？
社会风险（其他人的想法和反应）	老朋友知道我住机构会不会背后说我孩子不孝顺？
感官风险（对五官感觉的负面影响）	他们食堂的饭菜不知是否可口？ 夏天房间里会不会有怪味？

顾客在处于这种感知风险的情况下会感觉不舒服，因此会使用各种方法降低自己的感知风险，包括向可信、可靠的人际资源寻求信息，如家庭成员、朋友和同事；利用网络对比服务，搜寻独立的服务评论和评价；信赖声誉良好的养老机构；寻求保障和担保人；亲自到养老机构进行试住体验；检查服务的有形线索或其他有形证据。

顾客都是趋向规避风险的，并且会选择感知风险较小的服务。因此，养老机构要主动采取措施减少顾客的感知风险。养老机构可以根据服务的不同性质采取相应的策略降低顾客的感知风险：如鼓励潜在顾客通过浏览机构的宣传册、网站和宣传视频了解、熟悉机构的服务；鼓励潜在顾客参观机构的服务设施；向顾客提供试住服务；进行广告宣传，尤其应该侧重于对关键服务维度的介绍，并且要向顾客提供服务绩效和服务结果的具体信息；注重资格证书陈列，像医生、护士和康复师等从业人员的学位证书和其他资质证明；实施有形证据管理，即向顾客呈现一系列符合养老机构形象定位和价值主张的有形证据，包括服务场景的设计、设备、各种设施，以及员工的服饰和行为；制订可以使顾客建立信心，产生对养老机构信任感的可视化安全程序；向顾客提供诸如服务合同、履约保证等服务保障。

4. 作出决策　顾客通过对比各个竞争服务的重要属性、评估感知风险，进而形成自己的对预期服务期望水平之后，就能做出最佳选择。但由于养老服务的特殊性，顾客对于养老机构的选择往往要经过较长时间的比较和筛选。顾客对试住过或曾经住过的养老机构相对容易做出决策，因为顾客对这些机构的养老模式、服务内容和质量有较深刻的感知。如果顾客有自己喜爱的养老机构，那么就很有可能会毫无理由地再次选择该养老机构提供的服务。所以一般来说，顾客对选择养老机构的顾虑较多，一旦做出决策后，对养老服务的消费习惯比较固定。

（二）顾客行为的影响因素

影响顾客行为的因素有很多，一般而言，主要包括文化、社会阶层、相关群体和家庭等外部环境因素，以及年龄和家庭生命周期、职业、角色和地位、生活方式、个性和自我概念等内部环境因素。

1. 外部环境因素　在影响顾客行为的外部环境因素中，文化因素、社会阶层、相关群体和家庭等都具有十分广泛和相当深远的影响。

（1）文化：主要包括语言、价值观和生活态度、习惯和风俗、物质文化、审美观、教育和社会机构等。价值观和生活态度指导着顾客的行为习惯和风俗，是某一特定文化对于适当行为方式的看法。物质文化是由文化的实物形态组成的，汽车、房子、衣服等都是物质文化的表现。例如，对于中国老年人，受传统孝文化以及养老观念的影响，家庭养老仍然是中国老年人最主要、最普遍的养老方式。

（2）社会阶层：社会阶层是在一个社会中具有相对的同质性和持久性的群体，它们是按照等级排列的，每一阶层成员都具有类似的价值观、兴趣爱好和行为方式。社会阶层有几个特点：第一，同一社会阶层成员都具有类似的价值观，其行为要比来自两个不同社会阶层的人的行为更加相似；第二，人们以自己所处的社会阶层来判断各自在社会中占有的位置；第三，某人所处的社会阶层并非由一个变量决定，而是受到职业、所得、财富、教育和价值观等多种变量的制约；第四，个人能够在一生中改变自己所处的阶层，对于老年人来说，社会阶层通常已固定。不同社会阶层的顾客在生活方式或消费方式上具有一定的差异。比如高收入阶层和低收入阶层对于养老服务的价格敏感性不同。

（3）相关群体：相关群体是指那些直接或间接影响人的看法和行为的群体。相关群体对顾客行为的影响主要包括三个方面：相关群体使一个人受到新的行为和生活方式的影响；相关群体影响个人的态度和自我概念；相关群体能产生某种趋于一致的压力，这会影响个人对服务和品牌的选择。对受到相关群体影响较大的养老机构来说,比较好的方法是接触和影响相关群体中的意见领袖。由于意见领袖对某类服务有着更多的经验和信息,所以他们相对于养老机构来说,对顾客更具有说服力。如养老机构和所在社区的志愿者保持良好的关系,更容易得到志愿者所影响群体的青睐。

（4）家庭:家庭是社会的基本单位。在正常情况下,人的一生大都是在家庭中度过的。家庭对个体性格和价值观的形成,对个体的消费与决策模式均产生非常重要的影响。传统家庭观念认为家庭是人一生最重要的东西,在受传统思想影响较深的农村地区,某些人可能认为把父母送到养老机构是对父母的不孝顺。但是当家庭成员无力给予老年人支持时,老年人或主动或被动进入养老机构养老。家庭因素包括子女数量及性别、居住方式、婚姻状况、经济状况。配偶健在、子女数量较多且与子女同住的老年人入住养老机构的概率较低,反之,缺乏子女照料的老年人有意愿入住养老机构的概率更高。

2. 内部环境因素　内部环境因素的影响主要是顾客个人特征产生的影响,主要包括年龄和家庭生命周期阶段、角色和地位、生活方式、个性和自我概念。

（1）年龄和家庭生命周期:处于生命周期不同阶段的顾客,其需求往往也存在差异。

（2）角色和地位:在不同的社会关系中、在不同的场合中,一个人往往扮演着不同的角色。相应地,人们在选择养老服务的时候,往往也会考虑到自己在社会中所扮演的角色。同时,顾客的角色往往又与其地位密切相关。社会地位方面的差异,也使顾客有着不同的消费行为。

（3）生活方式:生活方式是一个人按照他（她）的心理描述所表达的方式生活的模式,是一个人在世界上所表现的有关其活动、兴趣和看法的生活模式。生活方式与消费行为之间有着微妙的关系。人们追求的生活方式影响着他们的需求和欲望,及其消费决策行为,而这些决策行为又反过来强化或改变人们的生活方式。

（4）个性和自我概念:个性导致一个人对他所处环境的相对一致和持久不断的反应,是以心理特征为基础在文化环境中形成的。自我概念是一个人对自身存在的体验,强调了顾客的自我定位。个性和自我概念在无形之中影响着顾客的行为。

3. 心理因素　动机、感知、学习、信念和态度等心理因素也可以影响个人的购买决策。动机研究的是人类潜意识动机对购买行为的影响;感知研究侧重于五感接收到的信息对购买的影响。

三、养老机构的市场分析和市场定位

（一）如何进行市场细分

1. 市场细分的意义　市场细分就是根据顾客对产品的不同需求,从消费群体的需要、性格、行为特征等不同角度将市场进行有意识的划分,预设出细分市场的大致特点,目的是针对每个顾客采取独特的产品或市场营销组合战略,使养老机构确立自身的目标市场,制订针对目标市场的最佳营销战略,以求获得最佳效益。

在市场细分研究中所收集的各种信息有着广泛的市场营销价值,有时对于产品物理性状的改进也有着启发作用,可以使养老机构在相对成本较低的情况下,对产品实行更新换代,在更好地满足顾客需求的同时,增强了养老机构的竞争能力。市场细分研究对新服务开发同样具有指导作用,养老机构可以根据市场存在的不同细分类型,配合新服务的研发,发掘新的市场机会,对新市场准确定位。同理,市场细分的信息也有助于养老机构应对竞争者推出新服务。一旦细分市场确定下来,养老机构就可以估计出这些新的服务对相关细分市场可能产生的影响程度,并决定是否需要采用相应对策。如果竞争者的新服务定位模糊,则无须在防守方面投入大量资金。反之,如果新服务很好地满足了某一个细分市场的需求,那么,与之相关的养老机构必须考虑推出全新的竞争性服务,调整营销策略或采取其他相应的措施。

2. 市场细分的步骤　市场细分是获取信息、分析信息、描述信息、应用信息的过程,主要包括以下四个阶段:

（1）市场调查阶段:这个阶段的主要任务是集中力量洞悉消费的动机、态度和行为,包括明确市场的目的,确定市场细分变量体系,设计问卷,收集信息和数据等工作。

（2）市场分析阶段:这个阶段的主要任务是集中运用科学的定性和定量方法分析数据,合并相关

性高的变量,找出有明显差异的细分市场。

（3）市场描述阶段:根据顾客的态度、人口、年龄、行为、心理等细分变量描述细分市场的集合的特征,使用最显著差异特征命名细分市场,并简要描述细分市场的结构,包括细分市场的名称,使细分市场产生差异化的重要因素,对细分市场集合的简要描述,以细分市场为目标获取的相关信息等。如活力老年人、外来老年人、失能老年人、失智老年人等。

（4）市场细分的应用阶段:根据细分市场的规模与前景,市场结构吸引力和养老机构的目标及资源,按照细分市场的可盈利性、可测量性、可接近性、足量性、可区分性和可行性的标准来确立目标市场,调整养老机构的营销策略。

3. 选择市场细分的变量　尽管市场的变量繁多,但这些变量仍可分为以下五大类,即:地理因素细分、人口因素细分、心理因素细分、行为因素细分以及利益因素细分。在养老机构进行市场细分时应结合服务产品特点,尤其应当重视利益细分变量的选用。利益细分实际属于行为细分的一种,它是根据顾客所追求的利益进行细分。如机构养老服务带给老年人的利益可能是医疗利益,可能是保健利益,可能是康复利益,也可能是精神层面的利益。顾客利益对应顾客需求,用利益作为市场细分变量更容易筛选需求统一的顾客群体。

4. 信息和数据来源　市场细分所需的信息主要包括总体市场环境信息和顾客选择行为数据两大类。前者主要包括地理因素信息、人口统计信息和人们的生活形态趋势信息等,养老机构可以利用当地的政府部门、公用图书馆以及计算机网络等渠道收集相关信息。顾客选择行为的数据信息只有通过市场调查获取,根据养老机构实际情况,养老机构可以选择自行操作,或者部分委托外部的专业市场调查研究机构执行。调查方法包括定性调查和定量调查。

5. 信息数据处理　根据选定的细分变量综合分析后对顾客进行分类。在选定了最佳的市场细分变量之后,剩下的工作就是根据不同顾客对这个或这些细分变量的重要性的不同认识（或不同取值）来进行分类,从而生成不同的细分市场,这往往可以通过聚类分析技术来实现。与产品市场细分类似,在所识别出的细分市场中,同一细分市场内部表现出相似或相同属性,在不同细分市场之间往往表现出显著差异。

（二）目标市场定位

营销在市场细分之后,应准确评估细分市场的潜能,再根据自身条件和养老机构经营目标,选择所要服务的特定的目标市场及策略。所谓目标市场是指在实施细分之后,营销商选择一个或若干市场,并为其设计、实施、维持营销组合策略以满足这个或这些细分市场上顾客群体的需求,最终实现相互满意和交换。一般而言,选择目标市场,养老机构应该充分考虑顾客和养老机构自身的情况,包括以下几个方面:

1. 购买力　目标市场的顾客对一定的服务产品,或是养老机构将要提供的服务产品,应具有足够的潜在购买力。

2. 服务能力　目标市场的需求变化趋势应与养老机构服务产品开发能力或方向相一致,以使养老机构能应对因市场需求或购买方向的变化而保持经营能力。

3. 竞争力　目标市场的竞争者的数量较少或是竞争激烈程度应相对减弱,即在有足够的选择余地的情况下,尽量选择那些竞争强度较弱的细化市场作为目标市场。

4. 外部资源　营销活动所需要的资源的获取相对较容易,或是在行业的平均成本水平以下可以得到。否则,养老机构可能会由于无法消化高昂的营销成本而陷入经营困难的境地。

（三）目标市场的竞争策略

目标市场营销策略所考虑的是养老机构要服务多少个细分市场的问题。一般来说养老机构的目标市场策略有三种可能的选择,即无差异性营销策略,差异性营销策略和集中性营销策略。

1. 无差异性营销策略　养老机构可能采取无差异性营销策略,忽视不同细分市场的差异性,而将整个市场视为一个同质市场,提供单一的服务产品。它强调的是购买者的共同需求,而非差异性。

公司只设计一种服务产品和一套营销方案,希望吸引最大量的顾客,采取无差异性营销策略最主要的理由在于成本经济性。由于只有单一的服务产品,因而能使运营成本等降至最低,无差异性的广告方案也能降低广告成本。由于不需做市场细分的营销研究和规划,所以营销研究及产品管理的成本也得以降低,以利用低价争取最广泛的顾客。

但是,由于不同老年人群体的需要往往有所不同,所以采取无差异性营销策略其实只适合某一个最大的细分市场的需要而已。因此,如果同时有数家公司选用同样的策略,将增强在此最大细分市场内的竞争程度,而较小的细分市场需求则未能获得满足。

2. 差异性营销策略　差异性营销策略是指机构根据顾客需求的差异性,实施两个或两个以上的细分市场内经营,而且分别为各个不同的细分市场设计开发产品和制订不同的营销方案。采用差异性营销的机构希望通过不同的服务产品和不同的营销方案来实现更多的销售额,并在每个细分市场中占据更有利的举足轻重的地位,因而加强顾客对机构所有服务产品的认同,也能获得顾客更多的重复购买。差异性营销策略是目前养老机构普遍采用的策略。

差异性营销策略具有明显的优点,因为面对多个细分市场,有多样的服务产品,适应能力和应变能力提高,大大减少了经营风险;由于较好满足了顾客不同的需求,这就利于对市场进行挖掘,通常能比无差异性营销策略创造更高的销售额。不过,这种策略会增强机构的营销成本。

3. 集中性营销策略　当机构的资源有限时,可考虑第三种策略——集中性营销策略,也称密集型营销策略。机构与其在一个大的细分市场中追求较小的占有率,不如选定某一个或几个较小的细分市场作为目标市场,制订一套营销方案,集中力量在这个或这些较小的目标上追求较高的占有率。

集中性营销策略有许多优点:对少数几个甚至一个细分市场进行"精工细作",对这些细分市场的需要有较深入的认识,更能建立特殊的声誉。且由于生产、分销、推广的专业化,机构能享受许多经营上的规模经济性。只有目标市场选择适当,才能获得高度的投资报酬率。

目标市场小,可以使养老机构的特点与市场特点尽可能达到一致,从而有利于充分发挥自身的特点。将资源集中于较少的市场范围,可以达到积聚力量,与竞争对手抗衡的目的。集中性营销策略所冒的风险也较高。机构选定的目标市场可能一夜之间发生突然的变化,或是突然出现新的竞争对手,打进同一细分市场,机构将因缺少回旋余地而遭受损失。因为这些原因,许多机构宁愿采取差异性营销策略。

第二节　养老机构的营销策略

小李在东南沿海某市担任一家养老机构的负责人,机构提供的服务产品主要是针对失能老年人提供长期照护服务。随着市场竞争加剧,小李希望开发新的品牌服务来提高机构的核心竞争力,根据市场调研结果,小李决定针对部分失能老年人开展吞咽功能康复服务和定制化营养餐服务。

工作任务:

1. 为定制化营养餐服务规划品牌管理方案。

2. 为吞咽功能康复服务制订收费模式和价格。

一、养老机构的产品设计

（一）养老机构的服务产品设计

1. 新服务的种类　在服务的开发流程中,根据服务创新程度的不同,可以将新服务分为以下几类:

（1）重大变革:是指为尚未定义的市场提供新的服务。

（2）创新业务:包括为现有市场的同类需求提供新的服务方式,而这种需求现在已经有某种服务来予以满足。

（3）为现有市场提供新服务:意味着向养老机构现在所拥有的顾客提供某些组织原来所不能提供的服务。

（4）延伸服务：指扩大现有的服务产品线。

（5）改善服务：是服务变革中最普遍的一种形式，通过改变已有服务的形式或内容来扩大服务的内容，如延长提供服务的时间等形式。

2. 新服务开发的步骤及其特殊性　一项新服务的推出通常是建立在对顾客期望、市场需求和竞争环境进行综合评定的基础之上的，而不能以养老机构内部的主观看法为基础。因此，新服务的开发必须具备这样四个基本特征：客观而非主观；精确而非模棱两可；必须以事实为导向；必须具有可操作性。

新服务开发的步骤：新服务的开发要以顾客为导向，把理解和满足顾客需求置于第一位。一种以顾客为导向的新服务开发能够帮助我们识别出新服务开发的基本步骤，并且将这些步骤与顾客参与结合起来。这种方法揭示出服务开发的九个关键步骤，并分为早期、中期和后期这三个阶段，见图 3-1。

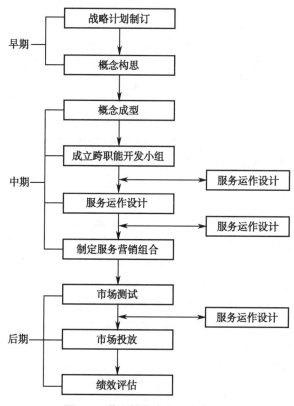

图 3-1　养老服务产品开发步骤图

在整个开发流程中，我们设置了三个"检测点"，用以测评监控服务开发流程的质量。处于开发流程中的新项目，在任何一个检测点上，只要达不到设定的评价标准，养老机构都应该放弃开发。

需要指出的是，与一般的产品设计流程不同，跨职能开发小组是这一流程中非常重要的组成部分。市场测试是上述开发方法中倒数第三个步骤，也是服务产品投放市场前最重要的一个检验环节。

（二）养老机构的品牌管理

1. 服务品牌管理　随着中国养老服务行业市场化的程度明显提高，越来越多的跨国养老机构携其"强势服务品牌"对中国市场进行大面积、高速度的侵吞，养老机构的竞争越来越表现为品牌的竞争。实际上，越来越多的养老机构已经认识到，品牌是影响顾客进行消费决策的重要因素，是养老机构最宝贵的无形资产，是养老机构参与市场竞争、创造独特竞争优势的重要战略武器。因此，如何制订和实施品牌战略、打造强势服务品牌已经成为众多养老机构关注的问题。

养老服务品牌是指在经济活动中，通过养老机构的服务流程来满足的心理需求，是以提供"服务"而不是提供产品为主要特征的一种特殊的品牌形式，是一种通过提供创意服务流程提升顾客满意度的劳务行为的标记。也可以说,它是一个优质服务的规范,是养老机构的服务宗旨、服务理念、经营战略、营销策略及养老机构精神的综合反映。可以说,服务品牌是服务文化的精髓,它既可以代表一个人,也可以代表一个养老机构或群体,既是一种服务流程,也是一种服务模式。

2. 服务品牌的构建　服务品牌的构建是一项系统工程,它是养老机构内部各个部门团队合作的结果,更是养老机构开展外部营销、内部营销和互动营销的协同结果。

（1）外部营销:特点是以顾客需求为中心。外部营销主要是指要以顾客满意为导向来创建服务品牌。顾客对服务的需求往往是多种多样的。一方面,由于顾客社会阶层、消费层次和文化背景等方面的不同,其消费需求也会存在很大的差异;另一方面,即使是同一个顾客,由于服务消费的时间、地点和心情等方面的差异,其消费需求也会有所不同。实际上,即使顾客存在着同样的服务需求,他们对同种服务内容中的各个构成要素的偏好也会存在着某种差异。因此,基于顾客需求和顾客导向的外部营销,是满足顾客的差异化需求所必需的。同时,由于对服务的良好感受是出于某种信任、荣誉和爱好等方面的要求,是出于情感的渴求和心理上的认同,所以服务品牌成功的关键就体现在要时刻以顾客为中心。具体而言,时刻关注顾客需求,构建服务品牌要求养老机构必须做到以下几方面:

1）树立让顾客满意的宗旨:倡导服务新理念,不断丰富和延伸养老机构文化的内涵,树立诚信服务的理念。在市场竞争中,诚信是养老机构生存和发展的关键。只有注重诚信的养老机构,才会有良好的养老机构形象,才会得到顾客的信任。当然,注重向顾客提供优质和创新的服务也是必不可少的。毕竟,优质的服务是养老机构塑造强势服务品牌的基石。有了优质的服务,养老机构才有可能在市场中赢得一席之地。同时,如上所述,随着市场竞争的加剧,顾客对服务的需求也越来越朝着多样化、人性化和个性化的方向发展。因此,养老机构在向顾客提供服务的时候,必须努力做到认识顾客的需要、挖掘顾客的需求并不断满足顾客的需求,不断地主动创新服务方式和服务方法。只有这样,才能赢得顾客的信赖。

2）努力优化服务流程:养老机构要根据顾客需要和市场需求设计服务流程,强化服务品牌接触点的设计与有效管理。其中,服务品牌接触点是指顾客体验养老机构的品牌形象或者某种可传递信息的情境与方式。这些接触点包括一些有形要素和无形要素。其中,有形要素包括服务员工、服务场景和其他有形展示、非人员沟通（宣传资料、标识和广告等）、其他人员（顾客在接受服务过程中遇到的朋友、从他人那里获得的信息与口碑等）、养老机构对服务的定价、养老机构网站、各层面利益相关者对养老机构的评价等。实际上,凡是带有养老机构信息并可能被顾客接触到的,都可归为服务品牌接触点之列。只有完善养老机构的服务系统和细化服务品牌接触点,不断地从细微处提高顾客满意度,才能最终构建起强势的服务品牌。

3）建设具有自身特色的养老机构文化:服务品牌说到底也是文化品牌的延伸问题。综合来看,服务品牌离不开卓越的服务质量,而服务质量实际上是养老机构内外的各种资源,如人力资源和技术资源以及市场资源等共同作用的结果。其中,人力资源在服务质量的提升中扮演着十分重要的角色。无疑,诸如业绩奖励等物质刺激是必需的,但养老机构文化的熏陶和引导也是至关重要的。因此,强势服务品牌的构建,必须创造一种能够提供稳定的卓越服务质量的养老机构文化。

4）正确处理顾客抱怨并及时采取补救措施:做好顾客满意度测试,尤其是正确对待顾客的抱怨,及时地对失败的服务采取恰当的补救措施,是更好地满足顾客需求和构建服务品牌的关键所在。服务补救是养老机构提高顾客感知服务质量的第二次机会,也是和顾客建立情感联系的有效途径。服务失误处理得当,往往有助于顾客与养老机构建立更加良好的信任关系,既会提高顾客对其服务品牌的忠诚度,也会避免服务失败所带来的消极影响（如负面的议论等）。无数养老机构的实践均已证明,服务失败之后得到及时而有效补救的顾客,其满意度往往比那些没有遭遇服务失败的顾客的满意度还要高。而且,他们也更愿意通过服务补救而得到的意外惊喜和良好的心理感受进行无偿的宣传。这样,通过有效的服务补救,养老机构就可以同顾客建立起密切的情感联系,这无形中提高了服务品牌的形象。

（2）内部营销:特点是关注养老机构内部的员工。内部营销是指将员工当作顾客,将工作当作产品,在满足内部顾客需要的同时实现组织目标。有效的内部营销是成功的外部市场交易的前提,是优质服务和成功的外部营销的关键。因此养老机构要想保持持久的竞争优势,除了通过传统的外部营销之外,还应该同时推行内部营销,使养老机构员工投入工作角色中来,更好地为顾客提供优质服务。

由于服务的无形性,顾客无法在消费之前对服务作出评价。因此,对一线员工的品牌沟通和有效的员工管理就成为服务品牌构建工作的重中之重。实际上,可以毫不夸张地说,员工是服务品牌赖以成功的基础,员工不仅是服务品牌的重要组成部分,影响着顾客的服务体验流程,而且员工也是服务品牌的宣传者和代言人,他们的态度和行为直接影响着顾客对服务品牌和服务质量的感知。因此,要构建强势的服务品牌,首先需要对员工进行卓有成效的管理。具体来说,主要包括以下几个方面的工作:

1）让员工了解服务品牌构建的特点和任务:让员工明白自己在服务流程中应该为顾客提供什么样的体验,为什么要提供这样的体验以及如何在实际工作中加以具体实施,是服务品牌构建的基础所在。同时,还要尽量让员工能够积极地增强顾客对服务质量的感知,让员工了解到不仅他们的行为是提供高质量服务的关键,而且他们的态度也会影响顾客对服务品牌的满意程度。

2）有效实施品牌内在化:所谓品牌内在化,是指向员工解释和宣传服务品牌的内涵、定位和价值,创造性地与员工就服务品牌的构建进行交流,培训员工并使他们的行为直接对强化服务品牌作出贡献,奖励并祝贺为品牌的提升作出贡献的员工。最重要的是,使员工参与到品牌培养与维持的流程中来。如果员工不信任自己养老机构的品牌,那么根本就不可能为品牌投入更多的感情和精力。

3）对员工进行培训并强化内部沟通:服务品牌是对传统服务观念的一种挑战,它不仅仅是单纯的商品促销,更趋向于为顾客提供一种与所需商品相配套的服务,是一种商业文化的具体化。这就要求服务人员要全面掌握集职业道德、商品知识、销售技能、操作技术与情感交流于一体的、全新的服务方式和科学规范的服务技术。因此,要从以上诸多方面对服务员工进行培训,以便促进养老机构整个营销环境的改变,为养老机构发展创造良好的内外部环境氛围。同时,进行更为开放的内部沟通也是内部营销最重要的手段,它对于内部营销实践有着不可或缺的作用。离开了良好的内部沟通,养老机构就远离了实现跨职能或者跨部门相互协作的可能。通过有效沟通,往往可以使养老机构内部形成信息共享的氛围、良好的人际沟通环境和团结制胜的文化。

4）重视员工的满意水平:归根结底,服务品牌的构建必须要得到顾客情感上的认可和归属,而这就意味着服务员工必须真情投入与付出。养老机构必须同时关注员工的招聘、培训、激励和挽留等一系列问题。

（3）提升服务品牌的具体策略:服务是无形的,是一系列顾客参与的活动或流程,考虑到服务的独特性,服务品牌需要采取与有形产品不同的策略。概括而言,具体策略主要包括以下几个方面:

1）建立养老机构服务主导的品牌组合:服务是无形的,顾客在决策之前往往对服务缺乏直观的感受,无法进行客观的评价。因此,养老机构的形象和口碑往往就成为直接影响顾客进行决策和评价的重要依据。顾客在选择养老服务产品时,不仅关心服务的具体内容,而且十分看重提供服务的养老机构,他们往往根据服务的提供者来进行消费决策。因此,在养老机构的品牌组合中,养老机构品牌理应成为主导品牌,成为重点建设的对象。

2）创造强烈的组织联想:看到品牌而联想到养老机构,就是组织联想的一个重要表现,它是形成品牌特色或个性的关键因素。由于服务产品极易模仿,提供什么样的服务往往并不是最重要的,而真正重要的,往往是谁在提供服务和如何提供服务。养老机构的员工、设备和专长等要素,都是能够直接或间接影响顾客感知服务质量的重要品牌联想。基于抽象的养老机构价值观、员工、养老机构资产和技术等特色所产生的组织联想,与基于产品特色的联想不同,前者更有利于提高品牌的可信度。通过组织联想,养老机构还可以建立起品牌与顾客之间的某种特殊的情感。

3）强化全方位的品牌要素:无形性对品牌要素的选择具有重要意义。由于服务决策和安排常常是在服务现场之外做出的,因此品牌回忆就成为一项十分重要的因素。作为品牌核心要素的品牌名称,应该易于记忆和发音,相应的文字和标识等刺激物也要经过人的策划,即服务的"外观",如环境设计、接待区、员工着装和附属材料等,也对形成顾客的品牌认知具有重要影响;其他品牌要素,如标识、人物和口号等,也可以全部用来辅助品牌名称,向顾客展示品牌,建立品牌认知和品牌形象。使用这些品牌要素的目的,是试图使服务和其中的关键利益更为有形、具体和真实。总之,养老机构在运用服务品牌要素时,应该力图使无形的服务有形化。

4）建立合理的品牌层级结构:随着服务产品和业务模式的多样化,养老机构需要根据不同的市场和产品特性,推出相应的品牌。服务产品多样化往往是养老机构的一个显著特点。养老机构建立品牌层级,使之可以定位和瞄准不同的细分市场,进而突出不同服务产品的特征。例如一家集团型养老服务企业的品牌名为 A,可根据不同产品线特点进行品牌命名:AB 老年公寓、AC 护理院和 AD 社区为老服务中心。

二、养老机构的渠道开发

（一）养老机构的分销渠道开发

服务环境下的分销内容、方式、地点和时间,对这四个问题的回答形成了服务分销战略的基础。

1. 分销的作用　提到分销,很多人都可能会想到通过有形渠道将货物送到分销商与零售商处,并通过他们卖给最终用户。然而,对于养老服务而言,服务体验、服务绩效以及解决方案都不能通过实体形式进行运输和储存。同时,信息的传输越来越多地通过电子渠道完成。那么,在服务环境下分销的作用包括以下三个方面:

（1）信息流与促销流:养老服务信息和服务促销素材的目的是引起顾客的兴趣,接近于广告的作用。

（2）沟通流:通过沟通,达成有关服务特征、内容、承诺条款等方面的协议,由此完成一项购买服务合同。如在线上或线下和顾客确认签署一份养老机构入院服务协议。

（3）产品流:养老服务是需要有实体设施才能提供。因此,服务分销战略要求建立一个拥有当地站点的网络。

2. 服务分销的模式　有的养老服务产品可以通过线上提供,不需要顾客和员工接触;有的养老服务产品通过线下提供,需要顾客来店接受服务;有的养老服务产品通过线上提供,但需要员工到顾客家中提供服务。养老机构服务分销主要需要注意以下两点:

（1）养老机构基本上都属于顾客亲临服务场所:如果顾客必须亲自前来服务场所,那么地点与营业时间上的便利性就显得尤为重要,其贯穿了服务提供的全过程,甚至能起到引发和终止服务传递的作用。

（2）选址限制:尽管顾客的便利性很重要,但养老服务行业的特性却限制了一些服务地点的选择。比如在大多数老旧小区内,都无法找到合适的建筑和空间作为服务地点,而在新建建筑中,配套养老设施已经成为房地产商必须达成的指标要求。

3. 提供服务的时间:很多养老机构虽然提供全年无休的照护服务,但对前来咨询的潜在客户却限定只有周一到周五的工作时段。现在,更多的养老机构要求值班员工 24 小时待命,对咨询业务必须随时呼应。

4. 在虚拟空间里传递服务:电信与电脑技术的发展催生了许多新的服务提供方式。例如,在养老服务业,已经有养老机构开始注重在机构主页、社交媒体平台、公众号和同城信息网站上补充自己公司的信息,通过网络完成信息咨询、下订单以及缴费等服务。

（二）特许经营

从本质上来讲,服务分销渠道管理的重点,就是寻找能够把顾客、供应商和中间商联系在一起的有效方法。在服务分销渠道中,最主要的中间商形式之一就是特许经营,如养老服务品牌的特许经营:品牌名（青岛）老年公寓、品牌名（宁波）护理院、品牌名（南京）养老服务中心、品牌名（哈尔滨）颐养院等。

1. 特许经营的概念　特许经营就是指特许人将自己拥有的服务供应商标、商号、产品、专利和专有技术及经营模式等以合同形式授予受许人使用,受许人按照合同规定,在特许人统一的业务模式下从事经营活动,并向特许人支付相应的费用。这里涉及两个重要的当事人,即特许人和受许人。其中,特许人是指在特许经营活动中,将自己所拥有的商标、商号、产品、专利和专有技术、经营模式及其他营业标志授予受许人使用的组织或个人;受许人则是指特许经营活动中,被授予使用特许人的商标、商号、产品、专利和专有技术、经营模式及其他营业标志的组织或个人。一般而言,特许经营需要

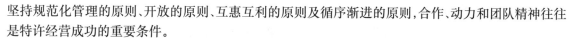

坚持规范化管理的原则、开放的原则、互惠互利的原则及循序渐进的原则,合作、动力和团队精神往往是特许经营成功的重要条件。

2. 特许经营的优缺点　特许经营可以实现特许人和受许人的双赢,共同做大市场。特许人、受许人和顾客分别可以从中获得的好处和局限主要包括以下几个方面:

(1)特许人可获得的好处:特许经营体系的扩展在某种程度上有助于养老机构摆脱资金和人力资源的限制;可激励服务运营者在多处所营运,因为他们都是该事业的局部所有权人;是控制定价、促销、扩展分销渠道和使服务内容一致化的重要手段;是增加营业收入的一种途径。

(2)受许人可获得的好处:受许人有机会经营自己的事业,而且加盟的养老连锁经营是在一种经测试证实行之有效的服务观念的指导下进行的,降低了经营风险;在市场定位中更精确地面对被证实的细分市场;有促销、辅助、支持力量作为后盾,整个特许经营体系能起到互相促进的作用;能获得集权式管理的各种好处。

(3)顾客可获得的好处:对于顾客而言,通过特许经营的方式,保证了养老服务质量的一致性,同时,也增加了顾客消费的方便性,顾客更容易得到服务质量的若干保证。如顾客可以在遍布全国的旅居养老公司任一家分店中享用标准化、规范的养老旅居服务。

(4)特许经营本身的局限性:在相对分散经营的环境中,确保所有受许人的服务和公众形象的一致性,是一项非常大的挑战,所花费的监督与协调成本可能会抵消特许经营的优点。从根本上来讲,特许经营只是一种合作伙伴关系,而且是一种不平等的合作关系。处理这种复杂关系所面临的困难和存在的潜在冲突,有时会导致特许经营的失败。对于受许人而言,也存在着诸多风险。由于他已经投入了大量的专用资产,一旦整体经营链遇到了问题,如公众形象和服务质量出现问题,单个受许人也将不可避免地受到很大程度的冲击。

三、养老机构的服务定价

(一)定价目标

任何定价策略都必须建立在准确理解养老机构定价目标的基础上。最普遍的定价目标不仅与收益和利润有关,还与建立需求和用户群有关。

1. 形成收益和利润　在某些特定的条件下,营利性公司旨在最大化长期收益、贡献和利润。高层管理人员也许十分渴望实现特定的财务目标或者投资回报率,但收益目标可以按照部门、地理单元、服务类型,甚至是关键消费群进行细分。这样的做法要求在定价时对成本、竞争、细分市场顾客群体的价格弹性和价值感知有充分的理解。

在生产能力制约型的组织中,财务的成功需要在给定时间内充分地发挥产能来保证。例如,机构想方设法使它们的床位住满,因为空置的房间是无产出的资产。因此,当需求降低时,这类组织就会提供特殊的折扣来吸引更多的顾客。相反,当供不应求时,此类养老机构可能会提高价格,并且专注于愿意付更高价格的顾客。

2. 构建需求和发展用户群　在某些情况下,受到实现某一最小利润水平的影响,顾客群体最大化比利润最大化更重要。机构入住的老年人多,通常能激发老年人的激情并增强他们的服务体验,同时,也可以创造成功服务的形象,并吸引更多顾客。

新的服务通常很难吸引顾客。然而,为了给顾客一个"成功开业"的印象,提升养老机构的形象,养老机构必须看起来能从恰当的客户群中吸引到相对数量的顾客。为此,养老机构通常用价格折扣来刺激顾客试用并与顾客签约。

(二)常用服务定价方法

尽管服务和产品在许多方面存在不同,但对于顾客来说,他们可能并不关心所购买的究竟是服务还是产品,顾客真正想购买的是产品和服务所带给他们的利益与价值。从这个意义上说,产品和服务的定价本质上又是一样的,因为顾客关注的是养老机构提供的价值,而不管是以产品,还是以服务的形式表现出来。因此,在服务定价中也可以参考产品定价的方法,下面围绕近年来服务营销定价中常见的几种方法进行介绍。

1. 成本导向定价法　成本导向定价法是指养老机构依据其提供服务的成本决定服务的价格。成本导向定价法的基本公式是：

$$价格 = 直接成本 + 间接成本 + 边际利润$$

其中，直接成本是指与服务有关的材料和劳动力，间接成本是固定成本的一部分。边际利润是直接成本与间接成本之和的某个百分比。养老机构把三者相加，以便最终确定价格。对于提供专业服务的养老机构来说，通常会设置一个系数，将员工每小时的薪酬与这个系数相乘（假设该公司以小时为单位收取费用），就可以得到每小时服务收取的价格。这个价格应该既可以弥补提供服务所耗费的成本，又能为养老机构带来期望水平的利润。

成本导向定价法主要包括成本加成法、目标收益定价法、平衡分析法和边际定价法等几种定价方法。有研究表明，成本加成定价法是养老机构最常使用的一种方法。成本导向定价法之所以能够得到养老机构的青睐，得益于以下几个优点：计算简单明了；专业机构对这种方法的广泛使用，使收费水平趋于一致，因此顾客对费用率比较熟悉；生产者能够得到合理的利润，当需求量较大时，养老机构能够维持在适当盈利水平上。

不过，成本导向定价法在服务领域的应用，有时也会遇到一些困难和存在一定的缺陷，主要表现为服务业成本往往较难确定和计算。例如，在养老机构中，往往很难判断一位失智专区照护师每小时的工作价值有多大；服务的真实成本和顾客的价值感知往往并不一致。

2. 竞争导向定价法　竞争导向定价法是指将竞争对手与本养老机构的实力对比，将竞争对手的定价作为定价的主要依据，以在竞争环境中生存和发展为目标的定价方法。

根据竞争对手尤其是市场领导者定价的养老机构常常假设对方的定价程序和方法是合理的，自己只需效仿就行了。实际情况很可能不是如此，导致一些养老机构制订的价格不能与其自身情况相匹配。在这种形势下，一些小型养老机构通常只能收取较低的费用，难以获取足够的利润，甚至无法在行业中生存下去。

3. 需求导向定价法　上述两种方法主要考虑的是养老机构提供服务的成本和竞争对手的价格，尽管这两个方面在养老机构定价中都很重要，但作为养老机构，更应从最简单的成本计算公式转为在定价的整个过程中都能够从顾客的观点出发，每时每刻都考虑顾客，并勇于根据顾客的需要来制订价格。需求导向定价法，即定价与顾客的价值感知相一致，定价以顾客会为所提供服务支付多少货币为导向，这是关注顾客的态度与行为，把服务质量和成本配合价格进行调整的一种定价方法。

（三）服务定价的策略与问题

通过上面的学习，我们已经了解了服务定价相对于产品定价的特殊性以及服务定价的三种主要方法，这为我们进一步讨论服务营销实践中的定价问题奠定了基础。养老机构在经营中均遵循着一定的目标，或是追求利润最大，或是追求最优的入住率，或是追求最优的市场竞争地位，养老机构应当根据经营目标，选择适当的价格策略，运用一些价格技巧，并对价格制订的总体问题给予关注，使养老机构定价与养老机构目标相一致。

1. 服务定价策略　养老机构在进行服务定价时，应当根据养老机构经营的目标，选择合适的定价策略，将其与非价格策略结合起来，使养老机构的目标能顺利达成。目前，可供养老机构选择的服务定价策略主要有以下几种：

（1）单一价格：单一价格是指养老机构对不同目标市场的顾客收取一样的价格，这种定价方式操作简单，避免要根据不同的情况收取不同的价格，节约了养老机构的精力和成本，被许多养老机构采用。例如，助餐服务。

（2）差别化定价：差别化定价是指根据一系列标准区分顾客，针对不同的顾客收取不同的价格，它可以用来建立基本需求，缓和需求的波动。一般而言，常见的差别化定价的区分标准主要有以下几种：

1）顾客支付能力的差异，如对是否享有养老商业险或政府补贴的客户区别定价。

2）服务产品的品种差异，如一级护理、二级护理和三级护理，根据服务内容的不同会有不同的定价。

3）地理位置的差异，如根据机构内房间位置、房型不同区别定价。

（3）折扣定价：折扣定价可用于大多数服务市场，通常有如下三种折扣形式：

1）数量折扣：对入住时间长的顾客给予折扣。

2）现金折扣：对一次性付清全款的顾客给予折扣。

3）贸易折扣：为使连锁分销机构帮助促销服务产品而给予的折扣。如顾客在社区养老驿站直接购买附近颐养院服务，比到店购买更优惠。

（4）形象定价：形象定价是指养老机构制订高价以传递其专属形象，也可以称为声望定价。某些养老机构有意造成高质量、高价位的姿态，如高端养老俱乐部等。该种定价技巧往往适用于那些已经建立起高知名度或是已经培养出特殊细分市场的养老机构。

（5）定制化定价：定制化定价是指价格是针对顾客需求个别制订的。一般而言，定制化定价通常有两种主要形式：

1）协议定价：服务价格在养老机构和顾客商议的基础上加以确定。

2）关系定价：与顾客建立长期的关系，了解顾客的需求并根据其需求定价。综合来看，定制化定价是非常典型的顾客导向定价方法，充分考虑了顾客的需求，但对养老机构也提出了比较高的要求，如有些高端养老社区会根据老年人需求为老年人定制全年旅行计划。

（6）捆绑定价：捆绑定价是指将两种或两种以上的服务捆绑后以稍低的价格销售，对于将两种或以上可以单独购买的服务捆绑在一起以稍低的价格销售的方法，我们称之为混合捆绑定价。捆绑定价适用于有多种服务产品的组织，这种定价不仅能够提供更有吸引力的价格，以便吸引顾客、刺激需求、增加养老机构收入，而且也可以简化顾客的支付手续，给顾客带来更多便利和实惠。但执行捆绑定价要注重捆绑定价的透明性，并及时和顾客明确通告，否则会使顾客产生歧义，认为定价中藏有收费陷阱的风险。

2. 制订服务价格策略需要注意的问题　实施服务定价策略、选择服务定价方法，可以帮助养老机构解决服务产品定价的问题。养老机构必须深入地思考以下五方面的问题。

（1）养老机构提供服务的成本是多少？养老机构希望的利润率是多少？养老机构的成本及盈利，往往是养老机构制订服务价格的下限的基础。

（2）顾客的价格敏感度如何？不同价格水平下的顾客反应如何？顾客的支付能力及对价格的敏感程度，为养老机构制订服务价格的上限提供了参考。

（3）竞争对手的价格是多少？与竞争对手的服务差别在哪里？

（4）是否应该提供价格折扣？为哪些市场提供价格折扣？提供多少折扣？

（5）是否需要使用定价技巧？应该使用什么样的定价技巧？

（四）养老机构的盈利模式

1. 使用权销售　使用权销售有5年、10年、15年、20年、30年或终身等形式，其中使用权5年销售实质上是一种收租方式；常见的使用权买断是10年、15年、20年，也可组合买断，不仅收取买断费，还收取月费。

2. 全销售模式　由养老机构投资开发建设及运营的大型综合社区，拥有基本的老年社区配套设施，往往采用以出售房屋产权为主的全销售模式。全销售模式一般要求项目土地具有商服用地的性质，满足政府规划要求，否则难以办理产权。其优点是能快速实现资金回笼，缩短投资周期。

3. 会员制模式　会员制模式就是养老项目通过发展会员，提供差异化服务，通过精准营销，提高客户忠诚度，为养老机构带来长期效益。老年人成为会员的条件是缴纳相应的会费或购买相应数量的产品，成为会员后可在一定时期内享受到会员专属的权益。此种模式可以提前回收现金流，沉淀资金池，减轻前期巨大投资的压力，是平衡养老产业投资回收期较长这一特点的重要方式之一。

4. 保单与入住费结合模式　养老服务费用可以和保单挂钩。一方面使得保险产品这一无形产品有形化，促进保险产品的销售；另一方面，可以提前锁定现金流，且不会有类似会员制的争议。除以上优势之外，保险企业还拥有客源优势、大数据优势、产品设计精算优势等。

5. "销售＋持有"模式　"销售＋持有"模式是一种住宅销售与老年公寓等养老配套设施持有运营相结合的方式。

第三节　养老机构的整合营销沟通

 **导入情境**

　　小李在东南沿海某市担任一家养老机构的负责人,机构提供的服务产品是主要针对失能老年人提供长期照护服务。近期,小李和团队开发了面向部分失能老年人的吞咽功能康复和定制化营养餐服务。新服务即将推向市场,小李要为新服务制订营销方案。

　　工作任务:

　　1. 为定制化营养餐服务制订一个打折促销方案。

　　2. 为吞咽功能康复服务制订一个公益推广方案。

一、养老机构的营销沟通

　　不论养老机构提供的是产品或是服务,养老机构都必须和顾客进行沟通。营销沟通,也可以称为传播,包括广告、公共关系、销售促进、人员推销等。它不仅仅是介绍业务的宣传册、新机构开业的广告,实际上它还包括养老机构与顾客之间发生的一切活动。尤其是对于顾客无法见到实体产品的养老机构来说,服务人员的一言一行都在向顾客传递着信息,影响着养老机构在顾客心目中的形象。

　　(一)服务沟通的意义

　　服务的无形性、异质性等特点导致获知服务的准确信息变得困难,也使服务沟通对养老机构具有了重要的意义。通常来说,服务沟通的意义主要表现在以下几个方面:

　　1. 提供养老机构服务产品的有关信息　告知顾客养老机构提供什么服务产品,如何提供以及相关服务产品信息,这是服务沟通的基本作用。

　　2. 获得顾客对养老机构的忠诚与支持　当服务供应商以一种附带感情的方式与顾客及时分享有意义的信息,便是在努力与顾客进行有效沟通。有效的服务沟通有助于加强顾客对养老机构信息的理解、更新,及时消除顾客的误解,解决服务争端,使顾客获得高度服务质量感知。养老机构与顾客建立稳固关系的明显特征之一就是简便、持续地沟通。

　　3. 吸引新顾客　服务沟通能够对服务体验产生深远的影响,将其应用于消费前的选择流程,有助于养老机构吸引新顾客。顾客不了解服务信息,会阻碍他们作出购买决策,因此养老机构需要通过沟通使顾客了解养老机构的服务并刺激顾客产生消费冲动。广告、人员推销等方式都能够向顾客传递计划性信息,而建立良好的口碑则更有助于吸引新顾客。

　　4. 向养老机构员工及公众传播相关信息　养老机构在经营流程中,不但要考虑机构及老年人的利益,也要充分考虑公众的利益。公众是指具有实际和潜在利益,对公司实现其目标的能力产生影响的任何群体,包括家属、社区组织、现有及潜在顾客、专业机构、政府与公众利益集团等。公众对机构的评价会影响到机构的经营,因此养老机构需要针对不同的公众群体制订公关方案,发布信息进行宣传沟通,以保证养老机构的公众评价。例如,和所在社区合作举办养老公益活动能够间接影响到社区内的潜在顾客。

　　5. 吸引潜在员工加入养老机构　服务沟通不仅在向顾客、社会公众传递着信息,也在向潜在员工传递着信息。只有优秀的员工才能向顾客提供优质的服务,养老机构需要不断吸纳优秀的服务人才。养老机构通过沟通建立起潜在员工对养老机构的期望,如果员工感觉养老机构是可信任的、负责任的,那么就会有比较高的积极性加入养老机构。

　　6. 保持或提高养老机构的公众形象　养老机构在公众心目中的形象不仅会影响养老机构的声誉和顾客对养老机构的评价,也会影响到养老机构的人才资源。一个被公众认为没有责任感、不具关怀的养老机构不仅会失去顾客的青睐,也难以吸引优秀的人才。服务沟通的一个重要意义就在于保持甚至提高养老机构的公众形象,获得公众信任,使养老机构在社会公众心目中留下正面、积极的印象。

（二）服务沟通战略

一般而言,养老机构应当认识到:在服务沟通中,如果做出的承诺不能与养老机构提供的实际服务相匹配,顾客满意度就会下降,并且这样的状况也会造成员工对养老机构的不信任。恰当的沟通,是顾客感到满意的关键,是机构建立口碑、实现沟通意义的前提。养老机构可以从 5 个基本的问题开始:我们的目标受众是谁? 我们需要沟通和实现什么? 我们该如何沟通? 我们应该在哪里沟通? 沟通需要在什么时候进行?

具体而言,使服务沟通承诺与服务交付相匹配的战略主要包括管理服务承诺、管理顾客期望、改进顾客教育。

1. 管理服务承诺　管理服务承诺的目的是使公司在外部营销沟通中所做的承诺和内部沟通中所做的承诺保持一致,并切实可行。养老机构不仅要保证传达给顾客的承诺与员工知晓的承诺是一致的,避免发生员工一问三不知的情形,还必须保证这种承诺是员工可以实现的。在实践中,养老机构往往可以利用如下战略来加强服务承诺管理。

（1）制作更有效的沟通广告:尽管服务与商品在广告的渠道等方面基本相似,但针对服务的特殊性,养老机构需要注意一些特别的方面。

1）提供鲜明、有形的信息:广告中可以突出养老机构的有形特征,如温暖的环境、员工的职业套装等,以传达无形的信息。

2）在主题中突出满意的顾客形象:在广告中介绍满意的顾客则可以向潜在顾客提供可信的证明。

（2）保证沟通信息的协调一致:除了广告,养老机构还可以通过公共关系、人员推销、直销以及互联网等多种营销渠道传播服务信息。如果顾客发现来自各个渠道的养老机构信息不一致甚至相互冲突时,会极大地影响顾客对养老机构的印象。因此协调这些外部沟通工具对养老机构来说是颇为重要并极具挑战性的品牌资产管理方法。养老机构可以聘用专人或建立团队来确保信息的协调一致。

（3）承诺切实可靠:养老机构的营销部门和服务交付部门可能是分开的,但营销人员在服务信息中作出服务承诺前,必须切实了解自己养老机构服务交付的水平和质量,以便沟通信息能较为精准地反映养老机构服务水准。营销人员常常不自觉地做出较高的服务承诺,这会导致顾客期望的提高,一旦服务人员未能满足顾客,顾客失望甚至不满便难以避免。

2. 改进顾客教育　由于服务具有流程性,许多服务要求顾客与服务人员一起创造服务产品,此时如果顾客没能恰当地扮演他们的角色就可能导致服务失败。因此,养老机构需要给顾客提供关于服务流程或是评估服务重要因素的确切信息。

（1）对顾客进行服务教育:养老机构可以对顾客进行服务教育,以避免顾客在服务流程中慌乱不堪或是一头雾水。一些较为新颖或步骤复杂的服务更需要提供细致的指引。例如,采用智能家居设施的机构要教会老年人如何操作使用;一项新的院内文娱活动也要清晰告知老年人流程和注意事项等。

（2）使顾客了解符合标准的服务绩效:当顾客无法得到评价服务的标准,或是购买该服务的人并不是真正的使用者时,养老机构即使很好地完成服务,顾客也无法完全认识到养老机构的服务水准。如在机构中有一条护理原则是尽可能支持老年人保留自主生活能力,所以实践中,只要这位老年人自己能用餐,护理员就应让老年人自主进餐,但老年人和家属可能无法理解这种处理方案,养老机构可以采用多次的宣教使顾客了解服务标准以及评价依据,使顾客能够对养老机构的服务作出恰当的评价。

（三）养老机构的营销沟通组合

在理解目标受众、制订沟通目标以后,我们现在需要选择一组高性价比的营销沟通组合。大多数的服务营销人员都要采用多种营销沟通形式,这些不同的沟通形式统一被称作营销沟通组合。不同的沟通组合在可传递的信息,以及针对不同的观众方面各具独特的作用。营销沟通组合包括广告、公共关系、销售促进,以及人员推销。根据养老服务业的行业特点,养老机构常用的营销沟通组合主要是广告和公共关系。

1. 广告推广　管理部门开发一个广告计划时,要做出四个重要决策:

（1）确定广告目标：制订广告计划的第一步是确定广告目标。这些目标应根据以往有关目标市场定位和营销组合的决策来确定，它们规定了在整个营销计划中广告的地位和作用。广告目标是在一定期限内，针对特定目标对象设定的一项具体的沟通任务。广告的目标可以根据告知、劝说和提醒等主要目的来分类。

（2）编制广告预算：确定广告目标之后，养老机构就要为每个产品编制广告预算。一个品牌的广告预算常常要看其处在产品生命周期的什么阶段。一般来说，新开业的养老机构通常需要较高的广告预算，以建立知名度并得到顾客的关注。而在本地已有一定知名度的养老机构通常需要相对较低的预算。

（3）设计广告策略：广告策略包括广告创意和媒体决策。广告创意部门首先产生优质的广告，然后媒体部门针对期望的目标对象选择最好的媒体刊登这些广告。对于养老机构来说，电视广告投入过大、受众太广，广告的投入产出比较低。本地报刊是一个好的选择，如生活版和健康版。还有公交车广告、站牌广告、社区广告、电梯广告和纸质宣传单页等传统媒体渠道可供选择。此外，在移动互联网高速发展的信息时代，养老机构还应充分利用网站、社交媒体平台等渠道投放品牌广告。

（4）评估广告活动：应经常对广告方案沟通效果和销售效果进行评估，研究该广告是否传播得好。效果测试可以在广告印刷或播放之前或者之后进行。

2. 公共关系　另一种主要的大众促销工具是公共关系，即通过有利宣传从而与有关公众建立良好的关系，树立良好的公司形象，处理不利的谣言、传闻和事件，包括和顾客、供应商、新闻媒体、政府、行业协会以及社区组织建立并维持良好的关系。由于养老服务业的公益属性，在养老机构，公共关系通常是较为重要的营销工具。比如和院内老年人家属的联谊会、在社区举办的健康养生讲座、和相关政府街道联动的摄影展与书法展、邀请医院来机构为老年人做免费的牙齿和视力检查、在重阳节开展的庆祝活动，以及在养老服务类大专院校设立奖学金，等等。

二、养老机构的有形展示

在服务沟通中，为了使顾客清楚地了解养老机构所提供的服务产品及如何提供这些服务产品，养老机构往往需要借助一些有形展示以使无形服务具体化。例如咖啡店弥漫的咖啡香气，让顾客感到惬意放松；马戏团里的小丑形象，让小朋友觉得这是个欢乐而有趣的地方。因此，为了把服务信息有效传递给顾客，以便让顾客认识、了解并购买服务，并提升顾客的满意度，养老机构有必要学习如何有效地进行服务有形展示及设计服务的实体环境。

服务有形展示是指养老机构为了让顾客认识养老服务产品，增强顾客对服务产品的价值感知，从而借助服务流程中的各种有形要素，将服务实体化、有形化的流程。服务的无形性是服务区别于有形产品的最大特征。正是由于服务的无形性，使得顾客无法在消费之前真切地看到、听到或感受到服务，妨碍了顾客对服务的理解。因此，养老机构有必要通过有形的展示来使无形的服务有形化。

1. 服务有形展示的必要性　对顾客来说，服务的无形性使其可以用来评价服务的客观标准十分有限。在顾客信息不足的情况下，他们会更加依赖于其个人的信息来源，如亲朋好友的推荐、使用者的评价或同事的介绍等。顾客还会根据服务的价格及养老机构的设施水平来评价服务的质量。因此，在服务中有效地运用有形展示，往往能够帮助服务供应商通过营销统一顾客对服务的分析与评估，能够减轻顾客在消费前对服务风险及不确定性的感知，提高顾客的满意度。

2. 服务有形展示的方法　养老机构可以借助各种服务流程中的有形要素使服务变得有形化，如设计具有养老机构特色的工作服、使用最先进的设备仪器和利用风格独特的装饰物装扮顾客等待区等。尤其是依托实体环境的有形展示，其中包括建筑、装饰、设备等有形特征及温度、气味、颜色、音乐等影响服务体验的无形特征。对休闲产业的一项研究显示，当顾客感到服务环境的质量较高时，他们对服务环境的满意度就会更高。因此，养老机构需要关注服务场所中的光线、温度、陈设等要素，为顾客创造享受服务的环境和氛围。实体环境的布置主要考虑三个方面：

（1）周围条件：包括空气质量、声音、气味、清洁度等要素，这些要素并不能被顾客立即感知到，因为它们通常存在于人们的潜意识层面。尽管通常不为顾客所感知，周围条件仍然能够影响顾客对服务体验作出评价，并会导致顾客做出积极或者回避的行为。在周围条件中，能够为机构有意识加以控制的要素主要是声音、气味和清洁度。

（2）设计要素：包括美学要素和功能要素。美学要素指的是能够被顾客见到并据此评价环境艺术性的有形要素，如颜色、建筑、风格、材料、规模及装饰等。功能要素则包括布局、标志/符号、舒适度等，服务供应商应对功能要素给予一定的重视，因为合理安排这些要素将有利于顾客在组织中充分体验服务并对顾客起到激励作用。相对于周围条件中的要素，设计要素更容易为顾客所感知，通常顾客都会对设计要素进行评价。因此，它在影响顾客对服务的感知方面具有更强的导向作用。

（3）社会要素：社会要素是指服务环境中包括的人员，主要有服务人员和其他顾客。

总的来说，令人愉悦的服务环境很大程度上影响着顾客的总体满意水平及再购买意向。因此，养老机构需要系统地控制环境中的各种要素，以创造出期望的消费环境和氛围。

（李来酉）

综合思考题

1. 养老机构所提供的服务产品是机构营销管理的核心内容，请简述服务产品开发的流程。
2. 养老机构采用多样化的盈利模式，请你谈谈不同盈利模式的优势和劣势。
3. 养老机构的分销适合选用什么分销渠道？请谈谈你的想法。
4. 养老机构的服务有形展示常常包括哪些要素？

第四章　养老机构的组织行政管理与信息化管理

第四章
数字内容

学习目标

1. 掌握：岗位设置的概念与原则、养老机构用人管理的基本内容。
2. 熟悉：养老机构的制度管理、公文及档案管理，养老机构信息化管理的内容和意义。
3. 了解：用人管理对养老机构发展的重要性，养老机构信息系统的功能组成，养老机构管理信息系统的操作。
4. 能够制订养老机构主要岗位的职责；能够起草养老机构人才招聘的有关文件；针对养老机构的实际情况提出相应的信息化管理对策。
5. 具有紧跟养老机构信息化发展趋势持续学习能力。

第一节　养老机构的组织管理

 导入情境

某大型民营养老机构，设置有办公室、公关部、市场策划部、客户联络部等部门，但是在一次接待外地参观学习团时，却出现没有部门出面负责接待的情况。该机构负责人感叹："管理养老院比管理一家企业还要复杂！养老机构因为服务的对象是高龄人群，对各类人员的选拔与任用都有较高的要求，从业人员不仅是一线服务人员还是管理人员，各部门之间的协调也是个大问题。"

工作任务：

为该养老机构撰写一份岗位设置优化计划书。

一、岗位设置

（一）岗位设置的概念

岗位指由一个人来完成的一项或者多项相关职责组成的集合。岗位设置就是根据养老机构的服务功能要求，建立合理明确的组织结构，设置相应的岗位，并对各岗位的职责与权限范围、工作内容与要求、人员要求等作出规定，以确保养老机构工作有效开展。

（二）岗位设置的原则

1. 因事设岗原则　岗位设置主要遵循"按需设岗、因事设岗"的原则。应根据养老机构的性质、服务功能、规模、学科分类，确定必需的岗位。设置岗位既要着眼于机构现实，又要着眼于机构的发

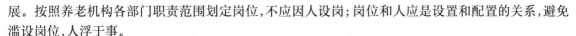

展。按照养老机构各部门职责范围划定岗位,不应因人设岗;岗位和人应是设置和配置的关系,避免滥设岗位,人浮于事。

2. 最低数量原则 遵循"最低数量原则",要求以最少的职位数量来承担机构中尽可能多的工作,从而既能最大限度地节约人力成本,又能减少工作中信息传递的层次和缩短岗位之前信息传递的时间,提高组织的凝聚力和管理效率。

3. 不相容职务分离原则 不相容职务分离的核心是内部牵制。不相容职务是指那些如果由一个人担任,既可能发生错误和舞弊行为,又可能掩盖其错误和弊端行为的职务。基于不相容职务分离原则的岗位设置需要在岗位间进行明确的职责权限划分,确保不相容岗位相互分离、制约和监督。机构经营活动中的授权、签发、核准、执行和记录等工作步骤必须由相对独立的人员或部门分别实施或执行。

4. 规范化原则 岗位名称的表述应遵循规范化的原则。一个好的岗位名称除了是一个代码,能给人一种理念上的认识外,同时还可以增加人们对该职位的感性认识。机构经营的性质和规模的不同带来了岗位名称的千差万别,但是有一条准则是相同的,即岗位名称必须与该职位的任务、职责等相匹配,否则会给具体工作造成很多不便。

5. 系统化原则 任何一个完善的组织机构都是一个相对独立的系统。岗位是组织系统的基本单元,虽然每个岗位都有其独特功能,但组织中任何一个岗位都不是孤立存在的,各岗位之间存在着不可分割的联系,在组织整体规划下应实现岗位的明确分工,又在分工基础上有效地综合,使各岗位职责明确上下左右之间能达到协作与协调,以发挥最大的组织效能。

（三）岗位设置的内容

岗位设置的内容包括岗位分析和制订岗位职责说明书。岗位分析是人力资源管理中的一项核心基础职能,其核心内容包括岗位职责描述和任职要求两大部分;岗位职责说明书应包括岗位基本信息、任职资格、职位描述、职业发展路径、权限、主要工作关系分析等部分。岗位职责说明书应当将每部分清晰、简明地表达出来,防止出现权责不清。岗位设置可以参考以下工作步骤:

1. 分析养老机构的服务功能 首先应分析养老机构的类型及服务功能:是福利服务型养老机构、救助服务型养老机构还是市场服务型养老机构;是营利性养老机构还是非营利性养老机构;是城市地区养老机构还是农村养老机构;是主要提供生活照料服务,还是主要提供医养结合型服务。

2. 按照服务功能分类,确定需要设立的部门 根据养老机构的服务功能及需要设立日常管理服务部门、生活照料服务部门、医疗康复服务部门、文娱体育服务部门等。

3. 按照各部门的业务范围及管理职能要求分类,设立岗位 根据养老机构的性质、规模、服务内容及功能差别,设立不同级别的岗位,如同样是在医疗康复部门,岗位设置就有医师、护士、康复治疗师等。

4. 明确岗位的人员数量与结构要求 岗位确立后必须明确各工作岗位的人员需求量和人员要求。这是一个综合分析的过程,须考虑的因素包括机构的主要功能、任务的轻重、机构的发展规划、机构的特色、岗位工作性质、工作难易程度、工作条件等。如承担医疗功能的养老机构还应将较多的人力投入到护理保健岗位;优势学科的各个岗位可投入较多的人力;工作难度高的岗位应投入较多的高级人员。

5. 明确岗位责任制 岗位建立后,应确立各岗位的权限、责任、具体工作内容和要求。不同岗位之间要尽量做到既不互相包含,又不互相冲突,权责分明,便于管理。

6. 建立各级各类人员的管理制度 在明确岗位责任制的基础上建立岗位工作常规或守则,逐步建立相对稳定、切实可行的各类人员选拔、聘任、晋升制度,规范各岗位人员的管理。

养老机构行政办公室主任职责说明书示例见表4-1。

（四）养老机构的岗位类型

根据民政部行业标准《养老机构岗位设置及人员配备规范》(MZ/T 187—2021)中对24小时为老年人提供照护服务的养老机构岗位设置意见,养老机构应根据行业特点设置管理、专业技术、工勤技能等岗位。

表 4-1　养老机构行政办公室主任职责说明书

一、基本信息		职位编号：×××-×××		

二、任职资格

年龄	35 岁以上	性别	不限	最低学历	大学专科
专业要求	老年保健与管理及相关专业		资格证书	中级以上专业技术职称	
工作经验	3 年以上行政管理相关工作经验				
专业知识	精通行政管理知识，掌握文件、档案管理知识，掌握老年保健与管理相关知识 熟悉办公软件、网络应用及养老机构信息化等一般知识 熟悉相关法律法规和一般的司法程序 熟悉物业行业工作流程及标准				

三、职位描述

在养老机构院长的领导下，负责机构的行政管理、文件档案、法律事务和后勤保障等工作，保证机构各项业务的正常运转，提高机构的运行效率及养老服务质量

四、工作职责

1. 负责养老机构办公室对内对外发函、申请、通知等的起草
2. 负责安排机构日常后勤工作，包括车辆、绿化、环境卫生、会务、接待、办公用品等，为各部门做好服务工作
3. 协助机构各种管理规章制度的建立、修订及执行监督
4. 负责机构行政办公费用的预算管理和费用控制，审核本部门的各项费用支出
5. 配合养老机构文化的建立
6. 负责机构对外联系、宣传工作
7. 负责机构领导工作计划的落实、追踪和汇报
8. 负责机构会议的组织，编写会议纪要和决议
9. 根据机构年度经营计划，编制本部门整体工作计划，并负责落实和监督
10. 负责对直接下级进行绩效考核、考核面谈，提升下属员工的素质和能力
11. 完成领导交办的其他事项

五、职业发展路径

后备岗位	行政主管	发展方向	行政副院长

六、主要工作关系

外部工作关系单位	行政管理关系	内部工作关系部门及职位
工商管理及其他政府部门 新闻机构和广告策划机构 法院、律师事务所 养老机构客户 各级来访单位	行政副院长 ↓ 本职位 ↓ 行政助理岗位等	各级行政主管

　　1. 管理岗位　管理岗位承担领导职责或管理职能，包括但不限于养老机构院长、副院长、内设部门负责人岗位。

　　2. 专业技术岗位　专业技术岗位承担专业技术职能，具有相应专业技术水平和能力，包括但不限于医疗、护理、康复、社会工作、健康管理岗位。

　　3. 工勤技能岗位　为承担技能操作和维护、后勤保障、服务等职责的工作岗位，包括但不限于养老护理、维修维护、保洁绿化、特种作业、消防设施操作、信息管理、档案管理、接待管理、会计、出纳、门卫、洗涤岗位。工勤技能岗位亦可以根据职业资格等级进一步划分初、中、高级和技师级岗位。义工、志愿者等无偿为养老机构提供服务的人员也属于此类别。

　　（五）养老机构的人员配备比例

　　1. 养老机构的人员配备要求　养老机构管理人员配备数量应满足养老服务工作开展的需求。养老机构配备的专职或兼职社会工作师、营养师、心理咨询人员、评估师、健康管理师等专业技术人员应

符合国家有关规定。此外,养老机构配备专职或兼职消防安全员、食品安全员的比例应满足养老机构运营安全的相关要求。如果养老机构内设医疗机构,则医疗机构的人员配备比例应符合国家医疗机构设置的有关要求。

2. 不同岗位的人员配备比例 我国对养老机构内部人员的配置比例、数量及资质等方面均做出了一定的规范性要求。例如,在《国家级福利院评定标准》中规定:①福利机构应有一支适应工作需要的专业化队伍,其中医疗康复专业队伍中必须有高级职称的专业技术人员。国家一级福利院医护人员应占全院职工总数的70%以上,国家二级福利院应占65%以上;②工作人员与正常老年人的比例为1:4,与生活不能自理老年人的比例为1:1.5。

2022年1月1日施行的民政部行业标准《养老机构岗位设置及人员配备规范》(MZ/T 187—2021)中规定,养老机构工勤技能岗位人员的配备数量应根据机构规模、老年人能力状况、入住老年人人数、服务需求、功能定位等进行合理配备,达到满足技能操作和维护、后勤保障和服务工作开展的要求。其中,养老机构应按照实际入住老年人数量配备提供直接护理服务的专职养老护理员,配备比例应不低于表4-2内下限值的要求。

表4-2 养老护理员配备比例表

自理老年人	部分自理老年人	完全不能自理老年人
(1:15)~(1:20)	(1:8)~(1:12)	(1:3)~(1:5)

一些省市和地区在人员配置特别是护理人员配置方面有着更为明确、细致的规定,主要是采用服务对象定员法。例如,北京市地方标准《养老机构服务质量星级划分与评定》(DB11/T 219—2021)对养老机构的人员编制制订了较为详细的要求,可作为养老机构管理者设置人员编制的参考。其中对五星级养老机构的人员配备要求包括:①院长不少于2人,具有大专及以上文化程度;②养老护理员综合配置比例为:能力完好与轻度失能老年人1:10,中度失能老年人1:4,重度失能老年人1:2;③医护人员配备比例为:医生不少于1人,根据需要可适当增加;护士不少于2人,养老机构达到100张以上时,每增加100张床位,至少增加1名护士;④厨师要满足服务需要;⑤每200名老年人至少配有1名专职社会工作者(不足200名的按200名计算);⑥设有消防控制室的,消防设施操作员不少于1人;特种设备管理员需满足服务需要;⑦心理咨询服务人员不少于1人;⑧营养师/士不少于1人。

上海市在地方标准《养老机构设施与服务要求》(DB31/T 685—2019)中对养老机构护理人员按照服务对象的照护等级和服务时间段进行配比,具体见表4-3。

表4-3 上海市养老机构护理人员与入住老年人的配比

照护等级	时间	人员配比
重度	6:00~18:00	1:8
	18:00~6:00	1:16
中度	6:00~18:00	1:20
	18:00~6:00	1:40
轻度	6:00~18:00	1:40
	18:00~6:00	1:80

二、用人管理

在养老机构中,所有的管理岗位的工作都或多或少包含一些基本的人力资源管理工作职责,比如人力资源规划,员工的招聘、筛选与培训,员工关系管理,员工档案管理,薪酬福利管理,工作评估,劳动关系管理,以及员工的安全与健康管理等。在进行养老机构的人员管理中,以上工作内容之间有些会互相融合,不能截然分开。养老机构的用人管理,具体地说,主要包括了员工招聘、培训、绩效考核、薪酬管理等环节。

（一）员工招聘

员工招聘是养老机构为了弥补岗位的空缺而进行的一系列人力资源管理活动的总称。它是养老机构用人管理的首要环节，是实现用人管理有效性的重要保证。

1. 员工招聘程序　广义上的员工招聘包括招聘准备、招聘实施和招聘评估三个阶段；狭义的员工招聘即指招聘的实施阶段，其中主要包括招募、筛选和录用三个具体步骤。

（1）招聘准备：招聘准备阶段需要进行员工招聘需求分析，明确哪些岗位需要补充人员；明确掌握需要补充人员的工作岗位的性质、特征和要求；制订各类员工的招聘计划，提出切实可行的员工招聘策略。

（2）招聘工作的实施：招聘工作的实施是整个招聘活动的核心，也是最关键的一环，先后经历招募、筛选和录用三个步骤。

（3）招聘评估：招聘评估阶段可以及时发现问题、分析原因、寻找解决问题的对策，有利于及时调整有关计划并为下次招聘提供经验教训。

2. 招聘渠道与方法　通过何种渠道以及采用什么方式吸引并招聘到组织所需要的员工对组织员工招聘来说十分关键，它在很大程度上影响组织能够吸引到应聘者的数量及质量。一般来说，组织招聘的渠道包括内部招聘和外部招聘。每种招聘渠道又有多种招聘方法可供选择。组织可以根据自身的人事政策、招聘员工的类型、招聘员工的市场供给状况、招聘成本等选择不同的招聘方法，吸引符合条件的员工进入机构。

（1）内部招聘

1）内部招聘的优点：通过内部提拔员工来补充空缺的岗位的方法有如下优点。①准确度高：由于该员工是内部选拔出来的，机构的员工尤其是其原来的直接领导对他比较熟悉，这样有利于保证选聘工作的正确性，可以为机构避免不必要的招聘损失。②适应快：内部选拔出来的员工熟悉养老机构的基本情况，有利于申请人尽快进入角色，更快地开展工作。③激励性强：内部选拔员工的方式能极大地调动机构员工的积极性。④费用较低：内部选拔员工可以节省时间，同时也可以为机构节省相应的评价费用。

2）内部招聘的缺点：①引起同事间的冲突：当一个组织出现岗位空缺（尤其是管理岗位空缺）时，总会有若干人同时看好这一机会，通过内部选拔的方式来填补岗位的空缺可能会造成同事间的冲突，使机构内部的人际关系变得复杂。②近亲繁殖：同一组织内的员工有相同的文化背景，不利于组织的管理创新。

3）内部招聘的方法：内部招聘主要有内部提升和内部调用两种具体的方式。①内部提升：是指让企业符合条件的员工从一个较低级的岗位晋升到一个较高级的岗位的过程。②内部调用：是指将员工从原来的岗位调往同一层次或略低层次的空缺岗位去工作的过程。

（2）外部招聘：外部招聘是指按照一定的标准和程序，从组织外部的诸多候选人中挑选符合空缺岗位所需要的员工的过程。

1）外部招聘的优缺点：①外部招聘的优点：第一，能够带来新思想、新方法。因为应聘者是外来的，受所应聘的机构领导者的影响不深，他可能会从不同的角度来考虑问题。第二，有助于树立企业形象。公开、公正的选拔和严格、谨慎的考核无形当中会树立企业良好的社会形象，也有助于企业吸引到一流的人才。第三，缓解内部竞争者之间的紧张关系。②外部招聘的缺点：外聘者不熟悉组织内部情况，缺乏人事基础，不利于工作的展开；招聘费用偏高且有可能聘用一些不符合要求的人，对内部员工形成打击。

2）外部招聘的主要方法：外部招聘的主要方法有7种。①传统媒介法：主要指通过报纸、杂志、广播、电视等媒介发布招聘广告。其中，利用报纸发布招聘广告是最常用的外部招聘方法，这种招聘方法因为成本相对较低，较会被养老机构青睐。②招聘会：招聘会也是外部招聘的一种非常重要的方法。在招聘会中提供的招聘岗位比较多，供需双方可直接见面，进行双向交流，双方选择的余地都比较大，费用较低。但是，对养老机构来说，招聘会更适宜招聘中、下级员工，对于热门人才和高级人才的招聘效果不太理想。③校园招聘：校园招聘可通过校园网、招聘海报、招聘讲座和专场招聘会来进行。校园招聘一般适于招聘专业化水平不高、技术含量不高、工作要求不高的职业。对于养老机构招聘初级老年照护人才来说,校园招聘是个不错的选择。④代理招聘:代理招聘是指组织授予职业机构一定的权限,委托职业机构为其选择、推荐人才的一种方式。代理招聘具有选择面大、可信性大、工作量少的特点。⑤网络招聘:网络招聘是近几年兴起的一种招聘方式,与传统招聘方式相比,具有成本低、容量大、速度快和强调个性化服务的优势。现在,越来越多的养老机构倾向于选择网络招聘。⑥猎头招聘:猎头招聘业务通常定位在高级人才,操作方式也是非常隐秘的,主要通过提供中介服务的猎头公司来完成。这种招聘方式收费较高,但对优秀人才招聘成功的概率较大,如招聘养老机构的高层管理人员,建议采取此种招聘方式。⑦员工推荐:目前,越来越多的养老机构重视推荐这种招聘形式,通过这种方式招聘到的人员比其他方法招聘到的人员的跳槽率更低。

（二）员工培训

员工培训是指组织通过各种方式使员工具备完成现在或将来工作所需要的知识、技能并改变他们的工作态度,以改善员工在现有或将来职位上的工作业绩,并最终实现企业整体绩效提升的一种计划性和连续性的活动。养老机构应根据培训需求分析对员工进行培训,使培训的内容能够充分体现老年人身心整体护理需求和特点,针对在岗人员培训意愿,开展不同内容和方式的培训,以满足从业人员的工作需求。

1. 员工培训的意义　对养老机构的各类组织而言,培训能给企业带来丰厚的回报,效益巨大。科学的培训管理是对员工潜在能力的开发,而不仅是知识的补充和技能的训练,其目的是促进员工全面的和充分地发展,从而给养老机构的发展带来活力。员工培训重要的作用和意义主要体现在以下几个方面:

（1）有助于改善组织的绩效:组织绩效的实现是以员工个人绩效的实现为前提和基础的,有效的培训与开发工作能帮助员工提高他们的知识、技能,改变他们的态度,增进他们对养老机构发展战略、经营目标、规章制度及工作标准等的理解,从而有助于改善他们的工作业绩,提高工作效率,降低成本,减少故障,进而改善养老机构的总体绩效,这可以说是培训与开发最为重要的意义。

（2）提高员工胜任能力,增强组织的核心竞争力:构筑自己的竞争优势,这是任何组织在激烈的竞争中谋求生存和发展的关键之所在。通过员工培训与开发,一方面可以使员工及时掌握新的知识、新的技术,另一方面也可以营造出积极学习的良好氛围,这些都有助于提高组织的学习能力,增强养老机构的竞争优势。

（3）发现人才,发掘人才,激发员工的积极性:有人将员工培训看成是对员工的一种福利,这种观点是片面的,因为他们仅仅把培训当成保健因素而非激励因素。实际上,培训的激励作用远大于保健功能,以主动心态参与培训的人,在接受新知识和新信息的过程中,往往产生丰富的感悟,这些感悟与工作中的体验相结合,容易产生创新思维的火花,给员工以精神上的激励,因而培训不仅具有拓展知识和提高技能的作用,也具有鼓舞自信心和激发工作热情的功效。

（4）培训是一种有效的管理手段:管理者运用培训的方式向下属传达信息,较之于会议、报告或文件等方式,一方面可以使下属较为系统地接受管理理念和发展战略,找准自己的差距,确定个人在养老机构中的发展目标;另一方面管理者在培训组织过程中也可以更为系统地整理自己的思想,从而使决策更加科学和可行。

2. 员工培训模式　鉴于养老服务人员的岗位多、人员层次多样,员工培训应采用灵活、多样化的模式进行。现有的员工培训模式有以下几种:

（1）政府培训模式:政府培训模式是改革前的一种养老机构培训模式,它是一种政府包办模式,政府承担责任,政府组织培训,政府管理这个培训活动。在这种模式下,培训的责任主体是政府,培训对象由养老机构员工和将来进入养老机构就业的人员组成;培训的实施一般由政府委托事业单位或其他培训机构实施。其培训制度属于政府管理制度的范畴,政府承担培训责任,政府享有由法律法规规定的各项权利,培训机构和养老机构服从政府的管理。现在,一般公办养老机构特别是各类社会福利院还采取这种培训方式。

（2）市场培训模式:市场培训模式是改革后形成的一种养老机构培训模式,它是一种以市场经济为背景的培训模式,它的运行机制和条件都是市场,适用于发达的市场经济环境。

在市场机制下,培训的责任主体是养老机构或员工本人,培训对象也是由养老机构员工和将来进

53

入养老机构就业的人员组成;培训的实施由培训机构负责;其培训制度属于市场经济制度,培训机构和养老机构以契约来规定各项权利,承担培训责任。

（3）社会培训模式:社会培训模式也是改革后出现的一种培训模式,它是对其他培训模式的补充,它可以与政府培训模式和市场培训模式相结合,适用于不同的经济社会环境。

社会培训体系的构成如下:培训的责任主体是各类非政府组织,培训对象由养老机构员工和将来进入养老机构就业的人员组成;培训的实施由非政府组织或培训机构负责;其培训制度属于道德规范,非政府组织承担培训责任,相应地享有由契约规定的各项权利。

（4）混合培训模式:混合培训模式是以上三种培训模式的综合,它适合于政府、市场和社会组织的培训机制均难以独立发挥作用的社会环境。

混合培训模式的责任主体由政府、养老机构和社会组织共同组成;培训对象由养老机构员工和将来进入养老机构就业的人员组成;培训的实施由培训机构负责。其培训制度是市场、政府和社会组织三项制度的综合,以此规定各责任主体的责任及其权利、义务。其责任主体的特殊性在于:不是单一的,而是多元主体,且是权力的、经济的和道德的不同类型的主体,它们之间的关系包含了权力关系、经济关系和道德关系,因此,需要有一定的法律制度才能把它们整合为一个整体。

如自2019年开展的"1+X"职业技能等级证书制度,由国家教育行政部门委托第三方培训评价组织作为职业技能等级证书及标准的建设主体,协助试点院校实施证书培训。院校是"1+X"证书制度试点的实施主体,各试点院校和考评点可结合初级、中级、高级职业技能等级开展培训及评价工作。在2019年首批启动五个领域试点中的"老年照护职业技能等级证书""失智老年人照护职业技能等级证书",面向的培训对象包括各类从事养老服务社会人员,也包括大中专院校各相关专业的在校学生。

知识链接

"1+X"证书制度

2019年4月4日,教育部、国家发展改革委、财政部、市场监管总局四部门印发了《关于在院校实施"学历证书 + 若干职业技能等级证书"制度试点方案》的通知（教职成〔2019〕6号）。"学历证书 + 若干职业技能等级证书"制度（简称"1+X"证书制度）中的"1"为学历证书,"X"为若干职业技能等级证书。

"1+X"证书制度试点的总体原则之一即是坚持政府引导,社会参与。加强政府统筹规划、政策支持、监督指导,引导社会力量积极参与职业教育与培训。

院校是"1+X"证书制度试点的实施主体。试点院校要结合职业技能等级证书培训要求和相关专业建设,改善实训条件,盘活教学资源,提高培训能力,积极开展高质量培训。根据社会、市场和学生技能考证需要,对专业课程未涵盖的内容或需要特别强化的实训,组织开展专门培训。试点院校在面向本校学生开展培训的同时,积极为社会成员提供培训服务。社会成员自主选择证书类别、等级,在试点院校内、外进行培训。

3. 员工培训的内容　养老机构工作人员应掌握相应的知识和技能。养老机构负责人及养老护理员等各类养老服务人员均应定期开展或参加培训,培训内容包括但不限于:以人为本、爱老尊老孝老的服务理念,相关政策法规及管理服务技能等。

从管理角度看,在全方位的培训内容中,应重点让管理者了解全球化的社会背景、我国的老年政策和相关法律法规、老年服务事业的现状和发展、养老机构的经营与管理、养老服务内容的拓展和服务水平的提高等方面的知识,以提高他们的管理和决策能力,改进服务意识和服务理念,提升服务质量和水平;护士以更新知识、完善知识结构为主,加强老年医学和老年护理学的基本理论和技能的培训以及心理学、人际沟通等人文科学知识的学习,提高实施整体护理的能力;护理员则以基本的护理知识及生活照料的培训为主,使他们在基本护理理论知识的指导下,为老年人提供规范、合理的生活照料。此外,培训应与员工晋升、转岗、工资调整等充分结合起来,避免培训对象单一、培训流于形式。应注重培训效果评估,实现培训良性循环和人才开发目标。

4. 培训的流程　培训流程从总体上可以分为培训需求分析、培训计划、培训实施及培训评估四个阶段。

（1）需求分析:一般分为机构需求、员工需求和外部需求。机构需求一般从以下四个方面获得:一是企业发展战略和发展计划及目标;二是绩效考核;三是岗位任职资格要求;四是招聘产生的需求。员工需求来源于员工个人职业规划和员工具备的知识技能。外部需求则通常被定义为人才市场需求和客户需求,客户需求决定企业发展方向,企业发展方向决定人才需求,人才需求的满足由人才市场供给决定。只有对上述三个方面的需求有了充分了解后所完成的培训需求分析方有可行性和有效性,培训才能做到有的放矢。

需求调查一般有两种方法:一是问卷调查法;二是访谈法。不同层次的需求调查对象及范围不同。

（2）培训计划:在需求分析的基础上,制订培训计划。主要内容为:①培训目的:说明为什么要进行培训;②培训目标:解决员工培训应达到什么样的标准;③培训对象和内容:明确培训谁、培训什么、什么类型的培训;④培训范围:个人、团队、部门或全体;⑤培训规模:小范围或全体员工（培训规模受人数、场地、工具及费用等影响）;⑥培训时间:培训时长及分布（培训时间受培训范围、对象、内容、方式、费用等因素影响）;⑦培训地点:即培训场所;⑧培训费用:为培训预算产生的依据以及预算内开支的核定;⑨培训方式:如课堂式、操作式、情景模拟或交叉培训等。

（3）培训实施:培训实施是对培训计划的落实,其包括培训实施的准备阶段、实施阶段和总结阶段。通过这三个阶段的工作,制订明确的培训日程,统筹培训师资,现场组织管理并协调相关资源,实现既定培训目标。

（4）培训评估:是对培训目标实现程度的一种评估,其内容主要包括两个方面,一是对培训内容、师资、课程设计等方面的评估;二是对培训组织和安排的评估。

一个完整的培训流程从培训需求分析开始,经过培训计划制订、培训项目实施,最后是评估差距与不足,并以此作为新的培训需求分析的起点,从而形成一个完整的培训过程。

（三）员工的绩效考核

一般来说,绩效应该是和组织目标相关的行为表现、直接结果和预期收益的有机统一,绩效会因时间、空间、工作任务和工作条件（环境）等相关因素的不同而不同,呈现出明显的多因性、多维性与动态性等特征。在实践中各类养老机构要结合自己的实际有所侧重。绩效考核,也称绩效考评,是指考评主体对照工作目标或绩效标准,采用科学的考评方法,评定员工的工作任务完成情况、员工的工作职责履行程度和员工的发展情况,并且将评定的结果反馈给员工的过程。它是对组织成员在日常工作中表现的能力、态度和业绩,进行以事实为依据的评价,通常概括为德、能、勤、绩四个方面。

1. 绩效考核的方法　绩效考核的基本方法有排序法、关键事件法、360度考核法等。在养老机构中,经常使用的绩效考核方法主要是排序法和量表法。

（1）排序法:排序法包括简单排序法、配对比较法、强迫分布法。①简单排序法:简单排序法是将员工按照总体工作情况从最好到最差进行排序。这种方法简便易行,一般适合于员工数量比较少的机构进行绩效考核。②配对比较法:配对比较法是根据某一标准将每一位员工与其他员工进行逐一比较,并将每一次比较中的优胜者选出。最后,根据每一位员工净胜次数的多少进行排序。③强迫分布法:强迫分布法是按照"两头小中间大"的正态分布规律,先确定好每个等级在总数中所占的比例,然后按照每人绩效的相对优劣程度,强制列入相应等级。这种方法比较适合于人数较多的机构进行绩效考核,简便易行,可以避免过分偏宽、偏严等问题,但有可能不符合实际情况,在员工绩效总体偏优或偏劣的情况下,难以实事求是地作出评价。

（2）量表法:量表法是应用最广泛的考核方法之一,量表的形式多种多样,一般其设计过程包括三个步骤。第一,选定考核维度并赋予权重,选择维度时要根据职位的具体内容,力求全面、准确,然后根据各维度的重要性分别赋予不同的权重。第二,确定量表的尺度,把选定的维度划分为不同等级。第三,确定量表等级的含义,用词语或短句描述说明各等级分别对应的情况,以明确界定不同等级,使被考核者能够根据描述对号入座到不同等级中。

养老机构的员工绩效考核量表应体现岗位差别,根据岗位职责的不同,设计具有不同考核维度和权重的量表,避免用同一量表考核不同岗位的员工。

2. 绩效考核的主体　在员工绩效考核中应选择多元考核主体,一般应涵盖员工的上司、同事、下属、客户和员工自己等,就德、能、勤、绩,或者是围绕养老机构的战略目标(定位),从财务、顾客、内部工作过程、学习与创新等方面对员工绩效进行全面考核。

全面考核扩大了考核者的范围与类型,通过从不同层次的员工中收集考核信息,可以从多个视角对员工进行综合考核。然后,由人力资源部门或者外部专业人员根据综合考核的结果,对比被考核者的自我考核,向被考核者提供反馈,以帮助被考核者提高其能力水平和业绩。这种方法的目的是达到有效的考核,从所有可能的渠道收集信息,获取组织成员行为观察资料,集中各种考核者的优势,使考核结果公正而且全面。因此,它与传统的自上而下考核的本质区别就是其信息来源具有多样性,从而保证了考核的准确性、客观性和全面性。

(四)员工的薪酬管理

薪酬,是指一种经济性报酬,涵盖了员工由于为某一组织工作而获得的所有直接和间接的经济收入,其中包括薪资、奖金、津贴、养老金以及其他各种福利保健收入。也可以说,薪酬是员工因为雇佣关系的存在而从雇主那里获得的所有各种形式的经济收入以及有形服务和福利。薪酬的具体形式多种多样,主要包括工资、奖金、福利、津贴与补贴、股权等具体形式。现代薪酬的作用体现在可以吸收组织需要的优秀员工、达到组织效率目标,也可以对员工起到激励作用,实现内部公平,因此养老机构内部员工的薪酬管理是非常重要的。

1. 薪酬管理的概念　薪酬管理是组织在经营战略和发展规划的指导下,综合考虑内外部各种因素的影响,确定自身的薪酬水平、薪酬结构和薪酬形式,并进行薪酬调整和薪酬控制的整个过程。

2. 薪酬管理的原则　对任何组织来说,薪酬管理一般要同时达到公平性、有效性和合法性三大目标。养老机构在进行薪酬管理的时候,应遵循以下原则:

(1)公平性:组织员工对薪酬分配的公平感,也就是对薪酬发放是否公平的判断与认识,是设计薪酬制度和进行薪酬管理时考虑的首要因素。员工的满足感固然重要,但更重要的是让员工认为自己所得到的报酬是公平的,自己能够通过改进工作绩效增加报酬,公平是薪酬管理的最基本要求,只有员工认为薪酬分配是公平的,才能产生认同感和满意感,才可能使薪酬发挥激励作用。

员工对公平的感受表现形式包括三个方面:一是自己的报酬与同一行业、同一地区或同等规模的不同企业中类似职务的报酬应当基本相同,即外部公平;二是将自己的薪酬与企业内部其他职务员工所获得报酬比较,应各自与自己的贡献成正比,如果比较一致,便是公平,即内部公平;三是对同一企业中从事相同工作的员工的报酬进行相互比较时应该公平,即员工个人公平。

要实现薪酬管理的公平性,必须坚持按劳付酬,按劳付酬是指对员工所从事的工作以劳动为尺度计酬。提供的劳动多,所支付的报酬就多;反之,就少。在实践中,一般将劳动者所提供的劳动分解成劳动质量和劳动数量。劳动质量是以劳动的熟练、复杂、繁重、精确和责任大小作为衡量的依据,劳动数量则以劳动时间或劳动产量作为衡量依据。在劳动质量相同情况下,劳动时间(产量)多的,劳动量就大;反之,就小。复杂劳动的劳动质量和劳动数量大于简单劳动,复杂劳动量也就大于简单劳动量。因此,按劳付酬也就是按劳动数量与劳动质量付酬。

(2)竞争性:竞争性是指社会上和人才市场中,组织的薪酬水平要有吸引力,才能够在人才竞争中胜出,招到和留住企业所需要的优秀人才。组织要视自身的财力、所需人才的可获得性等具体条件设定薪酬标准,但至少不应低于市场平均水准。

不合理的薪酬制度不但不能招聘与选拔优秀人才,而且本企业优秀人才也将流失,最终会给企业带来致命打击。人们普遍认为,单一工资制缺乏竞争力,多元化的、灵活的分配机制将发挥人们的积极性,因而具有较强的竞争力。为提高企业竞争力,薪酬设计要体现科学化、规范化和多元化的原则。

(3)激励性:公平原则和竞争原则最终都要落实到吸引人才、留住人才和调动人的积极性上,也就是说,上述两个原则的实现过程是发挥激励功能作用的过程,只有坚持和发挥激励原则的作用,公平原则和竞争原则才有实际意义。薪酬设计,必须从激励人力资源的积极性出发,通过薪酬设计来激励员工的责任心和工作热情。影响薪酬设计的主要因素可分为内在因素和外在因素。内在因素是指与劳动者所承担的工作或职务的特性及其状况有关的因素,主要有劳动者的劳动、职务的高低(包含权力和相应责任)、技术及训练水平、工作的时间性、工作的危险性、福利及优惠权利、年龄与工龄等。外在因素是指与工作的状况、特性无关,但对工资的确定和构成有重大影响的一些经济因素,主要包括生活费用与物价水平、企业负担能力、地区和行业间通行的工资水平、劳动力市场的供求状况、劳动力的潜在替代物和产品的需求弹性等。要使薪酬管理成为激励人的积极性的重要途径,必须充分重视上述影响因素。

(4)经济性:薪酬既可以被视为成本,也可以被当作资本。当薪酬被视为成本时,就要进行成本效益分析;当薪酬被当作资本时,就要考量其投资回报率。提高组织的薪酬水准,固然可以提高其竞争性和激励性,但同时也要明白,企业支付给员工的报酬是企业生产的产品和服务的成本的重要组成部分,过高的劳动报酬必然会提高产出在市场上的价格,从而降低企业的产品在市场上的竞争力,所以,薪酬管理必须考虑经济性问题,既要考虑组织的实际承受能力,也要考虑人力资源的投资是否能够得到回报。

此外,人力成本的影响还与行业的性质及成本构成有关,在劳动密集型行业中(比如养老机构中),人力成本在总成本中的比重可高达70%,薪酬水平稍有提高就可能使企业的负担明显加重,而在技术密集型行业,人力成本只占成本的8%~10%,科技人员的工作积极性和创新性却对企业的发展起着关键的作用,因此,对他们就不能过于计较薪酬的高低。

(5)合法性:合法性是指组织的薪酬制度必须符合现行的国家政策与法律,不能有性别、民族、地区等方面的歧视性政策。虽然,在市场经济条件下,企业薪酬政策制订中来自政府的直接性指令越来越少,但是这并不意味着政府放弃了行政管理职能,企业可以随便制订工资政策。实际上,政府只不过是在管理与调控的方式上改变了,即由过去以行政手段为主改为以法律手段为主。随着我国劳动法律体系的逐步健全和完善,企业薪酬政策的制订越来越离不开法律依据。在法律规定的框架之内,企业可以自由决定,但一旦违反了法律,则必将受到法律的惩罚。可见,市场经济条件下的薪酬管理,必须坚持合法性原则。

在薪酬管理的过程中,只有综合考虑以上原则,灵活地制订出最有效的薪酬方案,才能为组织的发展吸引到最优秀的人才,使养老机构在竞争中立于不败之地。

3. 薪酬管理的步骤　薪酬管理的步骤一般包括:

(1)设计组织结构,进行部门岗位的划分。

(2)进行职位评估,给每个职位写说明,从而确定薪酬等级体系。

(3)根据行业、企业的盈利状况,进行年度薪酬预算,就是企业打算拿出多少钱用于支付薪酬。

(4)组成整体薪酬。一般薪酬是由固定部分 + 浮动部分组成。一般中高层职位,浮动部分比例大,占30%~50%;基层浮动部分比例小,占10%~20%。其中也有例外,比如保险行业从业人员的收入主要由浮动部分组成。

(5)通过薪酬报告比较外部市场的价格,再进行最后调整,实现外部公平。

4. 薪酬管理的方法　薪酬管理的常用方法包括排列法、分类法、因素比较法、评分法等。各种方法的实施步骤及优缺点详见表4-4。

表 4-4　薪酬管理常用方法的实施步骤及优缺点

方法	排列法	分类法	因素比较法	评分法
概述	根据各种岗位的相对价值或者它们对组织的相对贡献进行排列	将各种岗位与事先设定的一个代表性岗位进行比较来确定岗位的相对价值	确定代表性岗位在劳动力市场的薪酬标准,将一般性岗位与之相比来确定一般性岗位的薪酬标准	选择关键评价要素和权重,对各要素划分等级,并分别赋予分值,然后对每个岗位进行评价

续表

方法	排列法	分类法	因素比较法	评分法
实施步骤	1. 选择评价岗位 2. 根据工作说明书进行评价、排序	1. 进行岗位分析并做出分类 2. 确定岗位类别的数目 3. 对各岗位类别的各个级别进行定义	1. 选择普遍存在、工作内容稳定的代表性岗位 2. 确定报酬要素 3. 确定各代表性岗位在各报酬要素上应得到的基本工资 4. 将一般性岗位在每个薪酬要素上分别同代表性岗位比较，确定其在各报酬要素上应得的报酬，并加总	1. 确定关键影响要素 2. 选择评价标准和分配权重 3. 对各要素划分等级并给予分值 4. 进行评分并最后加总
优点	1. 方法方便明了，易理解、操作 2. 能够节约成本；能够有较高的满意度	1. 方法方便明了，易理解、接受 2. 能避免出现明显的判断错误	1. 要素的确定富有弹性，适用范围广 2. 比较简单易行	1. 能够量化，可以避免主观因素对评价工作的影响 2. 可以根据情况对要素和权值进行调整 3. 易于理解接受
缺点	1. 评价标准太宽泛，很难避免主观因素的影响 2. 要求评价人员对每个岗位的细节都非常熟悉 3. 只能排列各种岗位价值的相对次序，无法回答岗位之间的价值差距	1. 不能清晰地界定等级 2. 岗位之间的比较存在主观性，准确度较差 3. 成本较高	1. 对要素的评判常常带有主观性，使评价的结果受到影响 2. 需要经常做薪酬调查	1. 要素的选择及权值的分配带有主观性 2. 方法的设计比较复杂 3. 对企业的管理水平要求较高 4. 工作量大，较为费时费力，成本相对较高
适用机构	规模较小、服务单一、岗位设置较少的养老机构	各岗位的差别很明显的养老机构或公共部门和大企业的管理岗位	能随时掌握较为详细的市场薪酬调查资料的养老机构	服务内容全面，岗位类别数目多，对精度要求较高的大中型养老机构

5. 常用的薪酬制度　薪酬能起到吸引、保留和激励员工的作用，尤其是优秀的员工。因此，制订一个科学合理的、富有吸引力的薪酬制度和薪酬水平，在薪酬管理职能中的作用重大。2020 年 11 月 1 日开始施行的《养老机构管理办法》也要求养老机构要"建立健全体现职业技能等级等因素的薪酬制度"。组织的薪酬制度有多重分类，常用的主要有以岗位、技能、市场和绩效为导向的四种薪酬制度，养老机构可以根据自身发展实际进行合理的选择。

（1）以岗位为导向的薪酬制度：该制度主要以岗位为主，要求养老机构在做好岗位评价的基础上，根据岗位的重要性、对养老机构的贡献、岗位的难度进行薪酬的确定。

（2）以技能为导向的薪酬制度：这种薪酬制度在养老机构中应用比较多，主要是以能力定薪，具有较强的公平性，类似于传统的"多劳多得"。

（3）以市场为导向的薪酬制度：养老机构的薪酬水平可以通过对养老服务市场中同类机构进行薪酬调查方式来确定，不仅可以体现出很好的公平性，而且能使养老机构自身的薪酬水平更富有竞争力。

（4）以绩效为导向的薪酬制度：绩效就是员工的工作业绩，相对应的就是员工的个人能力，目前养老机构中广泛采用的绩效考核就是对这种制度最好的诠释。以绩效为导向的薪酬制度可以很好地加强薪酬激励的作用。

第二节　养老机构的行政管理

某养老机构接收了一位患有中度阿尔茨海默病的老年人入住，护理等级为专护，除对老年人进行周到的生活照料外，养老机构还定期对老年人提供认知功能干预活动。某日凌晨老年人在看护人员交接班的过程中离开了看护区域，并从养老院走失，万幸后来老年人被好心人送到派出所，由派出所联系上了老年人家属。事发后，家属认为养老院管理过程中有缺陷，要求赔偿。养老院认为自己已经尽到了看护义务，应当免责。

工作任务：

1. 认识到制度管理在养老机构中的重要性。

2. 为该养老院的制度管理提出改进方案。

一、养老机构的规章制度管理

养老机构规章制度是指全体机构成员共同遵守的、按一定程序和规则办事的规定，包括但不限于行政办公制度、人力资源制度、服务管理制度、财务管理制度、安全管理制度、后勤管理制度、评价与改进制度等。建立健全规章制度是养老机构管理的重要内容，是保证为老年人提供各种服务，完成各项工作任务的需要，是实行规范化管理的需要，是提高服务质量和工作效率的需要，是提高社会效益和经济效益的需要，对养老机构的建设和管理具有十分重要的意义。

养老机构规章制度管理主要包括养老机构规章制度的制订和养老机构规章制度的执行。

（一）养老机构规章制度的制订

1. 养老机构规章制度制订的原则　养老机构规章制度的制订应遵循以下原则：

（1）服务性原则：在管理的各项要素中，人的因素是第一位的，制订规章制度应坚持以人为本、服务至上的原则。养老机构的规章制度应有利于调动和发挥老年人和员工的积极性，主要包括两个方面。一是以服务老年人为中心。为老年人服务是养老机构的核心任务，是养老机构的办院宗旨和一切工作的出发点和落脚点，建立健全规章制度是为了服务工作真正落到实处。二是养老机构的规章制度应有利于员工为老年人服务，提高员工做好各项工作的积极性，明确员工应怎么做，不能怎么做，做到奖罚分明。

（2）可操作性原则：规章制度不在于数量多少，篇幅多长，而在于是否适合养老机构。养老机构的规模、功能、条件差别很大，不同的机构适用的规章制度也不尽相同。当前，建在社区里的中小型养老机构越来越受欢迎。规模大、功能全的公办养老机构制订的规章制度大多篇幅较长，不适用于小型机构。因此，规章制度还应具有可操作性，要体现出责任明确、任务具体、通俗易懂，才能易于操作。

（3）系统化原则：应做到事事有人负责，件件工作落到实处。不一定每项工作都设有专人负责，有的可以一岗多人，一人多岗，但制度不要有遗漏的管理点。比如"门卫制度""老年人外出制度"等，看似不太重要，但是，失智老年人一旦走失，就是大事。因此养老机构的规章制度关键在于管理点要全面，不可疏忽细节。

（4）标准化原则：养老机构制订的规章制度不能与国家、地方的法律法规相抵触。例如员工管理制度不能违背《中华人民共和国劳动法》《中华人民共和国妇女权益保障法》的有关规定；财务管理制度不能违背《中华人民共和国会计法》的有关规定；消防安全管理制度不能违背《中华人民共和国消防法》的有关规定。

养老机构的各项规章制度还应符合行业主管部门的规章、规范和有关文件的规定。

 知识链接

养老机构的医疗废弃物管理制度

1. 严格执行《医疗废物管理条例》，防止医源性感染。建立医疗废弃物管理责任制，明确医务主管为第一责任人。

2. 医疗废弃物的暂存场所要合理选址，有明显的警示标志和防鼠、防蚊蝇、防盗等安全措施，定期消毒，保持环境整洁。

3. 产生医疗废弃物的科室，要有专人负责登记、分类收集、暂存、密闭运送。

4. 医务人员出诊治疗后，应将医疗废弃物带回，不得留在出诊地点与生活垃圾混放。

5. 医疗废弃物按类别分置于专用的包装物或密闭的容器内，进行交接登记。登记内容包括来源、种类、重量或数量、交接时间、处置方法、最终去向以及经办人签字等，登记资料至少保存三年。

6. 收集医疗废弃物的容器或收集袋要有统一标志，锐利废物和高度污染的医疗废弃物按规定分别放入密闭、防刺、防渗容器或收集袋内。

7. 使用专用运送工具，将分类分装的医疗废弃物按规定时间、路线运送到指定的暂存场所，不得渗漏、遗撒、污染环境。医疗废弃物暂存时间不超过 2 天。

8. 医疗废弃物管理人员应进行相关法律和专业技术、安全防护以及紧急处理等知识的培训。

养老机构的防止交叉感染消毒制度

1. 老年人居室应每天按规定消毒。

2. 老年人住院期间，如发现传染病，应按规定消毒原则处理。

3. 入住老年人应经常保持整洁，应定时淋浴或擦澡、理发、洗头、剪指甲等。

4. 老年人用过的便盆、便壶应进行消毒，脸盆、澡盆每次用后应及时擦洗与消毒。

5. 餐具用后消毒，茶具固定使用并按期消毒。

6. 被脓、血、排泄物所污染的敷料和布等用可靠的方法进行浸泡消毒后洗涤，必要时再行煮沸消毒，小件敷料可焚烧处理。

7. 患者的衣服、被单、枕套等应定期更换，必要时随时更换。

8. 打扫厕所的清洁工具与打扫其他场所的工具，应严格分开。

9. 建立消毒隔离工作记录册和传染病登记册。

……

2. 养老机构规章制度的类型　依照规章制度涉及的层次和约束范围不同，可以分为四大类。

（1）基本制度：基本制度是养老机构制度规范中带有根本性质的，规定养老机构形成和组织方式的制度总和，它决定养老机构的性质。基本制度主要包括法律财产所有形式、企业章程、董事会组织、高层管理组织规范等方面的制度和规范。它规定了所有者、经营管理人员、组织成员各自的权利、义务和相互关系；确定了财产的所有关系和分配方式；制约着养老机构经营的范围和性质。

（2）管理制度：管理制度是对养老机构管理各基本方面规定的活动框架，调节集体协作行为的制度。管理制度是比养老机构基本制度层次略低的制度规范，是用来约束集体性活动和行为的规范，主要针对集体而非个人。例如各部门、各层次的职权责任和相互间的配合协调关系，各项专业管理规定（人事、财务、业务），信息沟通，命令服从关系等方面的制度。

（3）技术规范：技术规范是涉及某些技术标准、技术规程的规定。它反映生产和流通过程中客观事物的内在技术要求，科学性和规律性强，在经济活动中必须严格遵守。技术规范包括医疗服务诊疗规范，临床护理规范，生活护理规范，康复护理规范，营养配餐规范，突发事件应急处置预案，临床医疗、护理、康复服务质量标准等。

（4）行为规范：养老机构当中，有些制度规范涉及了个人行为，还有一些规范是专门针对个人行为制订的，如个人行为品德规范、劳动纪律、仪态仪表规范等。个人行为规范是所有对个人行为起制约作用的制度规范的统称，它是养老机构中层次最低、约束范围最广，但也是最具基础性的制度规范，涉及从个人行为到养老机构所有层次和所有方面。所有这些制度规范结合起来，构成了一套完整的约束系统。

3. 养老机构规章制度制订的程序和方法

（1）调查：对同类机构的各种规章制度进行调查、搜集，学习借鉴兄弟机构的管理经验，这样可以节省时间，少走弯路。

（2）草拟：从本机构的实际出发，分析各种制度对本机构的适用性、可操作性，取长补短，在此基础上草拟本机构的规章制度。

（3）讨论：草拟的规章制度往往存在着这样或那样的不足，广泛听取老年人（服务对象）和员工的意见，在此基础上修改完善，才更容易被老年人和员工理解和支持，讨论的过程也是学习规章制度、进行制度教育的过程。

（4）公示：经过反复讨论修改的规章制度，应在机构内公示，进一步听取意见，最后在全体（或代表）会议上通过。

（二）养老机构规章制度的执行

规章制度建设的关键在于贯彻落实，要落实养老机构的各项规章制度，需要做到以下几点：

1. 管理者要带头遵守规章制度　管理者必须带头执行规章制度。在制度面前人人平等，没有特殊的员工，领导者、管理者也不例外，要求员工做到的，管理者必须带头做到。一个好的管理者，应该是带头执行制度的模范。

2. 落实规章制度要赏罚分明　落实规章制度一定要赏罚分明。对违反规章制度的员工，应根据其造成的影响和后果及时处理。对模范遵守规章制度、自觉履行岗位职责、做出成绩的员工，也应及时表彰奖励。

3. 落实规章制度要常抓不懈　执行和落实规章制度，应时时、事事、处处都执行和落实规章制度，使遵守制度成为全体员工的工作习惯。

4. 落实规章制度要发动群众　养老机构的规章制度能否有效地贯彻落实，要靠广大的老年人和全体员工。因此，要充分发动和依靠群众，使人人都自觉地成为遵守规章制度的模范，人人都主动地监督违反规章制度的现象，才能真正确保各项规章制度都得到有效落实。

此外，养老机构的规章制度既要保持相对稳定，避免随意修改，但也不能固化僵化。要从机构的实际出发，在贯彻执行规章制度的实践中，随着机构面对的形势、环境、任务等变化，对不适应的部门条款定期（如一年）通过全体（或代表）会议，做适当修改，使规章制度更加符合机构的实际情况，更有利于提高管理和服务水平，从而促进养老机构的发展。

二、养老机构的公文及档案管理

（一）公文与档案的定义

1. 公文

（1）公文的定义：公务文书，简称公文，是法定机关与组织在公务活动中，按照特定的体式、经过一定的处理程序形成和使用的书面材料，又称公务文件。

按照 2012 年修订，同年 7 月 1 日由中共中央办公厅、国务院办公厅印发的国家规范《党政机关公文格式》（GB/T 9704—2012），我国公文有统一性的特点，它的格式、种类、行文规则、办理等都是全国统一的。

公文除了文字文书之外，还有电信文书（电报、电话记录）、声像文书（录音、录像）、图形文书（以图表为主，伴以简要文字说明）。

随着电子计算机的广泛使用，各组织也开始运用各种办公自动化工具，利用计算机组成公文管理自动化系统，使办文进入一个快速、准确的崭新阶段。

按照国务院办公厅的规定，通用公文包括命令（令）、决定、公告、通告、通知、通报、议案、报告、请示、批复、意见、函、纪要、决议、公报,共 15 种。

(2)养老机构公文的常用类型:①事务类文书:包括调查报告、会议记录、简报、规章制度、计划、总结、介绍信、证明信等;②策划类文书:包括广告文案策划书、市场营销策划书、专题活动策划书等;③新闻宣传类文书:包括消息、通讯、新闻评论、启事、海报、解说词等;④社交礼仪类文书:包括请柬与聘书、贺词与欢迎(送)词、慰问信、申请书与倡议书、演讲稿等;⑤法律诉讼类文书:包括起诉状、上诉状、申诉状、答辩状等;⑥商务类文书:包括协议书、合同、意向书等。

2. 档案

(1)档案的定义:目前学术界关于档案的定义还不统一。据不完全统计,国内外已有上百种有关于档案的定义,根据其下定义的出发点和角度来划分,可以归纳为五种类型:法规型、辞书型、教科书型、专著型、论文型。各种针对档案的定义虽然有所不同,但都认为档案必须具有三个基本要素:形成者、具有查考价值、载体和形式的多样性。

一般认为,档案是指人们在各项社会活动中直接形成的各种形式的具有保存价值的原始记录。原始记录性是它的本质属性。档案的形式多种多样,从载体来看,有甲骨、金石、缣帛、简册、纸质、胶磁等;从制作手段来看,有刀刻、笔写、印刷、复制、摄影、录音、摄像等;从表现方式来看,有文字、图表、声像等。

(2)养老机构档案的构成:养老机构档案是养老机构在各项运营管理活动中形成的全部档案的总和。养老机构档案的构成是以行政管理、荣誉文件管理、业务档案管理、各部门的运营管理、合同文件管理、宣传文件管理、注册类文件管理、财务工作管理、人事档案管理、法务类文件管理等活动中直接形成并具有查考保存价值的各种文字、图表、账册、凭证、报表、技术文件、存储介质、声像、荣誉实物、证件等不同形式和载体的历史记录,是维护养老机构真实历史面貌、合法权益的历史凭证。

养老机构的档案管理对象大致可以包括以下几类:①上级发文。各级党政领导机关针对养老机构的重要指示、批复、批转、通报、通知和上级党政领导机关发来的需要本机构贯彻执行的指导性文件。②机构内部文档。养老机构具有参考价值的一般性文件,包括养老机构在工作中形成的指示、批示、批复、批转、命令、决议、通报、通知、工作计划、总结、财务预决算、规定、规章制度及重要请示、报告等文件材料,外事活动中形成的文件材料,反映本单位重要活动的简报、录音、录像、照片等,汇总的各种统计报表和统计资料,规划,各种合同、协议书,以及干部任免、奖励、处分等文件材料。③会议文件归档。重要会议的全过程形成的文件材料,包括养老机构召开的各种重要会议文件、会议记录,参加上级召开的重要会议的讲话材料等。④其他材料。如兄弟单位重要来往函件等。

(二)养老机构公文管理的基本要求

1. 公文要符合政令 一切公务活动必须贯彻、执行党和国家的路线、方针、政策。因此,公文必然带有鲜明的政治性、政策性。公文必须符合一定时期内党和国家的方针、政策、法规。

一份公文的主发内容总有诸多横向涉及,受多方面的方针政策、法规约束,必须协调一致。所以,公文撰写者必须具有一定的政策理论水平,对党和国家的方针、政策、法规能够总体把握,具有分析问题、解决问题的能力。

公文是办事的依据,必须实事求是,符合客观实际,即要真实可靠,数据准确无误,结论切合实际,办法切实可行。

实事求是的公文原则具体表现在:一是内容符合实际,力求正确;二是要有情况、有办法、有措施、有理论。这就要求撰写者认真深入实际,调查研究,有针对性地提出解决问题、指导工作、答复和处理问题的意见、措施。

撰写公文,要了解领导意图,弄清本文件的性质、行文目的、任务和范围;要"吃透两头":认真阅读本文件有关的文件,明确政策界限,要熟悉业务,调查研究,掌握实际情况。这样,将具体政策和实际情况有机结合起来,就能写出政策性强,能解决实际问题的好公文。

2. 撰写要行文周严 公文实用性强,要据此办事,行文必须周严。

(1)结构严谨:公文一般有相对固定的格式,写作时要把握特点,行止有序,自然、清晰、严谨。正文一般分开头、中段、结尾三部分。①开头:开篇明义,简述发文依据和理由或者目的、结论。通常有引据式、目的式、综合式等写法。复文要引述来文日期和文号,长文可先提出要点。②中段:表述主要内容。根据办文的目的、国家有关的政策,把情况、问题、要求阐述清楚;内容较多时,可分段写,或用序数标明项目,以资醒目;常有并列式、递进式、连贯式三种结构。③结尾:表述发文机关对文件办理的要求,或请求批复,或要求执行,或提出希望,首尾呼应,结束全文。

(2)直笔表述:叙述情况,一清二楚;汇报工作,实事求是;表明观点,态度鲜明;提出要求,明确具体。总体要求是平直、简洁、明了。

(3)行文得体:对于不同的行文关系、行文方向,语气上要有所区别。

(4)坚持一文一事:综合性报告除外。

3. 行文要格式规范 严格按照公文格式写作。

(1)公文的文体要合乎规范:所谓的文体是指公文的语言体例,也就是语体,包括语言、字词、文种。公文的目的在于表达作者的意图,这就要求语言简洁明快,用词通俗易懂,文种恰如其分,按照《国家行政机关公文处理办法》规定,每一种公文适用一定的范围,表达一定的内容,相互之间不能混用。例如,需要用批复的,不能用通知。

(2)公文的格式要合乎规范:公文一般由标题、发文字号、签发人、秘密等级、紧急程度、主送机关、正文、附件、印章、发文时间、抄送机关、附注等部分组成。每部分的构成都有大致的规范,就是用纸、书写、排版、装订也有统一的规定。在实际工作中,如果格式不合乎要求,就会影响公文效用的发挥。例如,有的文件文头合乎规范,但是没有标题,收文一方就很难看出文件的内容,因而就会增加处理文件的困难;有的文件结尾不合乎要求,没有加盖公章,这个文件所证明的事项就得不到承认;有的文件用纸不合乎规范,装订起来大小不一,给立卷归档带来很多麻烦,等等。因此,国家规定的统一的公文格式,任何发文单位都应严格执行。

4. 办文要遵守规则 明确行文关系,严格按照行文规则办文。

(1)按办文意图和行文关系选准文种:分清上行文、下行文、平行文,同一方向行文也要确定合适的文种,如上行文中请示与报告不能混淆。

(2)不能越级行文:因特殊情况必须越级请示时,应当抄报被越过的上级机关。"请示"应当一文一事;一般只写一个主送机关,如需同时送其他机关,应当用抄送形式,但不得同时抄送下级机关。

(3)不能越级送文:除领导直接交办的事项外,"请示"不得直接送领导者个人。

(4)向下级的重要行文要抄报:向下级机关的重要行文,应当同时抄报直接上级机关。

(5)部门意见未统一,不得各自向下行文:部门之间对有关问题未经协商一致,不得各自向下行文。如擅自行文,上级机关有权责令纠正或撤销。

(6)联合行文有规定:同级政府、同级政府各部门、上级政府部门与下一级政府可以联合行文;政府及其部门与同级党委、军队机关及其部门可以联合行文;政府部门与同级人民团体和行使行政职能的事业单位也可以联合行文。联合行文应当确有必要,单位不宜过多。

(7)一事一行文:"报告"中不得夹带请示事项。

(8)主送抄送要分清:受双重领导的机关向上级机关请示,应当写明主送机关和抄报机关,由主送机关负责答复。上级机关向受双重领导的下级机关行文,必要时应当抄送其另一上级机关。

5. 内容要表述精当 实事求是是公文自身的权威性和行政约束的保证。上级机关对下级机关的下行文,要注意表达准确、措辞严谨,准确无误地传达党和国家的方针政策;下级机关对上级机关的上行文要注意态度明朗,观点明确,事实不夸大,矛盾不掩盖。

无论写什么文章,用尽量少的文字反映尽量多的内容是写文章的基本要求,为此,就必须在遣词造句方面字斟句酌,使公文的字、词、句准确通顺,主词、动词、宾词完整,单句、复句分清,段落、层次分明,标点符号无误。

6. 管理要及时规范 养老机构公文处理的程序一般包括收文、发文、文件归档、档案的整理与保管。文件、文书、档案须按国家有关规定处理。凡上级有关单位和部门来文、来函,一律登记办理。文件须传阅和执行后,按保管期限分类立卷归档。凡向上级部门报告或请示的文书,须和答复一起分类归档。加强文件、文书、档案的保密工作,保证其局限性、时间性、永久性的保密和安全。院内的各类印章应由专人负责保管使用。

（三）养老机构档案管理的基本要求

1. 日常管理　各部门兼职档案员应做好平时文件积累工作,有收文、发文、借阅登记本;对收集到的文件按问题、按年度装盒,并标明盒目录内容。做到用时拿得出,归档时材料齐全、配套、完整。

2. 立卷归档　立卷归档具体要求如下:

（1）要简明扼要地拟写案卷标题:包括文件制发机关、内容、文种三个部分,标题要反映案卷的内容。

（2）填写档案保管期限:根据档案保管期限的规定,注明每一案卷的保管期限(永久、长期、短期)。

（3）填写档案目录等:填写卷内目录、备考表及案卷皮、编号,装订成卷。

（4）归档履行移交手续:归档的案卷符合规范,字迹工整,影像资料图像清晰,签字等手续完备,便于长期保存,并符合国家的有关规范和标准。

3. 入库保存　养老机构应设档案室。档案室对养老机构各部门移交来的档案要认真进行质量检查,及时编号登记,入库保管。同时编制档案、资料、信息等电子版分类目录,并利用检索工具逐步完善档案信息查询系统。

档案工作人员对档案的收进、移出、销毁、管理、借阅利用等情况要进行登记,档案工作人员调离时,必须办好交接手续。档案库房要坚固、安全,做好防盗、防火、防虫、防鼠、防高温、防潮、通风等工作,并有应急措施。档案库要设专人管理,定期检查清点,如发现档案破损、变质时要及时修补复制。

4. 档案调用　对保管的档案要积极提供,严格执行借阅制度。外单位查阅档案必须持介绍信,经负责部门主管领导批准签字后方可到档案室查阅;机构内各部门人员查阅档案,应持本部门领导的批条及有关部门批准后,档案室方能借阅。档案管理人员严禁对档案拆卷、涂改、污损、转借和擅自翻印。对档案的利用情况要进行登记。

第三节　养老机构的信息化管理

某养老院成立于 2011 年,是一家非营利性民办综合养老服务机构,共设有床位 450 张。养老院在发展过程中,积极推行信息化建设。

2011 年,养老院开办之初,在每个老年人的床头安装了呼叫器。后来,该院与一家信息科技公司联合开发了智能呼叫器、养老服务信息化系统的部分功能模块,包括床位管理、收费管理、报表管理、智能设备管理、提醒设置、消费管理、护理员刷卡监管系统等。2014 年,该院开始建立自己的网站,又陆续引进了智能化养老服务产品,如陪伴机器人、智能健康体检舱等,为入住老年人提供越来越全面、便捷的服务,在行业内树立了良好的口碑。

目前养老院老年人入住率已达到 100%,后续老年人入住需排队半年以上。

工作任务:

1. 认识到养老机构信息化管理的重要性。

2. 能提出养老机构信息化管理的风险防范措施。

国务院办公厅《关于推进养老服务发展的意见》(国办发〔2019〕5 号)提出,持续推动智慧健康养老产业发展,拓展信息技术在养老领域的应用,制定智慧健康养老产品及服务推广目录,开展智慧健康养老应用试点示范。促进人工智能、物联网、云计算、大数据等新一代信息技术和智能硬件等产品在养老服务领域深度应用。在全国建设一批"智慧养老院",推广物联网和远程智能安防监控技术,实现 24 小时安全自动值守,降低老年人意外风险,改善服务体验。运用互联网和生物识别技术,探索建立老年人补贴远程申报审核机制。加快建设国家养老服务管理信息系统,推进与户籍、医疗、社会保险、社会救助等信息资源对接。加强老年人身份、生物识别等信息安全保护。

养老服务业信息化管理是国家信息化进程的重要组成部分，与社会生活中的老年人生活息息相关。而养老机构作为我国养老服务业的核心成员，面向养老机构的信息化管理更是显得极为必要和迫切。

一、养老行业信息化管理的发展

信息化养老是以信息化养老终端采集数据为基础，利用互联网、移动通信网、物联网等手段建立系统服务与互动平台，通过整合公共服务资源和社会服务资源来满足老年客户在安全看护、健康管理、生活照料、休闲娱乐、亲情关爱等方面的养老需求。为满足社会对养老功能的需求，在物联网技术的支持下，"信息化养老"应运而生。

信息化养老利用物联网技术，通过智能感知、识别技术与普适计算打破了传统思维，使人们最大限度地实现各类传感器和计算网络的实时连接，让老年人的日常生活（特别是健康状况和出行安全）能被子女远程查看。

国际上，智能化养老产品及住宅早已推向市场。英国是最早提出信息化养老的国家，英国曾开发的"聪明屋"和注入现代网络技术的"网络房屋"，以及丹麦推向市场的"网络厨房"应该算是智能化住宅的代表作。早在2011年，英国赫特福德郡大学研究员就公布了智能家居"交互屋"（Inter-Home）的原型系统。这种智能家庭管理方案不仅可以合理利用资源，还可以监测老年人的健康状况。"交互屋"适应性强，能够"学习"居住者的日常生活习性；特别增加了腕带设备，如果老年人不慎跌倒，会立即启动脉搏监控器，查看此人是否休克，早期报警系统可立即通知老年人家属或医护人员；同时开发了健康服务相关内容，譬如地理位置坐标系统，这一系统适用于失智老年居住者，失智老年居住者一旦走失，系统就可发挥作用；同时还设计了一种可穿戴的无线电频率识别牌，如果当事人走失或长时间没有动作的时候，识别牌将发出警报。

芬兰正在研发一套名为"活跃家庭生活"的居家养老科技产品。所有家电及地板都装有感应器，可以防止老年人在家中不慎摔倒，子女可通过手机代替老年人进行远程操作；患有老年痴呆症的老年人可在身上安装全球定位系统（GPS），离开居所一定距离后会自动报警并定位。

在日本，科学家为老年人研制了一款"baby Lloyd"机器人，在治疗老年人孤独症、抑郁症上有很大的疗效。同时，日本企业开发了一种利用互联网技术（IT）的机器提供看护服务的系统，通过在电视或微波炉等家电上加装一种传感器，每天定时将传感器自动测得的家电使用时间等信息，用电子邮件发送给老年人子女。该系统一旦超过24小时仍无任何反应时便会发出紧急邮件，在自然守护老年人安全的同时，为身在异地的子女送去放心。

在国内，政府及多方社会力量和机构也都纷纷将关注目光投向智能养老市场，对智能养老产品进行开发和推广。在上海、北京等老龄化趋势明显的城市，因为人均收入水平较高，信息化养老产品和服务能得到较好实现和推行。在中国台湾，1 600多家养老机构中，已经有20%的养老机构开始用软件管理为老年人提供服务，比如可以通过感应床连接电脑，在电脑里自动记录老年人夜间离床时间、未翻身时间，防止老年人夜间摔倒、窒息等。

二、养老机构信息化管理的内容

对于养老机构而言，信息化管理主要包含以下三方面具体的内容：

1. 标准化服务管理　养老机构信息化管理的一个重要内容就是优化工作流程，提升工作的效率、质量。养老机构以提供养老服务为主要业务，对养老服务进行信息化管理可实现服务过程中的服务内容标准化、透明化及服务质量实时监控。这样，首先可以提升服务供应效率，保证服务的统一性和高质量；其次，客观透明的服务记录有助于机构对服务过程进行评估，可以有效促进服务的不断改进。

2. 规范化日常管理　养老机构信息化管理可以有效地将养老机构中的各项数据进行整合，减少数据由操作层向管理层传递的延时，以及数据在传递过程中所产生的误差。基于这些客观公正的数据，首先，管理层可以实时掌控养老机构中各项事务的进展情况，即使暂时离开养老机构也可以随时随地通过网络监测养老机构的日常运营,有助于提升日常管理行动的效率和准确性;其次,养老机构可以对上级管理部门和服务对象公正、客观地展现自己的运营状况,高效完成各项资质认定及检查,同时可以吸引更多潜在服务对象。

3. 科学化发展决策　养老机构信息化管理为养老机构管理层提供了大量有关机构运营的数据,借助于计算机强大的信息处理能力,管理层可以从庞大的信息群中快速、准确地找到自己决策所需的数据,为决策提供支持。避免了管理者通过主观感受和不完整信息进行决策的问题,使得管理者可以在决定养老机构未来发展方向、制订相应发展战略等方面作出更强有力的决策。

三、养老机构信息化管理的体系

养老机构的信息化管理体系主要包括养老系统硬件和软件、大数据服务、增值服务等。

1. 养老机构信息化管理的硬件　养老机构实现信息化必须配置相应的硬件设备,从硬件方面来搭建信息化平台,为软件的顺利运行提供底层支持。硬件设施作为信息化的基础,必须要保证设备的质量。实现信息化最主要的硬件就是计算机,其次就是相关的外接设备,包括服务器、交换机、打印机等。养老机构内部的数字化设备均可连接到计算机上,实现数据有效传输。养老机构内部在关键位置安装摄像头,实现老年人的实时照看。在网络布线中,应根据养老机构的需要构建安全可靠的计算机网络。通过网络实现数据共享,完成与其他养老机构、医院及上级领导部门的有效连接。

除了普通的硬件设施,一些可以提高服务质量的智能硬件产品也是必不可少的,如:

(1)离床感应垫:感应垫由皮革感应垫、特制隔离垫配合感应发射器与接收器组成,尺寸一般为500mm×700mm。若老年人离开床超过一定时间,则自动发出报警给护理人员,见图4-1。

(2)睡眠守护监控仪:可监测老年人睡眠情况,并可与智能手机 APP 结合使用,见图4-2。

图4-1　离床感应器垫　　　　　　　　　　　　　图4-2　睡眠守护监控仪

(3)健康监测设备:如蓝牙血压计、蓝牙血糖仪等,通过手机 APP(应用软件)操作监测设备,并实时将数据记录在后台管理软件中,储存健康信息资料,以便有关部门检查、备用,见图4-3。

(4)尿湿感应报警器:尿湿感应报警器由特制耐用型材料加印刷电路组成,尺寸一般为550mm×900mm。失能老年人在尿湿的情况下,尿湿感应报警器可及时通知护理员更换衣服或者纸尿裤等,见图4-4。

图4-3　蓝牙血压计及蓝牙血糖仪　　　　　　　　图4-4　尿湿感应报警器

（5）智能马桶：具有坐便盖加热、温水洗净、暖风干燥、杀菌等多种功能，见图4-5。

智能硬件远远不止上面所说的这些设备，随着科技的发展，将有越来越多功能更完善的智能设备来给老年人提供更多的服务。

2. 养老机构信息化管理软件　养老系统信息化管理软件主要解决养老院内部的管理，如人事管理、档案管理、办公管理、财务管理、项目管理等。养老机构一般是将信息化管理重点放在人事管理系统、财务管理系统、医疗护理管理系统、膳食管理系统、物资管理系统、基础信息维护等数个子系统。各个子系统又可由若干模块组成。

图4-5　智能马桶

（1）人事管理系统：人事管理主要涉及机构内部的科室管理、员工管理、合同管理、培训及考试管理、考勤管理、工作管理、老年人档案管理等工作内容。

1）科室管理：主要包括科室的构建、合并、撤销；编制日常管理（含总体编制、具体岗位设置管理）及其查询、统计。

2）员工管理：主要实现机构内部所有员工的分类管理，可以自由设置员工分类，如在编在职员工管理、离退员工管理、聘用员工管理、离院员工管理、各种类别人员调配进出管理、所有员工各类证书办理管理、员工年度考核和聘期考核管理。员工信息主要包括人事档案中所有基本信息、最高学历学位证书照片、本人登记照片、个人简历（本行业工作年限、担任过的职务及其业绩证书等）、职称、联系电话、电子邮件地址等。

3）合同管理：主要包括合同签订登记、合同类别、合同期限等，将劳动合同作为单独的功能发布。整合台账管理功能分为两种操作模式：即人员模式、合同模式。支持批量签订、变更、解除和／或终止劳动合同。

4）培训及考试管理：主要包括各类人员（专业技术人员、管理人员和员工）的各类培训、各种考试数据的日常管理和经费管理；为员工提供学习平台，包括学员的学习情况、学习待办、学习资源、学习资讯等信息，通过与在线学习系统、在线考试系统的集成，实现培训的电子化管理和监督；同时可以实现统一管理各部门的培训需求，包括时间、课程等，便于培训的组织；还可以及时反映培训效果，形成统一的培训档案，对于培训课程、师资、效果等可以进行评估记录，并对于每一个参加培训的员工建立培训档案。

5）考勤管理：考勤管理能与考勤机相连接，可以根据院方的情况任意排班，能在网上进行加班、请假处理，完成各类考勤统计报表。支持集中考勤和分权考勤两种考勤模式，如多种的考勤统计，能实时统计员工的上下班、加班、迟到、早退、请假、缺勤等相关出勤信息（上面记录着员工不正常出勤的次数等），形成一张综合性汇总报表，也可按条件（日期、工号、部门等）进行统计工作。考勤管理系统在包含薪资计算模块的情况下，可以灵活定义各个工资项目的计算公式，自动调用员工的出勤数据、人员资料、就餐等与工资相关的数据，计算出员工的工资情况，可提供银行代发工资所需的相关文件。同时提供丰富的统计分析报表，可及时掌握养老机构工资支出等情况。

6）工资管理：员工的工资、奖金福利等是一项极为敏感的工作，处理得好坏与否，直接关系到机构内部的和谐，直接影响到机构的稳定与发展。此系统可对各种人员进行日常工资管理，如在职人员工资、离退人员工资等，平台系统可根据最新的各种工资标准，设置工资标准表及工资计算公式，对员工工资合计等工资项目进行自动计算，并对计算出的工资进行审核归档，最终确定员工工资；进行工资核对、工资晋升等工资业务操作，如每年的薪级自动加级，根据员工工资类别（管理人员、专业技术人员、工人）及薪级标准计算出相应的薪级工资。

7）老年人档案管理：老年人档案管理是指老年人个人信息、家属信息、健康信息等录入、修改、删除、变更等。老年人健康档案信息采集的主要项目包括血压、血糖、视力、生活习惯、慢性病情况等，同时还需为老年人采集病史及家庭信息，以建立、完善老年人健康档案。尤其要关注高龄、孤寡、患病老年人的档案，为开展社区养老服务和志愿者结对帮扶服务提供资料。在收集老年人信息时，尽可能收集老年人年轻时从事过的职业信息、专长、兴趣、性格信息，以及老年人的晚年生活信息、"余热能力"

信息和身心健康信息等。

（2）财务管理系统：财务管理系统主要包括入院缴费、现金记账、代收费用、费用结算（如员工工资）、流水账等。手工处理养老机构的收费比较繁琐，而且很容易出错，系统根据养老机构的特点提供了从费用配置、费用标准设置，到收费计算和打单一体化的系统性方案。只要依据本院情况配置好收费标准和参数，每月费用自动计算，自动出账，还可以自动打出发票和收据。

（3）前台接待系统：前台接待系统主要包括咨询接待登记、咨询统计分析、床位预定、咨询转入住、床位信息查询、网站管理等功能。①咨询接待登记：前台接待系统主要运用的背景是老年人在家属的陪同下，来到养老院向护理人员咨询关于是否有床位空余供老年人入住，或是否有特定的床位为老年人提供等行为背景；②咨询转入住：该模块的背景是老年人在家属的陪同下，了解入住及床位等信息后，决定入住，由本人或家属直接办理入住相关手续；③网站管理：网站是养老机构在互联网上进行网站建设和形象宣传的平台，相当于一个养老机构的网络名片。互联网真正的内涵在于其内容的丰富性，养老机构应建设自己的独立网站，并定期更新网站动态信息。

（4）护理管理系统：护理管理系统主要提供入住前的老年人评估和入住后院内的护理、服务及生活支持等方面的管理功能，包含生日提醒、老年人评估、老年人入住、老年人护理、老年人换床、老年人消费、老年人请假、老年人就医、老年人退住等查询。系统能全面记录、跟踪每一位老年人的情况，从护理计划的制订到护理的具体执行、护理的工作安排及护理人员的班次交接都包含在系统的管理功能内。

（5）智能设备管理系统：随着物联网的发展，智能设备将陆续进入养老机构，如尿湿感应器、穿戴式智能手环等。①呼叫管理：呼叫管理系统主要是建立一个智能化、信息化、便捷化、无障碍化的养老院对讲管理系统，可满足老年人居室呼叫对讲、录音录像以及公共区域的公共广播、求助报警等需求，减少看护人员的工作强度，提高服务质量与效率，提高养老院智能化管理；②离床感应器管理：床上装有感应器，人一旦离开了床位，系统就会显示文字并发出警报，主要是针对半失能老年人；③尿湿感应器管理：对于卧床不能自理的病人的大小便失禁，护理者不能及时发现，导致病人发生压疮等，尿湿感应器就能很好地解决这个问题；④穿戴式智能手环：市场上针对老年人的智能手环越来越多，如有监测老年患者或者失智老年人行踪的手环，有监测独居老年人行为异常报警的手环，以及监测睡眠质量和进行血糖监测的手环等；⑤智能健康监测：通过个人档案绑定健康设备（血压、血糖、血氧、心电等），采集老年人健康数据。

（6）其他管理系统：大型养老机构内部科室健全，系统功能复杂，除了人事管理、护理管理、财务管理等，还有绩效管理、预算管理、膳食管理、医疗服务管理、康复服务管理、仓库管理、打印管理、系统管理等。下面具体介绍几个主要的管理功能：

1）绩效管理：该模块实现养老机构的绩效管理，构建全方位绩效考评体系，同时建立完备的养老行业绩效考核方案库，为日常管理服务。考核指标全面覆盖院方经济、质量、效率等各个领域，能提供不同类型科室以及个人的考核模板库。

2）预算管理：该模块实现养老机构的预算管理功能，包含完整的预算管理体系，包括业务预算、收入预算、成本预算、物资采购预算、固定资产及其他投资预算、资金预算。

3）膳食管理：实现老年人在院的膳食服务情况的记录和管理功能，为膳食科提供老年人日常膳食管理、膳食调养等信息的管理，主要包括营养管理、膳食搭配管理等。

4）医疗服务管理：该模块实现老年人在院享受医疗服务情况的全面管理功能，为医疗科室提供老年人日常医疗、护理情况的登记管理功能，主要包括会诊信息管理、住院信息管理、免疫接种与预防疾病管理、长期临时用药管理等功能。其中住院信息管理、免疫接种与预防疾病管理、长期临时用药管理等模块均实现与养老机构所辖医院的医院信息系统（hospital information system，HIS）对接。

3. 养老机构信息化管理的大数据服务　养老机构信息化的作用不仅体现在数据的有效管理与业务的流畅运行上，信息化带来的更有价值的方面是为管理部门作出决策提供数据支撑。因此，养老机构信息化需要采用严谨的数据挖掘技术进行数据分析。

大数据服务也是所谓的数据挖掘服务。应用信息化系统，使得每一位老年人在入院时相关的个人信息都会被收集并分类管理。通过对信息的有效挖掘，院方可以掌握老年人的身体情况及性格、爱好等特点，从而在后续的服务中更为贴合老年人的个性化需求。同时，医护人员还可以通过无线网络,利用终端设备将入住老年人的基本信息、检查结果、病历信息、医嘱、病程医嘱、医嘱执行时间、病情观察时间、记录结果等信息在房间的床头集中汇总展示,实现移动医护保健等。

4. 养老机构信息化管理的增值服务　传统的点对点服务模式已经不适应、也无法服务到如此庞大的老年人群。而依靠互联网+的智能养老云平台就可以很好地解决资源、需求不对称的问题。云平台通过连接线下养老机构、健康管理机构的数据,可以充分发挥互联网在社会资源配置中的优化和集成作用。主要的增值服务包括如下方面:

(1)智能健康监测系统:通过个人档案绑定健康设备(监测血压、血糖、血氧、心电图等),采集个人数据,生成健康趋势图,同时将异常情况通过短信通知、站内提醒等反馈方式,反馈给工作人员。该系统还可个性化设置老年人健康数据,子女可根据自己父母实际情况,为其定制差异化监测方案。

(2)主动关怀系统:为老年人提供生活关怀,如提供生日提醒,提供预订的生日祝福、用药提醒、保健养生、活动通知等全方位关怀服务。通过有声短信发送,方便老年人收听天气预报、保健知识、政府政策、集体活动等,更好地体现政府、社会及子女对老年人的关怀和爱护。

(3)信息预警系统:如果测量脉搏偏高或偏低,健康管理手机就以短信形式把危险数据自动发送给监护人(家人、医生、朋友),可让他们第一时间得到数据,作出判断,采取相应措施。

(4)电子围栏系统:管理人员随时可以掌握老年人的活动信息,及时避免各种安全隐患,提高管理人员的工作效率,保证养老机构老年人的安全。电子围栏系统与基于位置的服务相结合可以间歇地向所在区域的读写器发送信息,向其计算机系统管理中心发送即时情况,一旦老年人的信息没有上传到计算机系统管理中心,会发出警报提醒,工作人员可以查看老年人在先前阶段的活动轨迹,及时地处理突发情况。人员定位系统是针对人员的实时定位、历史轨迹回放、信息查询等方面工作而开发的管理软件,根据不同的要求,实现地图监控、人员分布查看、人员实时定位、离开报警、历史轨迹回放及信息查询等功能。

(5)跌倒报警系统:①跌倒自动报警功能:此功能主要用于实时监测老年人的身体情况,当检测到老年人跌倒时,会及时向监控中心发送报警短信,监控中心服务人员可及时进行老年人位置的查询,可通过语音询问老年人的身体情况及周围的情况,并及时通知"120"救护车或相关区域的服务人员对老年人进行救助。②紧急情况报警功能:当老年人感觉身体不适或有紧急需要时,可通过手动触动产品中间的按键进行免提电话的接通,与服务人员进行通话,以便得到及时的帮助。

(6)远程查看系统:系统的用户访问终端除本地监控终端外,还基于互联网以及智能化终端设备,为老年人亲属提供了亲属门户系统。所有访问终端均支持信息查询统计、电子地图实时跟踪、视频监控以及老年人健康资料查询。

养老信息化将在很大程度上解决养老机构依靠传统管理(人管人、人管物、人管账)的弊端,很好地解决高成本低效率、资源浪费以及管理无序等问题。养老机构可通过信息化系统全方位地实现各职能部门、服务单元以及外部市场的有机结合,进行快速、高效的信息收集和业务处理,为养老院机构的管理和服务提供适时、准确、可靠的决策依据,全面提升养老机构的服务质量。

在推进养老机构信息化管理的过程中,养老机构一定要在国家的总体规划及政府的引导下,加强对信息技术的了解与应用。养老机构要尽快规划和实施各类信息系统及智能设备,并对相关服务、管理人员进行培训,加快信息技术与服务、管理过程的融合。养老机构要切实、有效地做到信息化管理,实现服务的标准化、管理的规范化和决策的科学化,为我国养老服务事业的发展提供重要支撑。

(王元元)

综合思考题

1. 如果你是养老机构的院长,请谈谈应如何对养老机构人员进行科学合理的绩效考核。

2. 思考养老机构信息化建设给养老机构及入住老年人带来的益处及可能的风险,请谈谈你的看法。

第五章　养老机构的服务管理

第五章
数字内容

学习目标

1. 掌握：养老机构出入院基本流程、服务内容和服务要求。
2. 熟悉：养老机构护理管理内容和要求、服务管理制度。
3. 了解：养老机构护理等级评定及老年人能力评估要求。
4. 能完成客户咨询接待，为客户办理出入院手续，为入住老年人提供优质服务。
5. 具有"尊老爱老、以人为本"的服务理念和质量、安全、责任意识。

 导入情境

　　张爷爷，83岁，老伴去世多年，近1个月，子女发现老人生活自理能力有所下降，子女因为工作繁忙，无暇照护好张爷爷，子女和张爷爷协商，想选择机构养老，为张爷爷提供更好的养老条件。朋友介绍了某养老机构，子女和张爷爷想先了解情况。

　　工作任务：

　　1. 如果你是某养老机构的接待人员，请设计一份接待方案，并为张爷爷和子女介绍养老机构能够提供的服务。

　　2. 张爷爷和子女经过参观、详细了解后，决定入住该养老机构，请协助老人和家属办理试住手续。

　　3. 经过试住后，老人和家属决定正式入住，经重新评估后，确定护理等级为1级护理，请协助老人和家属办理正式入住手续。

　　为入住老年人提供高质量、安全的服务是养老机构运营管理的核心内容，将直接影响养老机构的生存和发展。养老机构的服务包括出入院服务、养老护理服务、医疗康复保健服务、教育服务等。

第一节　养老机构的出入院服务与管理

　　老年人入住养老机构以及离开养老机构均需由养老机构的专门部门按照一定的流程来办理相关手续。

一、入院服务与管理

做好入院服务与管理,不仅能为养老机构选择符合机构服务定位的服务对象,也能有效规避运营中的风险,因此,对养老机构至关重要。入住养老机构一般的流程包括咨询、体检、受理考察、试住、正式入住等环节,具体见图5-1。

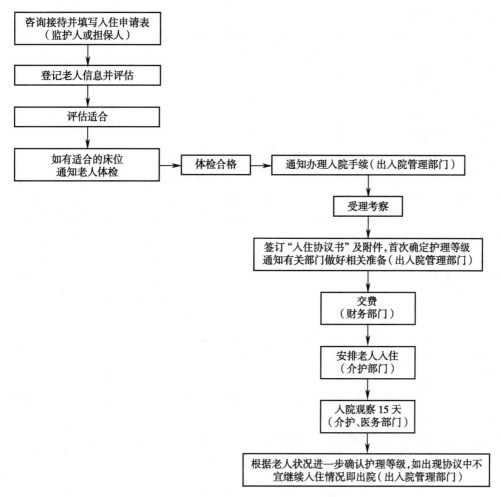

图 5-1 养老机构入院流程

（一）咨询接待

老年人入住养老机构前,一般先通过咨询了解养老机构。做好接待工作,提供准确、有效的服务信息是出入院管理部门的主要职责。咨询接待的主要方式和服务内容、要求如下:

1. 咨询接待方式 常见的咨询接待方式包括电话、网络和现场咨询接待。

（1）电话咨询接待

1）工作时间应确保电话畅通,通话期间声音清晰,音质效果良好。

2）应答应及时准确,一般在响铃三声之内应接起电话,并礼貌问候对方。

3）电话接待过程中,接待人员应仔细聆听来电者的需求,了解来电者的身份、诉求、联系电话等信息,做好记录。应了解咨询者身份（老年人本人、老年人家属或代他人咨询者）,了解老年人的基本信息如年龄、性别、有无行动能力、行动能力如何、意识状况如何、有无疾病、有何疾病、有无医保、联系电话、子女状况、退休工资多少等。

4）根据来访者咨询需求,可向其提供以下相关信息:养老机构情况简介、地址、电话;老年人入住条件、入住流程、入住所需资料、物品,以及收费标准。若符合入院标准的,可进一步邀请咨询者参观老年公寓,进行实地考察,预约考察时间。

（2）网络咨询接待：养老机构可在官方网站、相关养老服务网站以及微信等新媒体上发布养老服务信息，或者设置专门的咨询专栏，养老机构应有专人负责网络接待服务，依据来访者需求提供相关信息。

（3）现场咨询接待

1）了解咨询者选择养老机构的原因及服务需求。

2）依据咨询者的年龄和身体情况，合理安排其参观养老机构的服务项目和路线，对行动不便的人员应提供轮椅等服务。

3）有针对性地客观介绍养老机构服务功能区域分布、设施设备、服务内容和方式、服务项目、服务等级、收费标准、入住条件和入住流程等内容；医养结合的养老机构应详细介绍医疗护理服务模式和内容。

4）提前告知和提醒入住养老机构的程序、准备事宜和注意问题等。

5）来访者离开时，应及时提醒其携带好随身物品，将来访者送至养老机构大门口，微笑致意，挥手道别，目送来访者至视线外再离开。

现场咨询接待应注意：①规避容易导致咨询者产生不适感的区域或服务环节；②对于咨询者关心的重点内容和问题，应细致、耐心、明确回复；③接待人员不将个人的认识、判断强加给咨询者，不能无故中断接待服务；④在接待交流中引发来访者情绪波动较大时，应立刻暂停原话题，转移来访者的注意力，平复其情绪，必要时换人接待；⑤接待服务中，因语言冲突等原因发生肢体碰撞等情形，应立即将事件双方分开并酌情处理，必要时报警。

2. 接待管理

（1）基本要求

1）应有门禁管理和来客登记等相关制度，应对来访者身份信息、来访事由、出入时间等内容进行登记。应依据接待服务类型，制订清晰的工作流程和完备的服务指南。

2）应有负责接待服务的部门，并配备专职接待服务人员。必要时可组成临时接待小组，将医生、护理员、心理咨询师、康复治疗师等纳入接待服务组中，共同完成接待服务。

3）对预约来访者，应至少提前一天确认来访时间、人员组成和数量等内容。

4）养老机构应在规定时间内接待来访者。对于团体接待应制订接待方案，明确接待内容、时间、注意事项等。团体接待一天不宜超过2批次。

5）来访者应由工作人员陪同，接待人员应做好引导、解说和安全提示等工作。

6）接待服务过程中，应保护涉及老年人身份、病情、家庭状况等个人隐私的信息。未经许可不应在机构内录音、拍照、摄像等，不应私自进入老年人的居室。

7）应了解来访者的身体状况，禁止发热、咳嗽等身体不适的来访者进入养老机构。

8）应拒绝推销者、未明确来意者等人员进入养老机构。

（2）场所和设施设备要求

1）根据养老机构规模合理布局接待服务功能区域，宜设置接待引导区、资料填写区、休息等候区等，规模较小的养老机构可将咨询、接待、洽谈等功能集中设置在一个相对独立的区域；接待服务场所的位置应明显、易找，并设置醒目标识。

2）应在接待场所的醒目位置清晰明示养老服务项目及价格表、监督投诉电话、来访者探视时间、来访须知（包括注意事项和禁忌事项），以及接待服务人员的姓名、岗位、职务、工号、健康证等信息。

3）应配备有满足接待服务需求的桌、椅、饮水机、水杯、轮椅、老花镜、雨伞等设备及用品，空间及设施设备适老化要求应符合国家相关规定。

4）应保持接待服务场所、设备设施和各类物品的整洁有序，做到"四净""五无"，即地面净、桌面净、墙面净、门面净，无灰尘、无纸屑、无杂物、无异味、无噪声。

5）应公示咨询、投诉等接待服务的电话。

6）公共区域应依法设置和使用高清视频监控设备。

（二）受理考察

1. 体检 若现场或随访老年人有入住意愿的，可填写入住申请表，进行必要的体检。体检要求

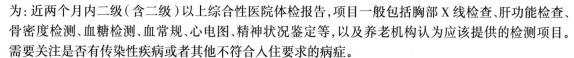

为：近两个月内二级（含二级）以上综合性医院体检报告，项目一般包括胸部 X 线检查、肝功能检查、骨密度检测、血糖检测、血常规、心电图、精神状况鉴定等，以及养老机构认为应该提供的检测项目。需要关注是否有传染性疾病或者其他不符合入住要求的病症。

2. 评估核实　院方在收到老年人入住申请表、体检报告、单位或社区证明后，进行综合评估。对符合入院要求的，向老年人原工作单位、社区打电话，核实老年人身份和家庭情况，并进行家访，以进一步了解老年人家庭生活状况等。

3. 通知入住　经评估符合入院要求的，接待人员可与咨询者约定办理入院手续时间，并告知入院时应带的证件和可带的物品。证件包括健康体检证明、老年人及其赡养人的身份证和户籍本、医保卡、老年人照片等。如果老年人无民事行为能力或限制民事行为能力的老年人办理入住时，需提供居委会出具的指定监护人证明。物品为老年人日常生活用品，如衣物、洗漱用具、餐具以及义齿、拐杖等特殊用品。

（三）试住

在通知老年人入住前，应提前告知需先进行老年人综合能力评估以确定护理级别，并有一定的试住期，观察老年人是否适应养老机构的生活模式，是否适合该护理级别。联系相关部门（出入院管理、护理部、后勤部、财务部等）做好准备。

1. 入院接待　入院当天，老年人在家属（监护人）陪同下入院，接待人员应先表示欢迎，亲切称呼老年人，查看老年人所带证件，主动向老年人介绍院内环境、作息时间和注意事项。

2. 评估　由入院评估组人员对老年人进行初步的综合能力评估，向老年人及委托人详细了解老年人的身体状况和病史，详细了解老年人的生活习惯，包括衣、食、住、行、爱好、交友等方面，根据老年人的生活自理能力、疾病情况及护理需求，首次确定护理等级，并向老年人及委托人告知护理的内容、风险预防和双方责任，护理级别将根据老年人身心状况而调整。

老年人综合能力评估是指专业人员依据行业标准，对老年人日常生活活动、精神状态、感知觉与沟通、社会参与等方面进行综合分析评价，科学确定老年人服务需求类型、日常护理等级。

（1）评估意义：为老年人开展综合能力评估，其意义在于以下 5 方面。①真实了解护理需求，制订个性化服务方案；②精准化评估有利于规范管理、规避风险；③为合理化收费奠定基础；④合理分配有限养老资源，尤其是政府补贴、保险补贴；⑤构建老年人基础信息平台，动态观察老年人的健康状况，为科研提供依据，为政府决策如全面实施长期照护保险打下基础。

（2）评估标准：在参考美国、日本、澳大利亚、英国等国家及我国香港和台湾地区老年人能力评估工具的基础上，编制了民政行业标准《老年人能力评估》（MZ/T 039—2013），地方标准如《上海市老年照护等级评估表》也在地方养老服务中全面推行。2019 年国家卫健委等多部门联合下发《关于开展老年护理需求评估和规范服务工作的通知》（国卫医发［2019］48 号），其中也提出了老年人能力评估标准。2022 年 12 月 30 日发布并实施的国家标准《老年人能力评估规范》（GB/T 42195—2022），为老年人能力评估提供了统一、规范和可操作的评估工具，也是政府制定养老政策的依据。此处主要介绍《老年人能力评估规范》（GB/T 42195—2022），其评估指标包括一级指标 4 项和二级指标 26 项，具体见表 5-1。

表 5-1　《老年人能力评估规范》（GB/T 42195—2022）评估指标一览表

一级指标	二级指标	评分及备注
1. 自理能力	进食 修饰 洗澡 穿 / 脱上衣、穿 / 脱裤子和鞋袜 大便控制 小便控制 如厕	1. 每项指标评分均为 4、3、2、1、0 2. 强调在排泄前解开裤子，完成排泄后清洁身体，穿上裤子

续表

一级指标	二级指标	评分及备注
2. 基础运动能力	床上体位转移、床椅转移 平地行走 上下楼梯	1. 上下楼梯评分为3、2、1、0 2. 其余指标为0、1、2、3、4 3. 包括他人辅助和使用辅助具的步行
3. 精神状态	时间定向 空间定向 人物定向 记忆 理解能力 表达能力 攻击行为 抑郁症状 意识水平	1. 攻击行为和抑郁症状评分为1、0 2. 意识水平评分为2、1、0 3. 其余指标评分均为4、3、2、1、0 4. 处于昏迷状态者,直接判定为重度失能
4. 感知觉与社会参与	视力 听力 执行日常事务 社会交往能力 使用交通工具外出	1. 视力、听力评分为2、1、0 2. 执行日常事务和社会交往能力评分为4、3、2、1、0 3. 使用交通工具外出评分为3、2、1、0

（3）评估人员要求

1）评估主体:应为依法登记的企事业单位或社会组织,至少配置5名专/兼职评估人员。

2）评估人员:应具有全日制高中或中专以上学历,有5年以上从事医疗护理等实务经历并具有相关专业背景,理解并掌握评估要求。每次评估由2名评估人员同时在场,至少一人具有医护专业背景。

（4）评估时间:老年人能力评估应为动态评估,在首次评估后,若无特殊变化,至少每12个月评估一次;出现特殊情况导致情况发生变化时,宜即时评估。

（5）评估环境和设备:应安静、整洁、光线明亮、空气清新、温度适宜。评估室内或室外有连续的台阶和带有扶手的通道。楼梯、台阶各级踏步应均匀一致、平整、防滑,室内物品满足评估需要,不应放置与评估无关的物品。

（6）评估流程

1）评估人员通过询问老年人本人及照顾者,或者查询相关信息,填写"老年人能力评估基本信息表"。评估人员按照"老年人能力评估规范"四个一级指标进行逐项评估,填写每个项目的评分,并确定一级指标的得分和老年人能力评估总得分。

2）评估人员根据4个一级指标的得分,依据"老年人能力等级划分表",确定老年人能力等级,并填写"老年人能力评估报告",经2名评估人员确认并签字,同时请信息提供者签字。

3. 确定护理等级　目前国家对养老服务机构尚无统一的护理等级划分标准,浙江省2020年发布的《养老机构护理分级与服务规范》,根据老年人自理能力、精神状态、感知觉和沟通、健康风险及照护难易程度等情况,将护理级别分为三级、二级、一级、特一级、特二级、特三级、专需护理七类,并细致区分了不同护理级别的分级依据,如无法自行乘坐交通工具为二级护理,无法自行翻身为特三级护理。该标准分级的指标融合了国家标准《养老机构服务质量基本规范》（GB/T 35796—2017）和国家强制性标准《养老机构服务安全基本规范》（GB 38600—2019）的相关内容,有利于在统一的评估标准下实行统一的分级护理。

老年人入住养老机构后,每年将至少进行1次定期评估,当老年人情况发生重大变化时应当及时进行再评估,养老机构将根据老年人自理能力和病情的变化动态调整护理级别。护理等级变更流程见表5-2。

护理等级变更表见表5-3。

表 5-2 护理等级变更流程

部门	职责或工作内容
护理、医务部门	（根据老年人健康状况和生活自理能力的变化）申请变更护理等级
护理等级评估小组	对老年人情况进行综合评估,重新确定护理等级
主管院长	审批
出入院管理部门	通知老年人及家属,填写"护理等级变更表" 通知财务部门,变更收费标准 通知护理、医务部门根据新护理等级进行护理。

表 5-3 护理等级变更表

姓名		性别		出生年月	
入住区域		床号		护理等级_____评估日期_____	
变更事项	变更后的状况			变更后确认签字（签章）	
护理 等级	第一次变更：由_____级护理等级变更为：护理等级_____级。 护理费：人民币_____元 / 月。			甲方代表签字（签章）： 乙 / 丙方签字（签章）： _____年__月___日	
	第二次变更：由_____级护理等级变更为：护理等级_____级。 护理费：人民币_____元 / 月。			甲方代表签字（签章）： 乙 / 丙方签字（签章）： _____年__月___日	
	第三次变更：由_____级护理等级变更为：护理等级_____级。 护理费：人民币_____元 / 月。			甲方代表签字（签章）： 乙 / 丙方签字（签章）： _____年__月___日	
综合 床位费 付费 标准	第一次变更： 综合床位费：由人民币_____元 / 月,变更为：人民币_____元 / 月。			甲方代表签字（签章）： 乙 / 丙方签字（签章）： _____年__月___日	
	第二次变更： 综合床位费：由人民币_____元 / 月,变更为：人民币_____元 / 月。			甲方代表签字（签章）： 乙 / 丙方签字（签章）： _____年__月___日	
	第三次变更： 综合床位费：由人民币_____元 / 月,变更为：人民币_____元 / 月。			甲方代表签字（签章）： 乙 / 丙方签字（签章）： _____年__月___日	

4. 签订协议 养老机构应与老年人或者其委托人签订养老服务协议及其附件。养老机构服务协议是入住老年人和养老机构之间存在法律关系的关键证据,用以维护入住老年人的合法权益,确保入住老年人的生活质量,规避养老服务机构的经营风险。养老服务协议应明确入住老年人、相关第三方和养老机构的责任、权利和义务,这些权利、义务的具体内容将影响双方发生法律纠纷时的处理结果。如双方为养老机构是否尽到了护理义务而发生纠纷,这些护理义务的依据就是在合同中约定的、与评估结果相符合的老年人护理等级和根据相应的服务标准而提供的护理。

根据《养老机构服务合同（示范文本）》（GF-2016-2011）、中华人民共和国民政部令第 49 号《养老机构管理办法》,服务协议一般包括下列条款：

（1）养老机构的名称、住所、法定代表人或者主要负责人、联系方式。

（2）老年人或者其代理人和紧急联系人的姓名、住址、身份证明、联系方式。代理人和紧急联系人联系方式发生变更时应及时通知对方。

（3）照料护理等级和服务内容、服务方式。

（4）收费标准和费用支付方式。

（5）服务期限和场所。

（6）协议变更、解除与终止的条件。

（7）暂停或者终止服务时老年人安置方式。

（8）违约责任和争议解决方式。

（9）当事人协商一致的其他内容。

5. 录入信息、建档　签订协议及附件后，收集相关资料如体检报告原件、身份证件复印件等，录入信息，建立入住档案，包括入住申请表、养老服务合同、体检报告、入住评估结果、老年人身份证复印件、户籍卡复印件、紧急联系人 / 担保人的身份证复印件及联系方式等。

6. 缴费　引导委托人到财务部门进行缴费，并告知定期缴费时间和方式。

7. 下达通知

（1）将老年人入住信息通知到相关部门和人员，如护理部、医务部、膳食部、后勤部等，领取物品并安置妥当。

（2）由护理部区域主管及一名护理员接送老年人进入房间。

（3）养老护理员向老年人和委托人告知养老机构环境、规章制度，老年人房间基本情况，老年人及委托人在告知书上签字，交代做好物品清单签收。

（4）介绍护理员、同室老年人，主动与老年人沟通交流，详细了解老年人的生活习惯、性格爱好等。

8. 建立健康档案　老年人休息半小时后，为老年人测量生命体征，建立健康档案，健康档案内容包括个人基本健康信息、体检报告、病史、既往史、家族史、食物及药物过敏史、健康变化记录等。健康档案管理见第八章相关内容。

（四）正式入住

经过试住期的考察，对于符合入住条件的老年人，出入院管理部门通知老年人的委托人或监护人来院办理正式入住手续。正式入住流程见图5-2。

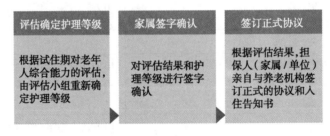

图 5-2　正式入住流程

（1）重新确定护理等级：根据试住期对老年人综合能力的评估，由评估小组重新确定护理等级，并要求家属签字确认。

（2）签订正式协议：根据评估结果，老年人、委托人或监护人亲自与养老机构签订正式的协议和入住告知书。

二、出院服务与管理

（一）出院管理的内容和要求

1. 老年人出院时有出院小结，至少包含住院时段、护理级别变更情况、住院期间治疗的次数、本次出院的原因、离院时老年人的状态等。

2. 老年人出院时，与老年人或相关第三方进行财物交接（退还押金、结清费用、物品交接清点无误），签字确认。

3. 老年人出院，及时完成档案整理归档，老年人档案归档规范，装订整齐。

（二）办理出院手续流程

1. 通知出院　老年人或家属提前通知护理部门，如果老年人因病去世或其他原因要求出院，出入院管理部门需告知家属来院办理结算手续时间。

2. 出院准备　出入院管理部门开具出院流转单，告知相关部门，做好出院准备。

3. 填写出院流转单　出院当天各相关部门填写出院流转单，并进行清理和结算。如护理部门负责老年人生活用品等清理，医务部门负责对医药费用结清，总务部门负责对伙食费结清，财务部门负责总结账。

4. 离院　完成结算手续后即可出院。

（三）注意事项

1. 做好沟通协商　出院前，要和老年人及其委托人反复沟通相关事宜。不管发生什么情况，都要文明礼貌待人。

2. 手续完备　为避免不必要的纠纷，老年人离院前务必将出院手续办理完备，注意离院前应进行老年人能力评估，并做好财物交接。

3. 安全送返　必要时，要把老年人及相关人员安全送回家中，并听取反馈意见。

4. 做好回访　如为电话随访，应保留录音记录，一般留存三年为宜。

第二节　养老护理服务及管理

养老护理服务是养老机构工作的中心和核心内容，包括生活照料服务、清洁卫生服务、文化娱乐服务、心理精神支持服务和安宁服务等，主要由养老机构护理部门负责。养老护理服务工作流程包括制订护理计划、提供服务、监督与评估、确认与改进等。

1. 制订护理计划　根据护理等级，结合入住老年人及家属要求，制订老年人的服务计划，包括服务目标、服务人员、服务时间、服务地点、服务方法及结果等。护理目标分为长期目标和短期目标，长期目标一般为 3 个月，短期目标一般为 2 周。

2. 提供服务　确定护理计划后，由护理管理负责人组织护理团队，确认护理计划后，按照工作流程和操作规范，分工协作实施。实施过程注意要及时、准确记录护理计划实施情况、老年人及家属的反应，并及时向护理团队进行反馈沟通，团队负责人注意保持与老年人家属的沟通与联系。

3. 监督和评估　护理服务实施后需对护理程序和护理效果进行监督和评估。护理程序评估包括收集的评估资料是否真实准确，服务计划是否可行规范，护理服务的针对性和全面性以及护理记录是否及时、准确与完整。护理效果的评估包括护理目标是否实现，护理操作是否安全、有效与舒适，对老年人观察是否及时、准确，对老年人情况是否了解，老年人及家属的意见和满意度等。

4. 确认与改进　将评估结果与服务标准进行对照检查和分析评价，找出目标实现及缺陷的原因，针对问题进行改进。

一、养老护理服务内容与要求

养老护理服务主要包括生活照料服务、清洁卫生服务、心理护理、文化娱乐服务等。基本要求为：

（1）根据护理等级，按照服务计划和操作规范为老年人提供服务或视需求协助老年人完成。

（2）服务卡放置于床头或便于查看的位置，标记有老年人的姓名、服务等级、膳食种类、风险防范、特殊照护注意事项等，与护理计划、医嘱相符。

（3）每日房间巡查，观察老年人的身心状况，特殊情况及时报告并协助处理，有记录。重度失能老年人的巡视频次不低于 2 小时 1 次，中度失能老年人的巡视频次 24 小时内不低于 6 次，轻度失能老年人的巡视频次 24 小时内不低于 5 次，能力完好老年人的巡视频次 24 小时内不低于 2 次，夜间至少巡视 1 次。

（4）24 小时护理值班，有交接班记录表，内容完整，书写规范；包括时间、人员、特殊老年人的诊断、基本生命体征、异常情况及处理方法和结果。按照楼层建立交接班表，如跨楼层床位数不大于 60 床。

（5）各区域按铃呼叫时，护理员应答及时。

（6）每周至少检查一次老年人房间有无过期、腐烂食品，并及时处理。

（7）养老护理员在工作中发现护理床、轮椅、紧急呼叫装置等设备的功能处于非正常情况时，应及时报修，并有记录。

此外，还需注意以下问题：①服务过程中需尊重老年人的意愿如洗澡方式、洗澡时间的选择等；②要照顾老年人的起居习惯，操作前征得老年人的同意；③如需改变老年人原有的不良生活方式时，避免与老年人发生冲突。

某养老机构为半失能老年人提供的养老服务内容见表5-4。

表5-4　某养老机构半失能老年人一天护理服务安排

时间	服务项目	服务内容
4:30—6:00	晨间护理	为老年人漱口、洗脸、洗手、梳头、整理床单位，搀扶老年人如厕，防止老年人摔伤
6:00—6:15	护理交接班	口头交接异常情况，及时联系医务人员
6:15—6:25	早餐前准备	鼓励并帮助老年人到餐厅就餐，协助发早餐
6:25—7:00	进食早餐	根据老年人要求，变换早点样式
7:00—7:30	餐后清洁	为老年人漱口、清洁口腔、洗脸、洗手，送开水到老年人居室，观察老年人有无不适
7:30—9:00	整理和清洁居室	为老年人更换衣裤和床单，为老年人整理床铺，翻晒被褥，每半个月清洗床上用品一次，包括床单、枕套、枕巾、被套，保持床单位清洁，必要时及时更换，每周洗涤内衣、外衣各一次
9:00—10:10	参加各类活动	与老年人交流沟通，观察老年人思想情绪和精神状况，督促老年人参加院内文娱兴趣小组活动，督促老年人去康复理疗室活动，为老年人提供其他所需服务
10:10—10:50	开展康复理疗及宣传教育活动	组织老年人参加院内群众性保健康复理疗活动，开展卫生安全等宣传教育讲座，提供其他所需服务
10:50—11:00	午餐前准备	鼓励并帮助老年人到餐厅就餐，协助发午餐
11:00—11:50	进食午餐	根据老年人健康状况制订相应膳食计划，听取意见，与食堂及时联系，改善饭菜质量，满足老年人需要
11:50—12:10	餐后清洁及午睡准备	帮助老年人脱衣，调节室内光线和温度
12:10—15:00	午睡观察及起床整理	观察老年人身体、情绪、睡眠等状况，清洁消毒毛巾、茶杯、脸盆等物品，便器用后及时消毒。起床后为老年人整理床铺，老年人衣着整齐整洁，为老年人清洁口腔（如漱口）、洗脸、洗手，观察老年人有无不适
15:00—16:50	晚间护理	为老年人洗澡或翻身，洗澡每周一至两次，夏季气候炎热时，每日洗澡或擦身，并观察老年人洗澡时的精神状况、身体状况，帮助老年人定时剪指（趾）甲、理发、剃须、更换衣物
16:50—17:00	晚餐前准备	鼓励并帮助老年人到餐厅就餐
17:00—17:30	进食晚餐	协助发晚餐，根据老年人健康状况制订相应膳食计划，听取意见，与食堂及时联系，改善饭菜质量，满足老年人的需求
17:30—18:00	餐后清洁	为老年人清洁口腔（如漱口）、洗脸、洗手，观察老年人有无不适，鼓励老年人按医嘱服药

续表

时间	服务项目	服务内容
18：00—18：45	晚间漱洗	为老年人洗脸、洗手、洗脚、清洗会阴部、清洗义齿
18：45—19：00	护理交接班	口头交接异常情况,及时联系医务人员
19：00—20：00	睡眠前准备	调节室内光线和温度,保持室内安静、清洁,建立一个良好的睡眠环境,观察老年人身体、情绪等状况
20：00—04：50	巡视,观察老年人睡眠状况	了解老年人睡眠、身体状况和异常情况,及时联系医务人员,搀扶患病老年人如厕,防止老年人摔伤,动作脚步要轻柔

（一）生活照料服务

生活照料服务是指协助或照顾老年人饮食、起居、清洁卫生、排泄及体位转移等日常生活的活动。2021 年 3 月 11 日,民政部发布了《养老机构生活照料服务规范》(MZ/T 171—2021),规定了养老机构老年人生活照料的服务项目、基本要求和服务操作规范。养老机构生活照料的服务项目分为饮食照料、起居照料、清洁卫生照料、排泄照料、体位转移照料五大类服务项目,每一大类服务项目包含相关小类服务项目。①饮食照料:包括喂水、喂饭、鼻饲;②起居照料:包括协助穿(脱)衣、睡眠照顾、更换床上用品;③清洁卫生照料:包括洗头、洗脸、洗手、刷牙、漱口、口腔擦拭、梳头、剃须、床上洗足、洗澡、床上擦浴、修剪指(趾)甲;④排泄照料:包括协助排便、人工取便、更换一次性纸尿裤、更换尿袋;⑤体位转移照料:包括床上体位转换、床与轮椅转移、平车搬运。

养老机构生活照料的基本要求为:①养老机构应建立评估及服务风险防控制度,服务安全和服务质量应符合《养老机构服务安全基本规范》(GB 38600—2019)和《养老机构服务质量基本规范》(GB/T 35796—2017)的相关要求。②养老护理员应培训合格后上岗,具备基本的服务能力,掌握与老年人沟通的技巧、安全保护及应急处置方法,尊重老年人的民族、文化及信仰,保护老年人隐私。③养老机构应配备满足生活照料服务需求的设施设备和用品。④老年人需要使用保护性约束用具(如约束带、约束手套、约束椅)时,养老机构应提前告知家属,并签署知情同意书;⑤提供生活照料服务前,养老护理员应准备服务用品,检查一次性卫生护理用品包装的完整性及有效期限,并按七步洗手法清洁双手。⑥服务过程中,养老护理员应与老年人保持有效沟通,了解老年人身体及精神状况,选择适宜的操作方法,动作应规范,不应有拖、拉、拽等现象。⑦接触被老年人血液、体液、分泌物、排泄物等污染的物品前,应戴手套。服务完成后清洁双手,对服务用具进行清洗或消毒。⑧应密切关注老年人的状况,发现异常立即停止操作,及时报告并采取相应的措施。⑨养老机构生活照料服务记录应定期归档,保存时间不应少于 3 年。

 知识链接

养老机构"四无""五关心""六洁""七知道"

养老机构要求对老年人护理要做到"四无""五关心""六洁""七知道"。

"四无":无压疮、无坠床、无烫伤、无跌伤。

"五关心":关心老年人的饮食、卫生、安全、睡眠和排泄。

"六洁":包括老年人皮肤、口腔、头发、手足、指甲、会阴部的清洁。

"七知道":要知道每位老年人的姓名性别、兴趣爱好、患病情况、用药情况、护理重点、家庭情况、精神心理情况。

具体服务内容及要求为:

1. 个人清洁卫生照料　包括口腔清洁、皮肤清洁服务和修饰服务等。

（1）口腔清洁服务：包括刷牙、漱口、协助清洁口腔、义齿的清洁保养等。

1）每天至少早晚刷牙，每次餐后漱口，最好每次进食后均刷牙。不能自行刷牙的老年人，则在每天早晚用棉棒或棉球进行口腔擦洗。

2）口腔无异味，口唇、口角清洁，不干燥，无食物残渣。

3）鼓励牙齿脱落的老年人就医装义齿。戴义齿的老年人，每晚睡前取下义齿，用牙刷蘸牙膏刷洗干净后浸泡于清水中，次晨再戴上，忌将义齿浸泡于酒精及热水中。

4）有口腔溃疡的老年人，保持口腔清洁的同时，遵医嘱涂药和使用漱口液。

（2）修饰服务：包括梳头、化妆、剪指（趾）甲和协助理发、修面等。

1）每天至少早晚洗脸，必要时随时清洁脸部皮肤，面部整洁、无污垢。

2）鼓励老年人多梳头，卧床老年人至少于晨间护理和午休后梳头。

3）每月提供1次理发服务，根据需要提供修面服务，保持头发清洁，男性老年人胡须短，提供服务的人员具有理发服务资质。

4）每2周检查、修剪指（趾）甲1次。

5）修剪指（趾）甲、理发时注意预防老年人意外损伤。

（3）皮肤清洁服务：包括清洗会阴、擦浴、沐浴等。

1）保持会阴部清洁，每晚进行会阴清洁并更换内裤，必要时进行会阴冲洗。会阴清洁盆和毛巾专用，并经常清洗和日光暴晒消毒。

2）保持皮肤清洁，每周至少洗澡1次，根据季节和老年人需要可提高频次。出汗者适当增加洗澡次数。洗澡后涂润肤霜，防皮肤干燥而致皮肤瘙痒。

3）保护老年人沐浴安全和隐私，如洗澡过程中注意水温和洗澡时间。

（4）压疮预防：保持皮肤干燥、清洁，预防皮肤受伤。

1）有预防压疮的措施，并根据压疮风险评估等级，为老年人选用适合的措施。

2）定时翻身更换卧位，按摩受压部位，促进血液循环，卧床老年人视情况至少每2小时翻身拍背1次。

3）老年人皮肤无压痕、无破损、无皱褶、无发红现象。

4）建立翻身记录表，交接班时应检查皮肤状况且有记录。

2. 起居照料 包括协助穿脱衣裤，帮助扣扣子、更换衣裤、整理衣物等。

（1）衣着整洁、舒适、无刺激：注意衣物材质的选择，如内衣、内裤采用棉质和丝绸类，忌用化纤织物，避免刺激皮肤或导致皮肤过敏。

（2）督促老年人及时换洗衣服：能自理的老年人衣着由老年人自行选择和穿戴，对有困难的老年人协助其自理。

（3）注意满足老年人的心理需求：鼓励老年人自主选择衣物式样，协助卧床老年人在晨间护理后或会客时穿上得体的外衣。

3. 饮食照料 包括协助用餐、饮水、喂水、喂饭、鼻饲等。

（1）帮助老年人选择健康的膳食，养成规律的饮食习惯。

（2）根据老年人牙齿和吞咽功能、饮食习惯，选择食物形状（流质、半流质、软食、普食）。

（3）根据老年人疾病治疗要求，按医嘱选择食物种类。

（4）餐具清洁，餐桌、碗筷干净，无水渍、污渍。

（5）营造良好的进食环境，进食前半小时停止室内清洁卫生工作，卧床老年人完成排尿排便，并开窗通风，以保持室内空气清新、无异味。

（6）按操作规范进行喂食、喂水和鼻饲喂食，防止发生喂食意外。

4. 排泄照料 包括提醒如厕、协助排便、人工取便、更换一次性尿裤、清洗便器、清洁内衣裤和会阴部等。

（1）保持大小便通畅，定时排便，预防便秘。如白天嘱老年人多饮水，每天饮水量保持在2 000ml以上，夏天出汗应增加水量。

（2）定时提醒尿失禁的老年人如厕。排泄照料服务规范、及时。

（3）提供方便、隐蔽、相对独立的排便环境,注意保护老年人隐私。

（4）为老年人提供方便穿脱的裤子,方便老年人如厕。

（5）注意保护老年人安全,嘱老年人不锁卫生间的门,预防晕倒、跌倒。

（6）便后协助老年人清洁肛周皮肤。

（7）使用尿壶时,注意操作规范,避免损伤皮肤和引起老年人不适,及时清除粪、尿并开窗通风以保持室内空气清新,便器、尿壶每周消毒1次。

5. 睡眠照料

（1）掌握老年人的睡眠情况,定时巡视。

（2）及时提供老年人所需的夜间服务,如睡前打开床挡、定时翻身等。

6. 移动照料　包括协助老年人行走和上下楼、轮椅转移、平车搬运和床上体位转换等。

（1）协助老年人行走、上下楼等位置移动,动作规范、轻稳。

（2）转换过程动作规范、轻稳,体位转换后保持肢体处于功能位且舒适。

（二）清洁卫生服务

清洁卫生服务包括公共区域清洁和老年人居室内清洁服务。

1. 服务人员要求

（1）服务人员为经过培训的保洁人员或护理员;对接专业的保洁公司应有服务协议。

（2）服务人员熟悉机构内清洁卫生服务流程。

（3）服务人员掌握清洁卫生服务的各类物品消毒方法和消毒范围。

2. 服务内容及要求

（1）公共区域:包括室外、员工办公区域。

1）地面无积水、无水渍、无污垢、无积存垃圾。

2）墙面、窗户、天花板、灯具、标牌等,无污垢、无破损、无蜘蛛网等。

3）整洁、无异味。

（2）老年人居室

1）指导老年人或协助老年人每天进行居室清扫,打扫时防止扬尘。地面干燥、无水渍、无污渍及渣屑,床边、桌面、柜面及柜面物品表面无灰尘、无污渍,窗帘、门帘等物品无尘土、无污渍。

2）指导老年人或协助老年人每天进行床单位整理,保持床单位干燥、清洁、平整。

3）定期通风,保持室内空气清新无异味。

4）室内温湿度适宜,配有温度计和湿度计。

5）随时注意物品摆放有序,老年人生活用品无灰尘、污渍。护理员在进行清洁卫生服务前,先协助老年人如厕;饭前、饭后半小时内避免做室内清洁工作;清洁时,应注意保持一定的室温,避免对流风,防止老年人受凉。

（3）老年人卫生间、洗浴空间

1）无异味。

2）地面、洗手盆台面、墙壁墙角清洁干燥、无水渍、无污渍及渣屑。

3）便器内外清洁无便迹、无污垢,定期消毒,有消毒记录。

（4）其他

1）各类保洁工具分类使用、放置,标识清晰。

2）清洁设施设备、用具使用后进行消毒,并悬挂晾晒,有消毒记录。

3）提供清洁服务前及清洁过程中,在显著位置设置安全提示标识。

4）有专人每周检查清洁卫生服务,有记录。

（三）洗涤服务

洗涤服务包括但不限于老年人衣物、被褥等织物的收集、清洗和消毒服务。如洗涤服务外包,注意在外包服务协议中体现服务内容。

1. 服务人员要求

（1）服务人员为经过培训的洗衣员,或对接专业的洗涤公司。

（2）服务人员熟悉机构内洗涤服务流程或送洗流程（不穿越、污染老年人居住区域和清洁区域）。

2. 服务要求

（1）床上用品每月至少清洗2次。衣物一般每周至少清洗1次。特殊污衣物随时处理清洗。

（2）洗涤衣物和床上用品应分类清洗、晒干或烘干。

（3）指定地点收集污物，运送车洁污分开。

（4）被血液、排泄物、分泌物污染或疑似传染性衣物及床上用品封闭运输，单独清洗，洗涤过程采用消毒—清洗—消毒的顺序，有消毒记录。

（5）消毒方法正确，消毒时间符合要求。

（6）衣物完好无损，整理后准确无误送还，有记录。

（7）洗衣房内张贴洗衣流程及消毒流程。

（8）洗涤设备上贴有标识，注明功能及适用的衣物类型。

（9）常规洗涤设备每日清洗，每周消毒，污洗设备一洗一消，有消毒记录。

（四）文化娱乐服务

文化娱乐服务包括组织开展文化、体育和休闲娱乐活动，以及组织开展节日、纪念日、老年人生日庆祝活动。

1. 服务人员要求

（1）由养老护理员或机构内其他工作人员组织计划、实施。

（2）有志愿者、入住老年人定期参与文化娱乐活动组织计划、实施工作。

（3）服务人员掌握机构内文化娱乐服务流程、风险防范措施。

（4）服务人员能够熟练使用文化娱乐相关设备。

2. 服务要求

（1）按照老年人需要制订活动服务计划，包括日常活动、月度活动及特色活动等，执行率在90%以上。

（2）日常活动种类多样，有适合不同失能等级老年人的活动。文化活动适宜老年人心理精神需求，体育活动适合老年人体能情况。

（3）日常及特色活动计划提前一周张贴通知以告知老年人，包括活动主题、时间、地点、过程、参与人员等。

（4）建立老年人文化娱乐活动的安全管理机制，制订相关应急预案。在体育活动区显著位置设置体育活动器材的安全注意事项和警示标志；院外集体游览和参观活动有医生随同参加。

（5）定期组织各类活动，并有记录，如机构内收住老年人全部为重度失能老年人除外。具体要求为：

1）每日至少组织2次适宜老年人的活动。

2）每年开展不少于5次传统节日、特殊纪念日活动。

3）每月开展至少1次老年人生日庆祝活动。

4）每年开展不少于1次院外的游览和参观活动。

5）开展有特色的主题活动。

（五）心理精神支持服务

心理精神支持服务包括为老年人提供环境适应、情绪疏导、心理支持和危机干预服务。

1. 服务人员要求

（1）服务人员为社会工作者、护士、医生或心理治疗师，必要时请精神科医师等专业人员协助处理或转至医疗机构。服务人员如为养老护理员，应取得养老护理员四级或更高等级职业资格证书。

（2）熟悉机构内心理精神支持服务流程，掌握心理精神服务的方法与技巧。

2. 服务要求

（1）有帮助入住机构的老年人熟悉机构环境的适应计划，有执行记录。

（2）了解老年人心理精神状况，发现异常及时与老年人沟通，并告知相关第三方；对重点老年人有防范措施及记录。

（3）定期组织老年人进行情感交流和社会交往，组织能力完好且有意愿的老年人每年参加不少于1次公益活动,如机构内收住的老年人全部为重度失能老年人可除外。

（4）有应急处理程序,报告及时,妥善处理,有记录。

（5）对于有心理问题或有心理问题倾向的老年人及时开展评估,有干预措施,且及时联系相关第三方,沟通有记录。

（6）根据老年人需求,定期为老年人开展个案、小组等多种形式活动,有档案。

（六）安宁服务

为临终老年人及相关方提供临终关怀、哀伤辅导服务以及协助办理相关后事。

1. 服务人员要求

（1）服务人员为社会工作者、养老护理员（取得养老护理员四级或更高等级职业资格证书）、护士、医生或心理治疗师,必要时请专科医师等专业人员协助处理或转至医疗机构。

（2）服务人员接受过临终关怀知识相关培训,具有人道主义素养,掌握安宁服务的相关知识及技能。

2. 服务要求

（1）遵从老年人及其亲属的意愿,按照老年人及其亲属的需求开展服务。

（2）维护老年人合法权益和尊严,保护老年人及其亲属的隐私。

（3）及时对疼痛老年人进行疼痛评估,实施疼痛的管理和控制、紧急症状的处理、支持疗护,以上由医护人员执行。

（4）落实家属沟通机制,根据病情至少一周沟通一次。

（5）提供对亲属的哀伤辅导服务,有个案记录。

（6）安宁服务区域有应急安全防护措施。

（7）考虑民族习惯、信仰,按照亲属的意愿或老年人的意愿,对安宁服务区域或老年人居室进行布置。

（8）离世老年人所在居室及床单位按消毒隔离要求处理,被褥用品独立处理。

（9）提供对接殡葬服务、遗体捐赠服务的有资质的组织机构,并签订服务协议。

二、养老机构护理管理

养老护理工作关乎入住老年人的生活质量和生命安全,因此,作为养老机构的管理者必须重视养老护理管理。

（一）护理管理模式

1. 分级管理模式　绝大多数养老服务机构的护理管理组织都建立了由分管副院长、护理部主任、护理单元负责人或护士长三级负责的护理指挥系统。每个护理单元一般为50~100张床位,在此范围内根据老年人自理生活能力及照护程度适当增减。如图5-3所示。

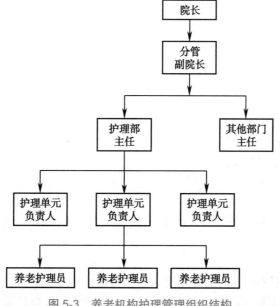

图5-3　养老机构护理管理组织结构

（1）非临床护理管理：非医养结合型养老机构的主要服务为生活照护、心理和精神照护、开展文娱活动等。其护理模式是按照服务区或楼层组织护理工作,每个护理服务区或楼层设一名楼层长或班组长,下属若干名护理员,开展工作。

（2）临床护理管理：护理院、临终关怀机构等医养结合型养老机构,需取得卫生行政机构颁发的医疗服务资质,设有病区,按照科主任—护士长—护士和护理员的模式开展护理工作。

（3）混合管理模式：较大型的养老机构既有自理老年人,又有需临床护理的老年人,按照老年人自理和疾病情况收住在不同的病区,分别采用非临床护理模式和临床护理模式。

2. 护理工作形式

（1）专人护理：又称"一对一"护理,是指养老护理员与老年人的配比常为1∶1的比例,而且人员相对固定,养老护理员全权负责该老年人的一切生活照料与护理。这种护理工作形式的优点是护理员熟悉老年人的情况,服务较专业,缺点是人员成本高。

（2）功能性护理：将护理工作分为临床护理、生活护理、心理护理、康复护理、文体娱乐、清洁卫生等岗位,护理人员交叉进行照料和服务。

（3）责任制护理：将老年人和护理人员分为若干个小组,任务到人,责任到人。每个小组的护理员进行排班,在工作时间内全权负责该组老年人的照料和护理。

（二）护理管理内容

养老机构护理管理的内容包括护理行政管理、护理业务管理和护理质量管理等方面。

1. 护理行政管理

（1）组织人员管理：负责护理人员的分配和使用、考核、培训培养,促进护理人员成长;做好与其他部门的联系、协调和配合工作。

（2）规划、制度管理：制订和实施护理规划和工作计划;组织制订和修改护理管理制度、养老护理技术操作规范、护理常规和规章制度。

知识链接

养老机构常用的护理管理制度

1. 养老护理员管理制度。
2. 护理服务质量持续改进制度。
3. 老年人出院制度。
4. 分级护理制度。
5. 交接班制度。
6. 护理文件书写管理制度。
7. 饮食管理制度。
8. 药品保管及服药制度。
9. 消毒隔离制度。
10. 安全管理制度。
11. 保护约束制度。
12. 物品、器械设备管理制度。
13. 发生意外事故处理制度。

（3）文书管理：建立和保管各类档案和文书,如老年人护理档案、护理文书的记录以及护理员工作档案等。

2. 护理业务管理

（1）指导护理员完成护理工作：定期对老年人能力进行综合评估,确定护理等级;制订老年人的照护计划,按照护理工作规范,落实护理措施,维护和促进老年人身心健康;做好交接班,预防意外事件发生。

（2）协助完成医疗护理和康复护理服务：按医护人员的医嘱,指导护理员协助、督促老年人服药及其他可以执行的治疗工作,在医护人员的指导下观察老年人病情,进行康复锻炼,做好记录。

（3）维护居室和环境安全：创造良好的养老环境,督促做好卫生和消毒隔离工作。定期检查居室及周围环境设施,维护环境安全。

（4）设备用品管理：合理安排器材、用品等,指定专人负责、保管、请领和定期检查。

（5）协助社工开展老年人心理慰藉和文化娱乐活动：根据养老服务机构条件,协助社会工作人员为老年人开展心理慰藉和文化娱乐活动,丰富老年人的业余生活。

3. 护理质量管理

（1）过程监控：对老年人个体护理方案的实施情况进行评价、总结,收集各护理区域反映的护理质量问题,协调质量控制过程中存在的问题和矛盾。

（2）终末统计分析：对护理质量统计结果分析、确认后,通报相关人员提出整改意见并根据护理质量的薄弱环节制订相关培训计划。

（3）护理人员质量管理：强化护理质量意识,严格把控护理入职人员的岗前考核及培训,定期组织在岗人员的在职培训,提升护理人员的技能水平。

第三节　膳食服务与管理

养老机构膳食服务是养老机构的基础服务,包括为老年人提供适合的营养膳食、不同形态的膳食和治疗膳食,以及为老年人提供集体用餐和个性用餐服务（点餐、家宴、代加工等）。通过为老年人提供合理膳食,不仅可以调节和维持老年人身体的健康,还可通过共同进餐,提供老年人与他人交流的机会,保持其身心协调。膳食服务应坚持专业化、个性化服务原则,科学配餐,同时坚持以老年人为中心,鼓励老年人坚持共同进餐、促进老年人自理,提高生活质量。

一、服务人员要求

1. 厨师持有厨师证。
2. 设食品安全员,负责每日餐饮服务的监督。
3. 有专职或兼职营养师,为老年人搭配饮食,确保营养均衡。
4. 服务人员持有健康证明。
5. 服务人员应身着洁净的工作服,佩戴口罩和工作帽,保持个人清洁。
6. 服务人员经过培训,熟悉其负责的膳食服务流程和老年餐制作特点。
7. 外包服务供货商的服务人员也要满足上述要求。

二、服务具体内容和要求

（一）服务资质要求

1. 食品经营许可证合法有效,经营场所、主体业态、经营项目等事项与食品经营许可证一致。
2. 在醒目位置公示食品经营许可证、公示量化等级标识。
3. 监督检查结果记录表公示的时间、位置等符合要求。
4. 外包膳食服务的机构,应有外包服务协议,并在服务协议中体现具体服务内容和要求,外包服务供应商应满足服务人员要求。

（二）食品安全要求

1. 采购　应查验供货者的许可证和食品出厂检验合格证或者其他合格证明。

2. 储存

（1）原料外包装标识符合要求,按照外包装标识的条件和要求规范储存,并定期检查,及时清理变质或者超过保质期的食品。

（2）食品添加剂由专人负责保管、领用、登记，并有相关记录。

（3）食品原料、半成品与成品在盛放、储存时相互分开。

3. 加工

（1）制作食品的设施设备及加工工具、容器等具有显著标识，按标识区分使用。宜采用不锈钢或陶制器皿，器皿应洗净消毒。

（2）生食与熟食、成品与半成品分开制作。

4. 配餐

（1）应结合老年人生理特点、身体状况、地域特点、民族和饮食习惯、疾病需求等制订食谱。

（2）应做到粗细搭配、营养均衡、种类丰富。

（3）食谱每周更新 1 次，且 1 周内不重复，向老年人公布并存档。临时调整时，需提前 1 天告知。

（4）餐食与食谱相符率达 90% 及以上。

（5）为老年人提供流食、半流食及低糖、低盐、低嘌呤等特殊膳食，治疗餐应执行医嘱，并有记录。

（6）每月收集 1 次老年人口味需求及老年人用餐反馈，改进服务。

知识链接

养老机构膳食基本要求

1. 荤素搭配，食物多样化，营养素齐全　以碳水化合物为主，含适量优质蛋白质，富含维生素和钙、铁，控制食物中胆固醇、脂肪（特别是动物性脂肪）的含量。

2. 食物易咀嚼、吞咽和消化吸收　食物加工精细，尽量使用蒸、煮、炖的烹饪方法，少用煎、炸、炒的烹饪方法。

3. 食物宜清淡、少盐少糖　老年人因味觉功能下降，可用醋、姜、蒜等来调味，避免过度使用盐、糖、酱油等调味品。

4. 食物宜含丰富的膳食纤维，预防便秘。

5. 食物色、香、味齐全，以增进食欲。

6. 注意食物安全　老年人的食物宜去骨、剔刺、切细、煮软。

5. 卫生监督

（1）每餐后对餐（饮）具、送餐工具清洗消毒，并有记录。

（2）每日处理餐厨垃圾，无积存。

（3）建立食品留样备查制度。

（4）留样品种齐全，每个品种留样量不少于 100g，留样容器外应记录食品名称、时间、餐别、采样人，将留样盒放入冰箱（0~4℃），且储存时间不少于 48 小时。

（5）有专人做留样记录。

（6）定期检查防鼠、防蝇、防虫害装置的使用情况并有相应检查记录，厨房内无虫害迹象。

（三）工作流程管理

1. 岗位及职责

（1）营养师：负责菜单制作、菜谱审批、配餐指导及提出整改意见。

（2）厨师和杂工：厨师制订菜谱、烹饪及提供相关服务，杂工负责清洗、加工、售餐、服务、打扫卫生。

（3）食堂主管：制订预算和计划，采购，负责食堂质量、财物管理、成本核算等。

（4）食堂管理（采购员、仓管员）：验货、出入库管理、采购资料归档、结算和填写报表。

2. 工作流程　见图 5-4。

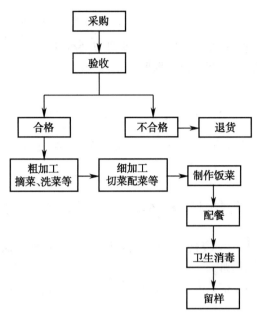

图 5-4　餐厅工作流程

3. 时间安排　见表 5-5。

表 5-5　某养老机构膳食服务工作时间安排

时间	工作安排
05:00—06:00	准备早餐
06:00—07:30	早餐时间
07:30—10:00	理菜、准备午餐
10:00—11:00	烹饪午餐
11:00—12:30	午餐时间
12:30—16:00	准备晚餐
16:00—17:30	晚餐时间
17:30—18:30	厨房清扫及整理工作

（四）就餐环境管理

1. 就餐环境应安全舒适,具体要求为:

（1）餐厅开阔、空气流通、温度适宜。

（2）餐厅应为无障碍设计,地板防滑、安装扶手、桌椅无棱角等。

（3）就餐座位固定,尽量安排老年人和熟悉的人一起用餐。

（4）灯光柔和,选择适当的装饰(患有脑部疾患的老年人,餐桌及环境布置尽量简洁)。

2. 餐具选择应个性化,具体要求为:

（1）餐具完好。

（2）器皿最好与食物相配,尽量选择老年人喜欢的器皿。

（3）准备好特殊的饮食器具,帮助老年人尽量自己进食。

第四节 医疗康复服务与管理

老年人多患有各种慢性病,为老年人提供医疗护理、康复保健等服务,满足患病老年人、失能失智老年人的医疗康复服务需求是养老机构最主要的服务之一。

一、医疗护理服务与管理

（一）服务内容

医疗护理服务包括预防保健、健康管理、护理、药物管理、协助医疗、老年人常见病多发病的诊疗以及院内感染控制服务。

（二）服务人员要求

服务人员应熟悉其负责服务的流程,根据养老机构医疗服务类型,具体要求如下:

1. 内设医务室的养老机构

（1）至少有1名取得执业医师资格,经注册后在医疗、保健机构中执业满5年,身体健康的临床类别执业医师或中医类别执业医师。

（2）至少有1名注册护士,养老机构床位达到100张以上时,每增加100张床位,至少增加1名注册护士。

2. 内设诊所、卫生所（室）的养老机构

（1）至少有1名取得执业医师资格,经注册后在医疗、保健机构中执业满5年,身体健康的执业医师。

（2）至少有1名注册护士。

3. 内设护理站的养老机构

（1）至少有2名具有护士以上职称的注册护士,其中有1名具有主管护师以上职称。养老机构床位达到100张以上时,每增加100张床位,至少增加1名注册护士。

（2）至少有1名康复治疗人员。

4. 未内设医疗机构的养老机构

（1）至少有1名取得执业医师资格,经注册后在医疗、保健机构中执业满5年,身体健康的临床类别执业医师或中医类别执业医师。

（2）至少有1名注册护士。

（三）服务要求

1. 健康管理　主要工作包括健康教育、健康体检、慢性管理等。具体要求为:

（1）每月至少开展1次健康教育活动。

（2）管理健康档案,记录老年人在院期间健康状况动态变化,如每周3次健康检查,内容包括问诊、血压、体温、脉搏等。如无特殊情况每季度记录一次,特殊情况随时记录。健康档案管理规范见第八章。

（3）每年至少组织1次老年人健康体检,如每年组织2次全面的健康体检。

（4）慢性病管理工作

1）对入住老年人采取鼓励、支持及辅助等方法,干预或控制老年人慢性病发病率,其中包括吸烟情况、体重指数、精神状况、体育锻炼等因素,从而有效地预防慢性疾病的发生发展。

2）建立专业的慢性病防治医护小组,根据慢性病管理规范,为患有慢性病的入住老年人提供健康服务,如按摩、针灸、水疗、瘫痪预防等。

2. 日常医疗护理

（1）与邻近医疗机构签订服务协议,为老年人提供诊疗服务,按照医疗机构核准登记的诊疗科目开展诊疗活动。

（2）医师每天至少1次为中、重度失能老年人巡诊,并做好记录;对于轻度失能、能力完好的老年人及时应诊。

（3）安排医护人员 24 小时值班，及时提供紧急救护服务。

（4）根据需要，及时通知、协助老年人转院转诊及陪同老年人院外就医。

1）门诊：在进行门诊治疗时要介绍老年人经常就诊的医生、医院或者是与养老机构有良好合作关系的医疗机构或者专门医师。

2）住院：在有必要住院的情况下，养老机构应协助老年人到其经常就诊的医生、医院或者是与养老机构有合作协议的医院进行住院治疗；住院时由机构工作人员单独办理或协同家属共同办理手续，机构工作人员需协助医院做好关于该老年人的配药管理。

（5）定期保养血糖仪、血氧仪和血压计，每年定期做仪器校正，并留存记录。如有制氧机、氧气瓶、雾化机等专业医用设备，应定期进行功能检测并记录。

（6）规范执行医嘱，护理合格率 100%。

（7）有护理记录单，每班进行交接并有交接记录，对危重及新入院老年人进行床头交接。

（8）I度压疮新发生率不高于 5‰，II度、III度压疮新发生率为 0，尿布疹发生率为 0。

（9）如需使用约束用具，应严格遵医嘱，并与相关第三方签署知情同意书，按操作规范执行。

（10）机构内如有糖尿病老年人，应有胰岛素注射管理记录。

（11）观察老年人健康情况变化、收集送检化验标本、完成治疗、管道和造瘘护理、协助院前抢救。

（12）有自带药品管理制度，执行率为 100%。

（13）摆药、发药"三查八对"（三查：备药时与备药后查，发药、注射、处置前查，发药、注射、处置后查；八对：姓名、床号、药名、剂量、浓度、时间、用法、药品有效期），差错率为 0。

3. 传染病防治

（1）建立机构内感染预防和处理办法，有消毒和隔离制度。

（2）有专人负责院内感染控制，并做好记录。

（3）有传染病等公共卫生事件预防措施，建立必要防护物资储备制度。

4. 紧急情况处理

（1）工作人员根据了解到的情况，根据事先制订的应急预案指引手册准确、迅速地做应急处理。

（2）根据状况和医生取得联络，进行急救治疗或者送往附近医院进行抢救。

（3）养老机构记录急救情况下老年人的相应表现以及所采取的抢救措施，并将老年人健康档案随急救老年人一起送至就诊的医院。

二、康复服务与管理

在养老机构中针对有需求的老年人开展康复服务是机构服务不可缺少的内容。申请养老机构等级评定 3 级及以上的养老机构须提供此项服务。康复服务是以入住老年人自我康复为中心，综合应用各项措施，与养老机构其他服务相配合，改善入住老年人整体功能，恢复其生活活动能力和正常化生活。

（一）服务内容

1. 提供肢体康复服务，如功能受限关节的关节活动度的维持和强化训练，弱势肌群的肌力、肌耐力训练，体位转移训练，站立和步行训练等。

2. 提供康复护理服务，包括精神心理康复服务、临床康复护理服务。

3. 提供辅助器具适配和使用训练服务，辅助器具包括自助具、假肢、矫形器等。

4. 对于有认知障碍的老年人，根据需求开展非药物干预措施，如作业康复任务、游戏活动、怀旧活动等。

5. 提供康复咨询服务，包括康复训练的适应证、禁忌证、注意事项、方法、强度、频率和时间等。

（二）服务人员要求

1. 有 1 名及以上专职或兼职康复医师（助理执业医师及以上职称），下达康复治疗处方或康复护理医嘱。

2. 有 1 名及以上医师（助理执业医师及以上职称），下达医嘱。

3. 有 1 名及以上专职或兼职康复治疗师（康复医学治疗技术初级士及以上职称），开展临床康复治疗活动。

4. 有 1 名及以上护士提供康复护理服务。

5. 有经过康复知识技能培训的养老护理员，提供康复护理服务。

6. 服务人员熟悉机构内康复服务流程和康复设备操作规程。

（三）服务要求

1. 在提供康复服务前，对老年人进行康复功能评定，有评定结果。

2. 向老年人或相关第三方出具评定结果，并确认。

3. 根据评定结果制订相适应的康复方案／计划，康复方案／计划包括问题描述、预期目标、具体方法、执行者、预计执行时间、执行状况、备注。

4. 康复方案／计划在老年人或相关第三方认可后实施。

5. 康复过程记录与康复方案／计划一致。

6. 康复记录书写及时、完整、无空项。

7. 对老年人接受康复服务的内容、方法和效果进行评估，包括中期康复评估和末期康复评估。

8. 康复档案一人一档。

9. 有康复设备与器材安全检查、更换或淘汰措施。康复设备应在康复治疗师或机构内负责康复服务人员测试正常后签字确认，方可使用。

第五节 其他服务与管理

养老机构除了提供生活照料、医疗康复等服务之外，还可以提供委托、教育、居家上门服务等，这些服务在提高入住老年人生活质量和满意度方面发挥了不可替代的作用，体现了养老机构"以人为本"的服务理念。

一、委托服务

养老机构的委托服务包括代管物品、代领物品、代缴各种费用、代购、代办、陪同出行、协助交通等服务。原则上养老机构不受理寄存及管理个人财物，包括现金、银行卡的信用凭据等，入住老年人如向养老机构提出委托，或被确认没有足够的判断能力，在得到送养人许可，办理书面委托手续后，养老机构可以进行委托服务，并定期提交财物报告。

（一）服务人员要求

1. 机构指定专人或由养老护理员提供服务。

2. 服务人员熟悉机构内委托服务流程及要求。

（二）服务要求

1. 按照老年人需要，提供代管物品服务，并有记录。物品种类、数量、对应价值应记录准确，注明代管期限（或按照老年人要求随时结束代管），由老年人或相关第三方核实、签字。老年人需要时可随时查看其托管的物品，代管期间出现物品损坏、遗失等情况，机构照价赔偿。

2. 按照老年人需要，提供代领、代缴、代购、代办等服务，并有记录。物品种类、数量或事项应记录准确，当面清点钱物，并由老年人或相关第三方核实、签字。

3. 协助老年人或按照老年人需求代为网络购物、代为转账时，应经老年人或相关第三方确认，并提醒老年人潜在的风险。

4. 在提供委托服务过程中获得的有关老年人及老年人家庭等信息，应严格保密，不得外泄。

5. 服务人员陪同出行时，应密切关注老年人的身体情况，防止意外发生。

6. 为老年人安排出行交通时，应使用机构自有车辆或与正规租车服务商合作。

7. 为老年人提供遗嘱公证服务时，应对接专业法律组织。

二、教育服务

教育服务是指养老机构为老年人开展老年教育活动,申请养老机构等级评定 4 级及以上的机构须提供此项服务。

（一）服务人员要求

1. 由专业人员组织实施活动。

2. 志愿者作为讲师,参与到力所能及的教育活动。

3. 服务人员熟悉机构内教育服务流程,以及教学目标和方案。

（二）服务要求

1. 设立老年大学,有系统的课程安排,或者能够便利参与周边老年大学学习点,且每季度或半年至少举办 1 次老年课堂或各类知识讲座。

2. 在开展教育活动前,评估老年人服务需求,并有记录。

3. 有教学计划、教案教材、教师名单、学员花名册。

4. 有独立的场地,有专门的教学设备且教学设备能正常使用,或者有与其他服务共用的场地,有基本设备且基本设备能正常使用。

5. 教育内容丰富,包括安全知识、思想道德、科学文化、心理健康、法律法规、消费理财、闲暇生活、代际沟通、生命尊严等。

6. 能够提供多种学习形式供老年人选择,如网上学习、游学、志愿服务等。

7. 有视频、照片、文字等服务记录。

三、居家上门服务

居家上门服务是指养老机构为社区养老服务组织或老年人家属提供专业支持,如人员技能培训、家庭照顾者培训、外派社会工作者到社区开展活动、为社区和家庭提供适老化改造咨询服务、承接社区老年人社会工作项目等,直接上门提供服务或对社区老年人开放均可。申请养老机构等级评定 5 级的机构须提供此项服务。

（一）服务人员要求

1. 由养老护理员等专业人员提供,专业技术人员持有相关资格证书。

2. 服务人员经机构培训,熟悉本机构的居家上门服务流程。

（二）服务要求

1. 有居家上门服务的须知介绍,包括服务范围、内容、时间、地点、人员、收费标准等。

2. 应根据服务对象的服务需求对老年人身体能力状况进行评估,评估内容参照须知介绍。

3. 应根据服务对象的服务需求对老年人家庭环境进行评估,有评估结果。

4. 依据服务对象的评估结果、服务需求确定服务项目和内容,并制订服务计划。服务计划至少包括以下内容:

1）服务内容、服务方式、服务时间和服务频次。

2）服务流程及规范。

3）服务人员配置、设施设备及工具。

4）其他注意事项及特殊情况处理。

5. 提供上述服务时,应符合各项服务要求,并有服务记录,服务完成后由老年人或相关第三方确认（签字或电子签名等方式）。

6. 建立居家服务老年人档案,档案应包括但不限于服务对象基础信息、健康信息、需求信息和服务信息。

7. 有居家上门服务人员管理办法。

8. 设有居家养老服务平台（APP、微信小程序或网站）供老年人网络下单或提供电话下单服务。

9. 年度服务量超过 1 000~5 000 人次。

（赵志鑫　李　瑜）

综合思考题

1. 如何为老年人提供满意的养老护理服务？
2. 如何为老年人提供满意的膳食服务？
3. 如何在养老机构进行有效的传染病防控？

第六章 | 养老机构的安全与风险管理

06章
第六章
数字内容

📋 **学习目标**

1. 掌握：养老机构安全管理体系的构成、常见安全问题种类及产生原因；伤害事件防范与应急处理要点。
2. 熟悉：养老机构安全防范设备的配置、设备设施安全要求和相关安全管理要求；突发事件防范与处理。
3. 了解：自然灾害的处理要点。
4. 能够发现安全管理中存在的问题，对意外事件进行防范和处理。
5. 具有"以人为本"的服务理念，以及质量管理意识和安全风险管理意识。

导入情境

张爷爷，85岁，入住某养老院2年余。近1个月，张爷爷的认知水平有所下降，下午出现反复徘徊，护理员劝说无效。1天前傍晚，张爷爷趁工作人员换班之际，自行离开养老机构走失，后发现在院外摔倒，送至医院后诊断为右腿骨折。相关人员通知家属后，家属质疑养老院管理存在问题。

工作任务：
1. 分析该养老院的安全管理中存在的问题。
2. 对养老机构安全管理进行改进，正确处理本次事故并防范安全事故的发生。

养老机构的安全贯穿于养老服务活动的各个环节。作为运营与管理人员，了解养老机构的常见安全问题，具备安全责任意识，掌握安全管理的防范措施及处理方法，建立健全安全防范制度，配备安全防护设备，全面开展安全管理是非常必要的。

第一节　养老机构的安全管理

安全管理是以安全为目的，履行有关安全工作的方针、决策、计划、组织、指挥、协调、控制等职能，合理有效地使用人力、财力、物力、时间和信息，为达到预定的安全防范而进行的各种活动的总和，其对象是人、物、环境的状态管理与控制，是一种动态的管理。《养老机构安全管理》（MZ/T 032—2012）规定了养老机构的安全管理体系、设备设施安全、食品安全、消防安全、医疗护理安全、人身安全、财产安全、信息安全、突发事件应急管理和安全教育与培训的要求。

一、安全管理体系

安全管理体系包括软件和硬件两方面。软件包括思想、制度、教育、组织、管理;硬件包括安全投入、设备、设备技术、运行维护等。根据《养老机构安全管理》(MZ/T 032—2012)规定,养老机构安全管理体系包括安全管理部门及职责、安全管理人员要求及职责、安全管理制度、报告等内容。

(一)安全管理部门及职责

养老机构应依法建立安全管理部门,安全管理部门由安全责任人、安全管理人员、相关部门和具体实施安全工作的专(兼)职人员组成,逐级负责本机构的安全管理工作。养老机构的安全责任人应是机构法定代表人或主要负责人。

(二)安全管理人员要求及职责

1. 安全管理人员要求

(1)应按照机构总人数及服务内容配置相适应的专(兼)职安全管理人员。如300人以下(服务对象和工作人员总数)应至少配备2名专(兼)职安全管理人员(包括但不限于消防安全管理人员),300人以上应至少配备5名专(兼)职安全管理人员。每班至少有2名持证消防安全员在消防控制室在岗。

(2)安全管理相关工作人员应熟悉国家和地方安全管理相关法律法规及技术规范,并取得相关部门认可的资格证书,持证上岗,具备必要的组织协调能力和突发事件应变处置能力。

2. 各级安全管理人员职责

(1)安全责任人职责

1)全面负责本机构的安全工作,依法开展安全管理工作。

2)建立安全管理部门和组织(含义务消防组织)。

3)审查批准安全制度、组织制定并实施安全事故应急预案。

4)定期研究、督导安全问题。

5)及时、如实向上级主管部门报告安全事故。

(2)安全管理人员职责

1)负责本机构主管范围内的安全工作。

2)负责制定安全管理制度和年度安全工作计划,组织实施日常安全管理工作。

3)督促、落实隐患整改工作。

4)定期向安全责任人报告安全工作情况,及时报告涉及安全的重大问题。

(三)安全管理制度

养老机构应遵守国家法律法规要求,建立健全各项安全管理制度。安全管理制度应明确相关部门及人员的职责、权限、工作内容、工作流程及要求,建立健全岗位操作规范。安全管理制度主要包括:

1. 安全责任制度 包括法人或主要负责人、各级负责人、职能部门、专业技术人员、工勤人员等在工作过程中对安全层层负责的制度。

 知识链接

某养老机构防控疫情安全责任书

为了有效预防、及时控制和消除传染病等突发公共卫生事件的危害,保障机构入住长者和员工的身体健康与生命安全,维护正常的经营秩序,根据《中华人民共和国传染病防治法》和《突发公共卫生事件应急条例》等有关法律的相关规定,结合本院的工作实际,责令相关负责人签订防控疫情安全责任书。

1. 机构院长为传染病防控第一责任人;护理部主任为传染病防控第二责任人。

2. 准确掌握长者及长者家属的姓名、地址和通信方式,并登记造册,一旦发生疾病能在第一时间找到患者和与患者密切接触者。

3. 严格执行四项制度

（1）晨检、午检制度（疾病流行期必须进行午检），并做好晨检、午检记录。

（2）因病因事请假的长者登记和追踪制度。

（3）通风消毒隔离制度。

（4）严格执行传染病疫情报告制度。疫情报告人须依法履行职责，一旦发现传染病病人或疑似传染病病人，要及时把疫情上报给机构院办领导及上级公司领导，对疫情不得迟报、谎报、瞒报、漏报，如因疫情报告人玩忽职守造成机构内传染病传播流行，将追究相应责任。

4. 组织人员按要求开展机构消毒工作。

5. 机构的有关防病信息，除按正常渠道外，不得擅自在长者、长者家属和外界发布，注意正确宣传，防止造成恐慌，以维护机构稳定。任何个人不得自行散布疫情，否则将追究责任，并与绩效考核挂钩。

6. 本责任书一式两份，机构留存一份，各部门留存一份，自双方签字之日起生效。

　　　　　　　　　　责任人：　　　　　　　　（签字盖章）

　　　　　　　　　　　　　　　　　　年　　月　　日

2. 安全教育制度　为确保养老机构的安全服务，提高全员的自我保护和保护老年人意识，养老机构应制订安全教育年度计划。从业人员每半年应至少接受一次岗位安全、职业安全教育，考核合格率不低于80%。

（1）接受教育与培训的人员：①安全责任人、安全管理人员，每年应接受在岗安全教育与培训；②新员工，上岗前应接受岗前安全教育与培训，并做好培训记录；③换岗、离岗6个月以上的以及采用新技术或者使用新设备的人员，均应接受岗前安全教育与培训。相关第三方、志愿者和从事维修、保养、装修等短期工作人员应接受养老机构用电、禁烟、火种使用、门禁使用、尖锐物品管理安全教育。

（2）安全教育与培训内容：①安全工作涉及的法律法规和规章制度；②本部门或岗位的安全管理制度和操作规范或规程；③设备设施、工具和劳动防护用品的使用、维护和保养知识；④安全事故的防范意识、应急措施和自救互救知识；⑤应急预案的演练；⑥法律法规规定的其他内容。

（3）教育与培训组织实施的要求：①安全责任人负责安全管理人员的教育和培训，使之全面掌握养老机构安全监测、控制、管理的理论、专业知识和技能，并能指导实际工作；②安全管理人员应组织本机构工作人员的安全教育和培训，使之掌握安全知识和相关安全技能；应对老年人进行重点安全问题预防知识教育；③可采取多种形式进行安全教育和培训；④应对教育和培训效果进行检查和考核。

3. 安全操作规范或规程　为保证养老机构相关工作能够安全、有效、稳定运行，养老机构制订的程序或步骤，相关人员在操作设备或提供服务时必须遵循。如护理员安全操作规程、电力安全操作规程、消防安全操作规程、特种设备安全操作规程等。

4. 安全检查制度　包括国家有关部门和养老机构自身定期和不定期的检查制度，主要检查养老机构安全管理和执行安全法规情况。

5. 事故处理与报告制度　是指为保证安全生产，及时了解和掌握事故发生的原因、规律，采取有效措施控制和排除事故而制定的相关制度。国家相关规定中对各类型事故的报告制度有严格的规定。

知识链接

事故报告制度

发生事故后,现场有关人员应立即直接或逐级报告企业负责人,企业应当立即组织人员抢救,并保护好现场。发生重伤以上事故,企业应当以最快的办法报告当地企业主管部门、安全生产监督部门、公安部门、工会等,最迟不超过 24 小时。报告的内容包括事故的时间、地点,伤亡者姓名、性别、年龄、伤害程度以及事故的简要经过等。企业应当根据政府安全生产监督管理等部门的要求,按月、年定期报送伤亡事故的统计报表。

6. 突发事件应急预案　养老机构针对自然灾害、事故灾难、公共卫生事件、社会安全事件等突发事件应制定应急预案,必要时结合机构实际情况制定专项突发事件应急预案。

应急预案的内容包括但不限于指导思想、组织机构、职责分工、处理原则、预案等级、处置程序和工作要求。养老机构内全体工作人员应掌握预案内容并履行应急预案规定的岗位职责,至少每半年进行一次演练。同时,养老机构应建立统一的安全突发事件监测、预警制度,完善监测、预警机制,加强对监测工作的管理和监督,保证监测质量。

7. 考核与奖惩制度　为保证安全管理制度的有效运行,养老机构应根据安全管理要求,制定相关的考核和奖惩制度。

（四）报告

养老机构发生意外或可能引发意外的过失行为后,应按要求逐级上报。发生重大疫情,应及时向机构属地疾病预防控制机构报告。报告程序应符合下列要求:

1. 发现设施、服务过程或服务对象存在安全隐患,工作人员应向安全管理人员报告,安全管理人员应及时组织力量采取积极的措施消除隐患,并向上级报告。

2. 发生安全事故后,工作人员应立即向安全管理人员报告,并进行事故详细记录;安全管理人员应迅速向安全责任人报告;安全责任人应按照有关规定及时向上级主管部门和相关行政主管部门报告。

二、设备设施安全管理

（一）消防安全管理

1. 建筑消防要求

（1）养老机构建筑防火设计、内部装修设计及使用材料的燃烧性能等级,应符合国家相关法规和标准的规定。

（2）在正式投入使用之前,应通过公安消防机关的消防验收。

2. 消防设备设施要求

（1）应按照《建筑设计防火规范》设置火灾自动报警系统、自动灭火系统或室内外消火栓系统及防排烟设施,并按照《建筑灭火器配置设计规范》配置相应的灭火器材。

（2）任何部门、个人不应损坏、挪用或者擅自拆除、停用消防设施、器材,不应埋压、圈占、遮挡消火栓或者占用防火间距,不得占用、堵塞、封闭疏散通道、安全出口、消防车通道。人员密集场所的门窗不应设置影响逃生和灭火救援的障碍物。

（3）养老机构设置的消防安全标志牌及照明灯具等应符合国家相关规定,并定期检查与维修,至少半年检查一次,发现问题应及时修整、更换或重新设置。

3. 消防安全管理要求

（1）消防设施设备完好有效。

（2）设置可燃气体报警装置,燃气、电器使用正确,及时检查维护,并有操作、维护记录。

（3）消防设施每年至少进行一次专业检测,将检查文件副本保存在行政管理文档中,并做好维护保养,且有完整的记录。

（4）每月至少组织一次防火检查，及时消除火灾隐患，有隐患整改闭环管理记录。

（5）每日防火巡查，夜间防火巡查不少于两次，有记录。

（6）有消防演练、应急疏散和灭火预案。

（7）每半年至少开展一次消防演练。

（二）电气安全

1. 用电产品选择

（1）养老机构应正确选用各类用电产品的规格型号、容量和保护方式（如过载保护等），不应擅自更改用电产品的结构、原有配置的电气线路以及保护装置的整定值和保护元件的规格等。

（2）选择用电产品应确认其符合产品使用说明书规定的环境要求和使用条件，并根据产品使用说明书的描述，了解使用时可能出现的危险及需采取的预防措施。

2. 电器线路、电气设备的安装　安装应由专业人员实施，安装完成后，依法进行检测。用电产品的安装、使用及维修应符合《用电安全导则》（GB/T 13869—2017）相关规定。

（三）燃气安全

1. 燃气安全的管理应符合国家相关法规和标准的要求，使用燃气设备及场所应设可燃气体报警装置。

2. 养老机构不应私自拆、移、改动燃气表、灶、管道等燃气设施，不应私自安装燃气热水器、取暖器和其他燃气器具。

3. 养老机构选择使用的燃气灶、热水器和壁挂炉等燃气器具应经有资质的检验机构检验合格，并根据产品使用说明书了解产品使用时可能出现的危险及需采取的预防措施。

（四）特种设备安全

特种设备是指对涉及生命安全、危险性较大的锅炉、压力容器（含气瓶）、压力管道、电梯等。养老机构特种设备管理要求包括以下内容：

1. 登记　特种设备在投入使用前或者投入使用后 30 天内，养老机构应在特种设备安全监督管理部门登记。登记标志应置于或者附着于该特种设备的显著位置。

2. 操作人员　特种设备操作人员需持证上岗。

3. 维护保养　养老机构应对在用特种设备进行经常性日常维护保养，并定期自行检查。应至少每月进行 1 次自行检查，并做记录。在自行检查和进行日常维护保养时发现异常情况，应及时处理。电梯维护单位应至少每 15 天对养老机构在用电梯进行 1 次清洁、润滑、调整和检查，并做记录。

4. 定期检验　养老机构应指定机构对在用特种设备进行定期检验。在安全检验合格有效期届满前 1 个月应向特种设备检验检测机构提出定期检验要求。未经定期检验或者检验不合格的特种设备，不应继续使用。

（五）健身器材安全管理

健身器材的安全注意事项和警示标志应设置在活动区显著位置。养老机构应定期对在用健身器材进行清洁、润滑、调整、检查并维护，并做记录。发现异常情况应及时处理。

（六）建筑安全

1. 选址及规划布局　养老机构的选址和规划布局应符合国家相关法规和标准的要求。

2. 无障碍设计　养老机构应有无障碍设计，无障碍设计应符合国家相关法规和标准的要求。

3. 定期维修和保养　养老机构应对本机构建筑设施进行定期维修和保养。

（七）安全标志

1. 安全标志设置　养老机构应对存在较大危险因素的部位和有关设备、设施设置安全标志。安全标志牌的型号选用、设置高度、使用要求、颜色表征应符合国家相关标准，便于服务对象及社会公众识别。

2. 安全标志检查、修整和更换　养老机构应对安全标志牌至少每半年检查一次，如发现有破损、变形、褪色等不符合要求的情况应及时修整或更换。

3. 消防安全标志　养老机构中的消防安全标志及设置原则、设置要求应符合国家相关标准。

4. 应急设备安全标志　养老机构中的应急设备安全标志与设置应符合国家相关标准。对在紧急情况下使用的通信设备（这种通信设备应设在每个呼叫点和电话机所在位置）应使用安全标志醒目地标示，对设备的背景区域应标记或照亮。

5. 疏导标志　养老机构的安全出口、疏散走道和楼梯口应设置灯光疏散指示标志，疏散指示标志应设在安全门顶部或疏散走道及其转角处距地面高度 1m 以下的墙面上，且疏散指示标志的间距不应大于 20m。同时在疏散走道的地面应设置蓄光型疏散导流标志，并保证疏散导流标志视觉连续。在走廊通道墙面明显处设置疏散路线示意图，灯光疏散指示标志和疏散路线示意图见图 6-1。

6. 警示标志　安全玻璃门、玻璃墙应有警示标志并设置在显著位置。

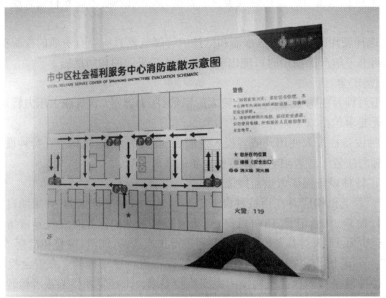

上：灯光疏散指示标志；下：疏散路线示意图。

图 6-1　养老机构部分安全标志

（八）监控设备及其他公共安全系统要求

1. 监控设备要求　养老机构应设置监控设备（图 6-2），做到重点公共区域全覆盖。具体要求为：

（1）建筑内以及室外活动场所（地）应设视频安防监控系统。

（2）各出入口、走廊、单元起居厅、餐厅、文娱与健身用房、各楼层的电梯厅、楼梯间、电梯轿厢等场所应安装安全监控设施。

（3）设置监控系统的养老机构应有监控系统控制室，并应有专（兼）职人员 24 小时值班；值班人员应坚守岗位，做好运行和值班记录，执行交接班制度。控制室的入口处应设置明显标志。

2. 其他公共安全系统

（1）报警装置：建筑首层宜设入侵报警装置。

（2）紧急呼叫装置：老年人居室、单元起居室、餐厅、卫生间、浴室、盥洗室、文娱与健身用房、康复与医疗用房均应设紧急呼叫装置，且应保障老年人方便触及。紧急呼叫信号应能传输至相应护理站或值班室。呼叫信号装置应使用 50V 及以下安全特低电压。

（3）门禁系统：失智老年人的照料单元宜设门禁系统。

安全监控设施

监控系统控制室

紧急呼叫装置

门禁系统

图 6-2　养老机构安全监控系统

三、其他安全要求

养老机构安全管理还包括食品安全、医疗护理安全、人身安全、财产安全和信息安全等的管理。

（一）食品安全要求

养老机构应遵守国家食品安全相关法律法规和食品安全标准的要求，建立健全食品安全管理制度，采取有效的管理措施，保证食品安全。

（二）医疗护理安全要求

养老机构内设的医疗机构应遵守国家医疗安全相关法律法规要求，依照卫生部门的规定，建立相应的医疗护理安全管理制度，对护理照料、医疗等重点安全问题进行监控，如制订护理操作规程，签订护理安全责任书、疫情防控安全责任书等。养老机构内设的医疗机构应接受卫生部门定期的监督检查。

（三）人身安全要求

养老机构应遵守国家相关法律法规要求，建立相应的人身安全管理制度。对故意伤害、走失、交通安全等重点安全问题进行监控。养老机构应对生活照料、日常管理、服务活动中涉及的有关人身安全问题进行安全评价，并实施有效监控和防范。

（四）财产安全要求

养老机构应遵守国家相关法律法规要求，建立相应的财产安全管理制度，对偷窃等重点安全问题进行有效监控和防范。

（五）信息安全要求

1. 建立信息管理制度　养老机构应建立各类信息、档案资料保管制度。

2. 坚持保密原则　应严守国家保密法和保密守则,不泄密,不外泄个人隐私。

3. 信息收集要求　信息应包括机构内部形成和采集的文字信息(包括老年人健康档案、管理工作档案等)、图片信息、影像信息等。收集的信息应符合真实性、准确性、全面性、时效性的原则。

4. 信息管理要求　有专(兼)职人员负责信息管理,各类信息经过筛选和整理后,应当分类保存。重要的照片、影像等信息资料应采用适当的媒介保存。

5. 信息利用　养老机构的管理、服务活动应有效地利用相关信息,将信息作为工作的参考依据。

 知识链接

某养老机构安全工作机制

一、消防安全日检查、月排查机制

1. 综合行政部,责令维修岗每日巡查经营场所 2 次,上下午各 1 次。综合行政部管理岗自巡查 3 次,上下午和晚间各巡查 1 次。门卫安保岗巡查 2 次。

维修岗巡查时间:9:00—9:30;15:00—15:30

管理岗巡查时间:10:00—10:30;13:00—13:30;17:00—17:30

门卫岗巡查时间:7:00—7:30;20:00—20:30

2. 综合行政部每月 25~30 号组织全院重点用电部位及大型用电设备、消防设施设备全面检查、排查,发现隐患或损坏,立即维修处置完善。

3. 院长办每月进行 1~2 次不定期检查;发现未按规定执行的或未及时维修处置的,给予相应处罚。

二、食品安全日检查、周抽查机制

1. 餐饮组负责人每日自查食材仓库、粗加工间、操作间、熟食间、洗消间卫生情况是否合格,综合行政部每周抽查一次,对于卫生不合格的给予处罚。

2. 餐饮组负责人每日负责紫外线灯开启和关闭,进行空气消毒;餐饮组负责每日将餐具、炊具、容器进行蒸汽消毒,综合行政部检查未按规定执行,给予相应处罚。

3. 餐饮组负责每周一次食堂区域范围大扫除,综合行政部检查未按规定执行,给予相应处罚。

4. 餐饮组负责人负责食材加工卫生把关,洗净、烧熟、煮透供应给全院食用,杜绝食品卫生不合格导致的腹泻发生,经查如有此类情况,综合行政部给予餐饮组相应处罚;院长办对综合行政部管理层进行连带责任处罚。

三、护理安全周评估、周培训机制

1. 健康照料部负责每周对入住的老年人进行一次意外风险评估,评估后将有意外风险的老年人情况告知护理组,并指导护理组人员在日常护理中应如何防范风险。

2. 健康照料部每周组织护理知识和技能培训会,不低于 2 小时,每月将培训的内容形成考卷,进行考试,考试成绩与护理组个人绩效工资挂钩。

第二节　养老机构安全问题的防范及应急处理

由于养老机构设施设备多,人员密度大,老年人反应速度慢,自理能力较差,一旦发生火灾、传染病、老年人走失等安全问题,不仅可能会对老年人造成伤害,也可能会引发矛盾和纠纷。

一、养老机构常见的安全问题

养老机构常见的安全问题可以分为自然灾害、社会安全事故、医疗事故和伤害事故等。

1. 自然灾害　主要包括气象灾害、洪水、地震、泥石流、海啸等。

2. 社会安全事故　主要包括火灾、重大交通事故、暴力侵害、抢劫等。

3. 医疗事故　在提供医疗服务的过程中,可能发生的事故有错误用药、错误诊断或治疗、药物过敏反应等。

4. 伤害事故　有骨折、走失、摔伤、烫伤、自杀、自伤、他伤、噎食、猝死九类,其中最为普遍的意外伤害事故是骨折。此外,老年人与员工之间的冲突,违背老年人权利的行为也可能导致事故,引发纠纷。本节主要介绍意外伤害事故的防范与应急处理。

二、养老机构意外伤害事故

养老机构意外伤害事故具有发生频率高、种类多样、事故责任难以认定等特征。

（一）意外伤害事故构成要素

1. 受害方必须是在养老机构的老年人。

2. 必须有导致养老年人伤害事故的行为。

3. 导致伤害结果的原因可能是管理人员或护理人员的行为,也可能是老年人自身的行为及其他老年人的行为。

4. 必须有伤害结果发生,导致伤、残甚至死亡,也包括精神上的伤害。

5. 伤害行为或结果必须发生在养老机构对老年人负有管理、护理等职责期间和地域范围内。

（二）产生原因

养老机构意外事故产生的原因包括入住老年人自身因素和养老机构的内在因素。

1. 入住老年人自身因素

（1）生理因素:老年人的生理功能如视力、听力、嗅觉、皮肤感知能力降低,体力、耐力、平衡能力、反应力减退,使得老年人规避风险的能力显著降低,易引发意外事故。

（2）疾病因素:疾病加速了老年人生理功能的下降,且老年人患病临床表现不典型、同患多种疾病或合并症出现、服用多种药物等多种因素,增加了医疗事故发生的概率。如患有糖尿病的老年人突发低血糖昏厥,患有高血压的老年人体位突然改变而引发体位性低血压,造成老年人摔倒并引发骨折、脑卒中等。

（3）心理因素:老年人由于生理功能衰退、罹患疾病,会产生孤独、自卑等情绪。加之入住养老机构后,远离社会和家庭,心理可能会更加脆弱。此外,家庭矛盾等也常常触发老年人意外事故的发生。因此,对入住老年人要多留心观察、多陪伴呵护、多提醒搀扶,以防意外发生。

2. 养老机构的内在因素

（1）硬件设施因素:养老机构建设设计不合理,无障碍设施等硬件配套不完善、不规范,给入住老年人留下安全隐患。如地面没有经过防滑处理,浴室卫生间等缺少安全监护设备和应急呼叫设备,不安全的地方没有安全措施和警示标志等。

（2）工作人员因素:工作人员没有经过专业培训,或者安全防范意识不强,会增加意外事件发生的概率。如未为失能老年人拉上床挡,未能及时将地面积水擦干,造成老年人出现伤害事件。

（3）管理因素:包括安全管理制度不健全、服务不规范、应急预案不完善、意外风险预警缺失等,不仅易发生意外事件,也会引发纠纷。如食堂外包后,对食堂的监管不严,导致老年人进食后出现腹泻。

三、意外伤害事故的防范与应急处理

养老机构发生意外伤害事故后,如果未能妥善处理,易引起纠纷。因此,意外伤害事故的防范和应急处理非常重要。

（一）意外伤害事故的防范与应急处理原则

1. 以人文本　在预防和应急处理意外伤害事故时,不仅要把保护老年人的安全放在首位,还需尊重老年人,保护老年人的隐私。

2. 预防为主　在养老机构中应建立和完善安全监测预警机制,定期进行风险评估,提高员工安全防范意识,积极预防意外伤害事故的发生。

3. 科学、快速、规范应对　养老机构要加强现代科技在意外事件监测、预警、决策和施行时的应用,在意外事件发生的第一时间迅速反应,及时处理;在意外伤害发生时,应依据国家的相关法律法规和制度,规范处理。

4. 重视沟通协调　在应急处理时,应积极与老年人及其家属、相关部门、媒体等沟通协调,积极配合,争取取得最佳应对效果。

（二）意外伤害事故的防范

尽管造成入住老年人意外伤害事故的原因是多方面的,但是多数意外伤害事故是可以预防和避免的,因此,要建立和不断优化意外伤害事故的防范机制,具体包括以下内容:

1. 严格执行相关的规定和标准　新建、改建和扩建中严格执行养老机构的设计和施工规定及标准,充分考虑老年人的生理特点及对设施、设备和场地的特殊要求,并且定期检查,以便及时发现问题,消除隐患。如安装监控设备,给老年人配备呼救系统,消防通道、门卫、财务部安装报警系统,有燃气设备的房间安装有害气体报警器,配备自动灭火系统,安装电子门锁系统,防止老年人走失。

2. 建立健全事故预防机制

（1）健全养老机构的岗位职责、服务规范和流程、操作标准、登记报告以及各项管理制度,明确责任,定期检查,确保各类安全措施的落实。

（2）加强安全教育、法律法规及业务的培训,增强全员的法律意识、安全意识和自我保护意识,针对发现的安全隐患,认真分析原因,总结经验和教训。

（3）加强工作流程的管理,规范书写记录。

（4）对经常发生的伤害事故制订应对措施,建立事故应急处理预案并进行演练,确保措施简单易行、实用有效。

（5）强化与社会、老年人及其亲属的宣传、沟通。尽量制订详细合理的协议书,针对老年人及其家庭的个案情况制订相应的补充条款,以减少纠纷的发生。对老年人在养老机构内极易发生的伤害事故应先告知,耐心解释。在服务过程中,对老年人的情况多与亲属沟通,以得到理解和体谅。

（三）意外伤害事故的处理

1. 处理程序　一旦发生老年人伤害事故要采取积极的处置措施,妥善处理,防止矛盾激化。主要程序如下:

（1）应急处理:立即启动应急预案。当事人立刻向负责人、主管部门和院领导报告,并派人与家属联系,并立即组织抢救。情况严重的第一时间向民政及有关部门报告。

（2）物证保管:病历、健康档案及护理记录是医疗及护理过程中最原始、客观、真实的材料,应妥善保管,或移送指定部门封存保管。亲属如需复制病历、健康档案、护理记录等相关资料,应按照正规程序办理复印手续。在发生意外事故纠纷之前,正常补记抢救及护理记录不属涂改范围。当发生意外事故纠纷之后,不能再修改原有记录。如发现原记录有差错或笔误,可根据情况在一定场合说明。注意查看老年人入住协议和补充协议。入住协议明确了老年人入住期间可能发生的意外、处理方法和相关责任,是处理意外事故纠纷的主要法律依据。为规避服务风险,对入住时间长、健康状况发生变化的老年人,养老机构应与老年人及其亲属签署补充协议。

（3）现场保护:对发生意外伤害的老年人,如有抢救希望,应立即组织现场抢救,因抢救移动老年人是合法的。若老年人无救治的可能,暂时不应移动,必要时通过公安部门勘查现场。如条件允许应尽量让亲属目睹现场和老年人遗体,由有关人员做好现场整理和记录后,将遗体移送殡仪馆保存。对引起事故的物品、残留物等要留样备查。

（4）调查：及时成立事件调查小组，确定专人组织调查，不擅自为事故定性，并写出事故报告；养老机构应将事故调查处理的结果书面报告地方民政部门。

（5）稳定：做好事故后稳定和秩序维护工作。养老机构工作人员必须坚守各自岗位，未经允许，不得擅自发布相关信息；注意稳定老年人情绪。

（6）整改：认真分析事故发生的原因、责任以及所产生的后果，对照目前养老机构的基本情况，进行必要的整改，避免类似事件再次发生。召开老年人以及相关人员会议，通报事件经过，并进行安全再教育。

某养老机构食物中毒应急处理流程见图6-3。

2. 家属与媒体接待

（1）家属来访与接待工作：事故发生后，养老机构要牢固树立服务思想，依法应对，冷静、耐心地与老年人家属妥善沟通，不要相互埋怨，避免受害人家属发生过激行为。同时，要以科学的态度，及时认真地做好事故调查与调节工作。

（2）处理与媒体的关系：派专人接待新闻记者，对其介入持积极肯定的态度，做到实事求是，出言谨慎，坦诚地与新闻媒体沟通，避免不实报道。

3. 依法维权

（1）依法进行责任认定：养老机构要依法对伤害事故的责任进行认定，分别明确养老机构的责任、老年人发生伤害事故的责任以及第三方的责任。养老机构是否承担赔偿责任，主要看其是否有过错。如果确认养老机构由于自身过错而必须承担法律责任，养老机构应正确对待，不能逃避责任。如果养老机构已履行了相应职责，行为并无不当，则不应该承担法律责任。

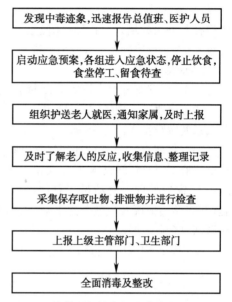

图6-3　某养老机构食物中毒应急处理流程

在养老机构管理职责范围外发生的或者其他意外因素造成的伤害事故，养老机构不应承担责任，包括以下情况：①不可抗力造成的，如地震、雷击、台风、洪水等；②来自养老机构外部的突发性、偶发性侵害造成的；③老年人有特异体质、特定疾病或者异常心理状态，养老机构不知道或者难以知道的；④老年人入院时隐瞒特定疾病的；⑤老年人的身体状况、行为、情绪等有异常情况，养老机构已经告知其亲属的；⑥老年人的亲属在接送老年人途中发生意外伤害的；⑦老年人自行外出发生意外伤害的；等等。入住老年人之间发生的伤害，需根据具体情况进行认定。

（2）依法进行赔偿：需要养老机构承担责任的事故，养老机构依法进行赔偿。赔偿时应注意以下问题：

1）赔偿费用应是法定范围之内的、必要的、合理的。与救治伤害事故无关或其他不合理的费用，养老机构有权拒赔。

2）在赔偿处理中，受害人可能会提出一些无法律依据或不合情理的要求，此时应综合考虑养老机构的性质及可能带来的社会影响。

四、其他突发事件的应对

自然灾害是不可抗力，其他如火灾等突发事件应从完善硬件条件、建立防范机制以及增强自我救护技术和能力等方面加强预防。应急处理主要包括以下几个方面：

1. 建立完善的应急工作领导组织　包括领导小组和各工作组。领导小组负责召开突发事件应急工作领导小组会议，传达上级相关文件与会议精神，部署、检查落实相关安全事宜，同时负责各具体负责组织对紧急预案的落实情况，做好准备；自然灾害等突发事件发生时，负责领导协调、报告、监控工作。工作组包括通信联络组、行动组、抢救组、紧急疏散组，分别具体负责通信联络、组织救灾、抢救伤员、疏散人员等工作。各工作组按照领导小组的指挥相互配合，妥善做好防灾工作。各组职责如下：

（1）通信联络组：①负责立即电话报告院灾害应急工作组和上级相关部门，以快速得到指示；②广播告知全体在院人员，抢险救灾。

（2）行动组：①负责设施完善和用具准备；②负责检查全院各办公室、宿舍、厨房、活动室、医务室等地的用电、用火安全；③灾害发生后，立即参加救火救灾工作。

（3）抢救组：①负责做好及时将伤员送往医院的准备工作；②负责火险发生时受伤人员及救火人员伤痛的紧急处理和救护。

（4）紧急疏散组：①负责制订紧急疏散方案，明确逃生途径与办法指导；②负责人员紧急疏散中的安全；③负责逃生途径与办法的培训与指导；④发生紧急情况时及时告知老年人；⑤负责协助老年人疏散与逃生。

2. 应急处理

（1）应立即通知相关主管部门，并根据已知情况协调组织。

（2）迅速进入现场，奋力抢救各类人员和财产，并对老年人亲属做好安抚。

（3）将调查结果、损失情况和处理情况实事求是地提供给政府部门及新闻媒体，控制舆论走向。

3. 灾后处理　发动员工总结经验教训，完善相关措施，并将落实情况及成效公之于众，求得各方理解与支持，逐渐恢复企业的形象。

某养老机构台风和雷雨天气处理流程见图6-4。

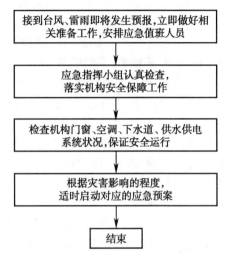

图6-4　养老机构台风和雷雨天气处理流程

五、突发事件的公众与媒体应对

突发事件根据特点可以分为事故性事件和公众误解事件。

（一）事故性事件

由于自身的失职、失误，或者管理工作中出现问题，或者服务质量上出现问题，会使养老机构形象受到严重破坏，此类事件的处理要点如下：

1. 立即反应　养老机构应组织人员，立即采取善后措施，防止事态扩大；尽量减少公众损失，提出合理的赔偿方案。

2. 主动及时沟通与宣传　派专人负责与公众和媒体沟通，及时向公众及新闻界披露实情，公开致歉，适当宣传，把事态的发展情况、改进措施、对公众的承诺和服务等内容，通过适当的媒介、传播方式公之于众，以期迅速获得公众的谅解、宽容。

3. 认真整改与员工教育　事件发生后，应切实做好改进工作，借此向全体员工进行教育，避免今后再度出现类似的问题和差错。

（二）公众误解事件

养老机构的服务和管理均没有任何问题，也未损害公众利益，但由于不利的社会舆论导向、社会流言、新闻工作者的误报、竞争对手的误导甚至造谣破坏等种种原因，造成养老机构被公众误解。出现此类事件后，应及时采取以下措施：

1. 迅速调查　调查此类事件发生的原因、误解性信息的传播范围、公众对误解性信息的相信程度、误解性信息已造成的不良影响以及潜在的影响等。

2. 主动宣传　策划公共关系传播作品、宣传活动，巧妙地澄清事实，消除误解性舆论的不良影响。如果是因造谣破坏而产生误解性危机事件，可以考虑借助法律武器来维护自己的形象和利益。

3. 强化沟通　出现公众误解事件，说明平时与公众沟通不够，导致公众的不信任和不了解。应加强公共关系宣传工作，强化与公众之间的沟通与信任机制。

知识链接

某企业公关危机处理工作方案

一、危机准备方案

1. 对危机持一种正确、积极的态度。

2. 使企业的行为与公众的期望保持一致。

3. 通过一系列对社会负责的行为来建立企业的信誉。

4. 时刻准备把握危机中的机遇。

5. 组建一个危机管理小组。

6. 对企业潜在的危机形态进行分类。

7. 制订预防危机的方针、对策。

8. 为处理每一项潜在的危机制订具体的战略和战术。

9. 组建危机控制和险情审核小组。

10. 确定可能受到危机影响的公众。

11. 为最大限度减少危机对企业声誉的破坏性影响,建立有效的传播沟通渠道。

12. 在制订危机应急计划时,多倾听外部专家的意见。

13. 写出书面方案。

14. 对有关方案计划进行不断的试验性演习。

15. 为确保处理危机时有一批训练有素的专业人员,平时应对他们进行专门培训。

二、危机传播方案

1. 时刻准备在危机发生时将公众利益置于首位。

2. 掌握对外报道的主动权,以企业为第一消息发布源,如对外宣布发生了什么危机,公司正采取什么补救措施,等等。

3. 确定信息传播所需要的媒介,如名称、地址及联系电话等。

4. 确定信息传播所需针对的其他重要的外部公众。

5. 准备好企业的背景材料,并不断根据最新情况予以充实。

6. 建立新闻办公室,作为新闻发布会和媒介获取最新材料的场所。

7. 在危机期间为新闻记者准备好通信所需设备。

8. 设立危机新闻中心以接受媒体电话询问,若有必要,一天 24 小时开通。

9. 确保企业有足够的训练有素的人员来应对媒介及其他外部公众打来的电话。

10. 应有一名高级公关代表参加企业危机管理小组,该小组须在危机控制中心工作。

11. 如有可能,在危机控制中心附近安排一间安静的办公室,以确保危机管理小组的负责人和新闻撰稿人在里面有效地工作。

12. 准备一份应急新闻稿,留出空白,以便危机发生时可直接充实并发出。

13. 确保危机期间企业的电话总机人员能知道可能是谁打来的电话,应接通至何部门。

三、危机处理方案

1. 面对危机,应考虑到最坏的可能,并及时有条不紊地采取行动。

2. 危机发生时,要以最快的速度设立"战时"办公室或危机控制中心,调配训练有素的专业人员,以实施危机控制和管理计划。

3. 新闻办公室应不断了解危机管理的进展情况。

4. 设立专线电话,以应对危机期间外部打来的大量电话,要让训练有素的人员来接专线电话。

5. 了解企业的公众,听取他们的意见,并确保企业能把握公众的抱怨情绪,可能的话,通过调查研究来验证企业的看法。

6. 设法使受到危机影响的公众站到企业的一边,帮助企业解决有关问题。

7. 邀请公正、权威性机构来帮助解决危机,以便确保社会公众对企业的信任。

8. 时刻准备应对意外情况,随时准备修改企业的计划,切勿低估危机的严重性。

9. 要善于创新,以便更好地解决危机。

10. 危机管理人员要有足够的承受能力。

11. 把情况准确地传给总部,不要夸大其词。

12. 当危机处理完毕后,应吸取教训并以此教育其他同事。

四、危机中的传播工作方案

1. 危机发生后,要尽快对外发布有关背景情况,以显示企业已有所准备,准备好消息准确的新闻稿,告诉公众发生了什么危机,并正采取什么补救措施。

2. 当人们问及发生什么危机时,只有确切了解事故的真实原因后才能对外发布消息。

3. 不要发布不准确的消息。

4. 了解更多事实后再发出新闻稿。

5. 宣布召开新闻发布会的时间,尽可能地减轻公众电话询问的压力,做好举行新闻发布会所需的各项准备工作。

6. 熟悉媒介通常的工作时间。

7. 如果新闻报道与事实不符,应及时予以指出并要求更正。

8. 要建立广泛的信息来源,与记者和当地的媒体保持良好的关系,及时通过他们对外发布最新消息。

9. 要善于利用媒体与公众进行传播沟通,以控制危机。

10. 在传播中,避免使用行业用语,要用清晰的语言告诉公众,企业关心所发生的危机,并采取行动来处理危机。

11. 确保企业在危机处理中有一系列对社会负责的行为,以增强社会对企业的信任。

（初晓艺）

 综合思考题

1. 简述如何加强养老机构的安全管理。

2. 简述养老机构常见意外事故的类型及防范措施。

第七章　养老机构的财务与后勤管理

第七章
数字内容

1. 掌握：财务预算管理流程、资金管理要求以及后勤管理方法。
2. 熟悉：养老机构财务制度和后勤管理制度的内涵。
3. 了解：养老机构财务管理的内容和流程、后勤管理特点和要求。
4. 能够运用所学财务知识，编制养老机构的财务报表。
5. 树立服务意识，关心老年人和机构的经济利益。

第一节　养老机构的财务管理

小张在某高校会计专业毕业后应聘到某民营养老机构，该养老机构设床位200张，没有财务人员，由老板自己管理账目和资金。

工作任务：

1. 着手为该养老机构开展财务管理。
2. 为该养老机构制定财务管理制度。

养老机构的财务管理是养老机构经营与管理的重要组成部分，是指养老机构根据有关财务法规制度，按照财务管理的原则，正确组织财务活动，处理财务关系中所进行的科学预测、决策、计划、控制、协调、核算、分析和考核等一系列经济活动过程中管理工作的全称。财务管理直接影响到养老机构管理的质量和效果，是养老机构可持续发展的一个关键。

一、养老机构财务管理内容和方法

根据财务管理制度和财务管理的基本要求，养老机构财务管理的主要内容包括财务预算管理、资金管理、成本管理等方面。

（一）财务预算管理

1. 财务预算管理概念　财务预算管理是指养老机构在战略目标的指导下，对未来的经营活动和相应财务结果进行充分、全面的预测和筹划，并通过对执行过程的监控，将实际完成情况与预算目标不断对照和分析，从而及时指导经营活动的改善和调整，以帮助管理者更加有效地管理和最大程度地

107

实现战略目标。养老机构财务预算主要形式为年度预算,也有中长期预算。

2. 财务预算管理流程　养老机构财务预算是由领导部门、财务部门和业务部门共同完成的。财务预算管理流程见图 7-1。

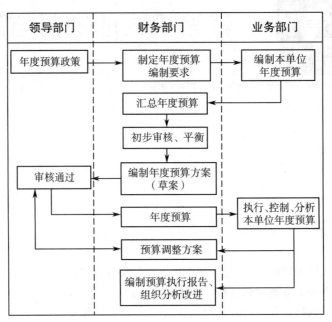

图 7-1　财务预算管理流程

3. 财务预算的编制原则　财务预算的编制过程是养老机构对未来经营活动和经营结果的安排过程。为保证财务预算的有效性,编制财务预算时,须遵循以下原则:

(1)合法性原则:养老机构财务预算编制要充分体现国家有关方针、政策,各项收入要合法合规,各项支出要遵守现行的规章制度。

(2)科学性原则:财务预算的编制要尊重科学和自然规律,首先必须要有一个清晰的成本分析,这对预算编制非常重要。另外,必须反复核算一些重要指标,如每位老年人每天的食物成本、服务小时数以及护理人工成本等。预算指标过高或过低都可能影响执行部门的积极性。

(3)综合性原则:财务预算要全面考虑,综合分析,防止遗漏、以重点代替一般。养老机构工作涉及医学相关多学科知识,财务部门要尊重医、护、养人员的意见。养老机构各个部门、岗位都是为老年人服务不可缺少的,要注意听取这些部门的意见。

(4)权责明晰原则:要强调责、权、利相协调,使养老机构的所有者、经营者、各部门及每个员工都能明确自己的权限空间,细化落实预算,从而科学地管理和可靠地执行预算,并最终带来效益的提高。

4. 编制财务预算的方法　养老机构财务预算可以根据不同的预算项目,分别采用固定预算、弹性预算、零基预算、定期预算和滚动预算等方法进行编制。

(1)固定预算:固定预算又称静态预算,是把过去的实际费用支出作为基础,考虑预算期内相关因素可能发生的变动及其影响,在过去实际费用的基础上增加或减少一定的百分比确定出的预算。此方法编制简单,容易被各部门接受。其缺点是可比性差,当实际的业务量与编制预算所依据的业务量发生较大差异时,有关预算指标的实际数与预算数就会因业务量基础不同而失去可比性。

(2)弹性预算:弹性预算是按照成本(费用)习性分类的基础上,根据量、本、利之间的依存关系,考虑到计划期间业务量可能发生的变动,编制出一套适应多种业务量的费用预算,以便分别反映在各种业务量的情况下所应支出的费用水平。在编制预算时,变动成本随业务量的变动而予以增减,固定成本则在相关的业务量范围内稳定不变。由于这种预算是随着业务量的变动做机动调整,适用面广,具有弹性,故称为弹性预算或变动预算。

(3)零基预算:或称零底预算,是指在编制预算时,对于所有的预算支出均以零点为基础,不考虑其以往情况如何,从实际需要与可能出发,研究分析各项预算费用开支是否必要合理,进行综合平衡,从而确定预算费用。零基预算的优点是不受现有条条框框限制,对一切费用都以零为出发点,这样不仅能压缩资金开支,而且能切实做到把有限的资金用在最需要的地方,从而调动各部门人员的积极性和创造性,量力而行,合理使用资金,提高效益。

（4）定期预算和滚动预算:定期预算就是以会计年度为单位编制的各类预算。滚动预算又称永续预算,其主要特点是不将预算期与会计年度挂钩,而是始终保持十二个月,每过去一个月,就根据新的情况调整和修订后几个月的预算,并在原预算基础上增补下一个月的预算,从而逐期向后滚动,连续不断地以预算形式规划未来经营活动。

5. 财务预算管理方式　由于各养老机构归属不同,经费开支渠道不同,在资金的管理方式上也应有所不同。常用的管理方式有以下几种:

（1）全额预算管理:是指单位的收入和支出全部纳入预算,机构支出全部由上级拨款,收入除预算收入外,全部上缴上级主管部门或财务部门,不实行以收抵支。

（2）差额预算管理:是指本单位的收入抵补支出后,不足部分由预算拨款,并将收支差额列入拨款预算。

（3）自收自支管理:自收自支管理是指单位收入不需上缴,其支出也不由预算拨款,而是以其收入按指定用途用于相应的支出,节余不上缴,差额不补助,自求收支平衡。这种管理方式有利于自立自强,调动职工的积极性,有利于提高单位的经济效益。

（二）资金管理

养老机构的资金管理主要包括固定资金管理、流动资金管理和专项资金管理等。

1. 固定资金管理　是对养老机构固定资产所占用及其所体现的资金的增减变化和使用效果进行的计划、控制、检查工作。固定资金是固定资产的货币表现,固定资产是固定资金的实物形态,如房屋、运输工具、医疗设备、福利设施等。固定资产的分类和计价、固定资产需要量的核定、固定资产的折旧计算和折旧计划的编制、固定资金的日常管理等,是固定资金管理的基本内容。

2. 流动资金管理　是养老机构计划、筹集、分配、使用和分析评价流动资金使用效果等工作的总称,可分为现金管理、银行管理、库存管理及其他流动资金管理等。流动资金多为养老机构人员工资和其他业务支出的消费周转资金。流动资金管理的基本要求如下:

（1）必须满足商品流转的资金需要,合理而节约地使用资金。

（2）流动资金只能用于商品流转和生产周转,不准用于基本建设和其他财政性开支,划清流动资金和固定资金及专用基金的界限。

（3）流动资金必须实行计划管理和定额管理,坚持按计划使用。

（4）流动资金使用和物资运动相结合,坚持"钱货"两清,遵守结算纪律。

（5）建立健全资金管理责任制,贯彻责、权、利相结合的原则。

3. 专项资金管理　是指对专项资金进行计划、控制、监督和考核等一系列工作的总称。专项资金又称专用资金,是指各种具有特殊来源和专门用途的资金,包括专项拨款、职工福利基金、职工奖励基金和失业发展基金等。专项资金不得互相挪用,保证有计划地专款专用。

（三）成本管理

成本管理是指养老机构通过对产品和服务成本进行分析、计算,找出较低成本的有效途径,并实施控制成本的管理。成本管理的主要内容包括:

1. 成本规划　是对成本管理战略的制订,也是对成本管理做出的规划,是成本管理工作在总体上的把握,为具体的成本管理提供战略思路和总体要求。成本规划是根据养老机构的竞争战略和所处的经济环境制订的,主要包括确定成本管理的重点,规划控制成本的战略途径,提出成本计算的精度要求,确定业绩评价的目的和标准等。

2. 成本计算　是按一定的成本对象,对生产、经营过程中所发生的成本、费用进行归集,以确定各对象的总成本和单位成本的一种专门方法。通过准确计算成本,可以掌握成本构成情况,考核成本计划的完成情况,了解生产经营活动的成果,促使企业加强核算,节约支出,提高经济效益。

3. 成本控制　是保证成本在预算估计范围内的工作。根据估算对实际成本进行检测,标记实际或潜在偏差,进行预测准备并给出保持成本与目标相符的措施。

4. 业绩评价　是指运用数理统计和运筹学的方法,通过建立综合评价指标体系,对照相应的评价标准,定量分析与定性分析相结合,对养老机构一定经营期间的盈利能力、资产质量、债务风险以及经营增长等经营业绩和努力程度等各方面进行的综合评判。

知识链接

成 本 种 类

按形态划分,成本分为固定成本、可变成本两种。固定成本是指其总额在一定时期及一定业务量范围内,不直接受业务量变动的影响而保持固定不变的成本,也称非控制成本。可变成本在核算范围内,随着业务量的变动,成本发生变化,称为可变成本。如在核算范围内,养老机构的固定折旧费用、房屋租金、广告费、职工培训费、租金成本等均为固定成本;而饮食供应、短期人工、床上用品、洗涤用品等花费均为可变成本。

（四）应收款项管理

应收款项管理对养老机构的整体经营起着很重要的作用。应收款是指客户或第三方付款人就养老机构已提供的服务相应支付的服务费用。应收款项管理主要目的是将呆账和错账的发生频率控制在最低水平,最大程度缩短应收款的周期。养老机构应收款项管理要求如下:

1. 养老机构应建立客户账单和账户管理机制,给每位客户设立一个专属账号,客户及其家人可随时在线登录账户查询,并清楚了解到账户信息,包括客户接受服务的清单以及账单明细、应付款金额以及过期时间、账户余额、押金余额、支付选项等。

2. 为了便于管理,养老机构应建立更为方便、简单、快捷的支付方式和手段,鼓励客户在线支付。养老机构要准时提醒客户支付服务费。

3. 对于出现客户延迟支付的情况,养老机构应及时了解原因,寻求妥善的解决办法,并及时对类似情况提前做出预案。为了防止应收款管理出现的问题,许多养老机构会在入住前要求客户支付至少3个月(有的甚至是一年)的费用作为入住押金,当客户离开时,押金会如数退还。

二、养老机构的财务报表管理

养老机构的财务报表是对外提供的反映养老机构财务状况和经营的一套会计报表,它反映养老机构过去一个财政时间段(主要是季度或年度)的财政表现及期末状况。它是将量化的财务数字分目表达。财务报表主要包括资产负债表、利润表和现金流量表三大报表。

（一）资产负债表

资产负债表是反映养老机构在某一特定日期(年末、季末或月末)的资产、负债和所有者权益数额及其构成情况的会计报表。它是以"资产 = 负债 + 所有者权益"这一会计恒等式为理论根据,按照一定的分类标准与次序把养老机构一定日期的资产、负债和所有者权益项目予以适当排列,并从养老机构的总分类账、明细分类账等基本会计资料中摘取相关的数据编制而成的。

1. 资产负债表的结构格式　资产负债表一般有表首、正表两部分。其中,表首概括地说明报表名称、编制单位、编制日期、报表编号、货币名称、计量单位等。正表是资产负债表的主体,列示了用以说明养老机构财务状况的各个项目。资产负债表正表一般有两种:报告式资产负债表和账户式资产负债表。报告式资产负债表是上下结构,上半部列示资产,下半部列示负债和所有者权益。账户式资产负债表是左右结构,左边列示资产,右边列示负债和所有者权益。不管采取什么格式,资产各项目的合计等于负债和所有者权益各项目的合计这一等式不变。常见的资产负债表格式见表7-1。

2. 资产负债表的作用　通过资产负债表可以反映养老机构在某一特定日期所拥有或控制的经济资源及所承担的现时义务和所有者对净资产的要求权,帮助财务报表使用者全面了解养老机构的财务状况,分析养老机构的偿债能力等情况,从而为其作出经济决策提供依据。

表 7-1 资产负债表

编制单位：＿＿＿＿＿＿ ＿＿＿＿＿年＿＿＿月＿＿＿日 单位：元

资产	期末余额	年初余额	负债和所有者权益（或股东权益）	期末余额	年初余额
流动资产：			流动负债：		
货币资金			短期借款		
以公允价值计量且其变动计入当期损益的金融资产			以公允价值计量且其变动计入当期损益的金融负债		
应收票据			应付票据		
应收账款			应付账款		
预付款项			预收款项		
应收利息			应付职工薪酬		
应收股利			应交税费		
其他应收款			应付利息		
存货			应付股利		
一年内到期的非流动资产			其他应付款		
其他流动资产			一年内到期的非流动负债		
流动资产合计			其他流动负债		
非流动资产：			流动负债合计		
可供出售金融资产			非流动负债：		
持有至到期投资			长期借款		
长期应收款			应付债券		
长期股权投资			长期应付款		
投资性房地产			专项应付款		
固定资产			预计负债		
在建工程			递延收益		
工程物资			递延所得税负债		
固定资产清理			其他非流动负债		
生产性生物资产			非流动负债合计		
油气资产			负债合计		
无形资产			所有者权益（或股东权益）：		
开发支出			实收资本（或股本）		
商誉			资本公积		
长期待摊费用			减：库存股		
递延所得税资产			其他综合收益		
其他非流动资产			专项储备		
非流动资产合计			盈余公积		
			未分配利润		
			所有者权益（或股东权益）合计		
资产总计			负债和所有者权益（或股东权益）总计		

单位负责人： 制表人：

（1）利用资产负债表对所揭示的财务状况信息进行分析，便于报表使用者了解养老机构的资本结构、财务实力、偿债能力和支付能力。通过该表前后期资料的对比分析，可以反映养老机构的经营绩效，并预测养老机构财务状况的发展趋势。

（2）资产负债表揭示了养老机构拥有或控制的能用货币表现的经济资源，即资产的总规模及具体的分布形态。

（3）资产负债表有助于评价养老机构的偿债能力。资产的流动性决定着养老机构的短期偿债能力。流动性越强，短期偿债能力越强。把流动资产、速动资产与流动负债联系起来分析，可以评价养老机构的短期偿债能力。通过对养老机构债务规模、债务结构及与所有者权益的对比，可以对养老机构的长期偿债能力及举债能力作出评价。

（4）通过对养老机构不同时点资产负债表的比较，可以对养老机构财务状况的发展趋势作出判断。

（5）利用资产负债表，可以了解养老行业的实体资产、金融资产及负债情况，对于掌握养老产业发展状况具有重要意义。

（二）利润表

利润表是反映养老机构在一定期间内的生产经营成果及其分配情况的会计报表。利润表和利润分配表可合并编制成一张表，也可分别编制成两张表，我国现行会计制度采用后者。利润表是以"收入－费用＝利润"这一平衡公式所包含的经济内容为依据编制的。收入项目包括主营业务收入、其他业务收入等。费用项目包括各种费用、成本以及从收入中补偿的各种税金及附加费，如主营业务成本、营业费用、营业税金及附加、管理费用、财务费用等。利润类项目如营业利润、投资收益、营业外收入、营业外支出、利润总额等。

利润表表体部分列示收入、费用和利润项目时，根据排列方式的不同，可分为单步式利润表和多步式利润表，我国现行养老机构会计制度采用了后者。常见的利润表格式见表 7-2。

表 7-2　利润表

编制单位：　　　　　　　　　　　　　年　　　月　　　　　　　　　　　　单位：元

项目	本期金额	上期金额
一、营业收入		
减：营业成本		
营业税金及附加		
销售费用		
管理费用		
财务费用		
资产减值损失		
加：公允价值变动收益（损失以"－"号填列）		
投资收益（损失以"－"号填列）		
其中：对联营企业和合营企业投资收益		
二、营业利润（亏损以"－"号填列）		
加：营业外收入		
减：营业外支出		
其中：非流动资产处理损失		
三、利润总额（亏损总额以"－"号填列）		
减：所得税费用		
四、净利润（净亏损以"－"号填列）		
五、每股收益：		
（一）基础每股收益		
（二）稀释每股收益		

单位负责人：　　　　　　　　　　　　　　　　　　　制表人：

（三）现金流量表

现金流量表是反映养老机构一定时期内经营活动、投资活动和筹资活动等对现金及现金等价物产生影响的会计报表。我国现金流量表的编制基础是现金及现金等价物。现金通常是指人们手中持有的可立即用于支付的货币。现金等价物是指养老机构持有的短期性的、流动性高的投资，一般是指养老机构拥有的期限小于或等于3个月的投资。现金流量表从动态上反映了养老机构现金变动情况，为报表使用者提供养老机构在一定会计期间现金的流入、流出与结余情况的信息。现金流量表中将现金流量分为三个组成部分：①经营活动现金流量；②投资活动现金流量；③筹资活动现金流量。常见的现金流量表见表7-3。

表7-3　现金流量表

编制单位：　　　　　　　　　年　　月　　　　　　　　　　单位：元

项目	行次	金额
一、业务活动产生的现金流量：		
接受捐赠收到的现金		
收取会费收到的现金		
提供服务收到的现金		
销售商品收到的现金		
政府补助收到的现金		
收到的其他与业务活动有关的现金		
现金流入小计		
提供捐赠或者资助支付的现金		
支付给员工以及为员工支付的现金		
购买商品、接受服务支付的现金		
支付的其他与业务活动有关的现金		
现金流出小计		
业务活动产生的现金流量净额		
二、投资活动产生的现金流量：		
收回投资所收到的现金		
取得投资收益所收到的现金		
处置固定资产和无形资产所收回的现金		
收到的其他与投资活动有关的现金		
现金流入小计		
购建固定资产和无形资产所支付的现金		
对外投资所支付的现金		
支付的其他与投资活动有关的现金		
现金流出小计		
投资活动产生的现金流量净额		

续表

项目	行次	金额
三、筹资活动产生的现金流量:		
借款所收到的现金		
收到的其他与筹资活动有关的现金		
现金流入小计		
偿还借款所支付的现金		
偿还利息所支付的现金		
支付的其他与筹资活动有关的现金		
现金流出小计		
筹资活动产生的现金流量净额		
四、汇率变动对现金的影响额		
五、现金及现金等价物净增加额		

单位负责人:　　　　　　　　　　　　　制表人:

三、养老机构财务管理制度建设

养老机构内部财务制度是指以国家相关的财税法规为依据,用系统控制的技术和方法将机构内部理财活动的组织机构、财务战略与政策、业务流程、内部控制等规范化、文件化,进而指导和处理理财的过程。建立完善的管理制度是养老机构财务管理的重要工作内容。

（一）制定财务管理制度的基本要求

1.《中华人民共和国会计法》等国家财税法规以及经济发展状况是养老机构设计内部财务管理制度的基本依据。

2. 养老机构的经营特点和管理要求是财务制度设计的前提和基础。

3. 养老机构的根本利益和财务管理目标是财务制度设计的出发点和归宿。

4. 企业财务人员的业务素质和财务管理的技术手段是财务制度设计不可忽视的重要因素。

5. 系统的调查研究和科学分析是财务制度设计的中心环节。

（二）常用的财务管理制度

1. 财务人员管理制度　　财务管理的岗位设置主要取决于养老机构的规模大小,一般的财务管理岗位有出纳、会计和会计主管。财务人员管理制度的制定主要围绕职业素质、职业能力和岗位职责三个方面。在财务管理人员职业素质方面要求敬业爱岗、熟悉法规、依法办事、客观公正、搞好服务、保守秘密等;在财务管理人员职业能力方面要求具有宏观形势的理解能力、职业判断能力、财务管理能力、风险管理和内部控制能力、内外协调能力、学习和创新能力等;在岗位职责上,会计主要是进行会计核算和实施会计监督两个方面。会计核算是指会计以货币为主要计量单位,通过确认、记录、计算、报告等环节,对特定主体的经济活动进行记账、算账、报账,为各有关方面提供会计信息的功能。会计监督是指会计人员在进行会计核算的同时,对特定主体经济活动的真实性、合法性和合理性进行审查。出纳的主要工作是办理银行存款和现金领取,负责支票、汇票、发票、收据管理,做银行账和现金账,并负责保管财务章,负责报销差旅费。出纳人员不得兼任稽核、会计档案保管和收入、支出、费用、债权债务账目的登记工作。

2. 资金管理制度　　是针对养老机构筹集资金和使用资金而设计的一系列制度的统称。由于财务管理的对象就是资金,因此,资金管理制度是养老机构内部财务制度的核心内容,其目的是在保证资金安全完整的情况下,既能满足经营过程中对资金的需求,又要尽可能提高资金的使用效益。资金管

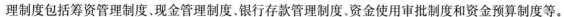

理制度包括筹资管理制度、现金管理制度、银行存款管理制度、资金使用审批制度和资金预算制度等。

3. 财务票证管理制度　票证是有价证据,有利于保护合法经营、强化管理手段、规范经营行为,是搞好财务统计工作的重要依据。票证管理必须坚持专人负责、专人发放、专人核销,建立票证明细登记、定期检查的原则,并实行缴旧领新制度,做到台账登记清楚,票款、账票相符无差错,发放有计划,库存不积压,保证及时供应。妥善保管票据,严禁票据乱扔乱放,以防丢失。开具票据必须按项目填写清楚,严格执行政策,注明时间及开票人员的姓名、单位,以便备查;同时开票人必须字迹清楚,不得随意涂改,并做好防盗、防火等安全工作。

4. 差旅费报销制度　差旅费是指出差期间因办理公务而产生的交通费、住宿费和公杂费等各项费用。差旅费是行政事业单位和企业的一项重要的经常性支出项目。养老机构根据自身特点制订出差审批流程和差旅费报销流程。差旅费报销须经两人以上签字,即经办人、审批人等,涉及实物(如办公用品、材料等)需三人签字,即经办人、验收人和审批人。对不真实、不合法的原始凭证有权不予接收;对记载不准确、不完整的原始凭证予以退回,并要求按照国家统一的会计制度的规定更正、补充。发票应当具有税务监制章、出票单位公章,发票上的内容要真实、完整、填写清楚,例如开票日期、购物名称、单价、数量等。发票上的任何一栏内容均不能任意涂改,若有错误,应要求开票部门重开或在发票上更正。

（三）养老机构财务管理的评定

2020 年民政部社会福利中心、全国社会福利服务标准化技术委员会联合发布《〈养老机构等级划分与评定〉国家标准实施指南》(试行),作为开展养老机构等级评定工作的实操性评价工具。对养老机构财务管理的评定指标见表 7-4。

表 7-4 《养老机构等级划分与评定》(财务管理部分)

评定项目	分项总分	次分项总分	三级项分值	四级项分值	得分	操作说明
财务管理	15					
财务管理制度		12				
建立支付管理制度、支付实行审批流程并予以执行			1			查看制度
有老年人押金管理制度并予以执行			2			查看制度
有捐赠资金管理制度,并按捐赠方意愿和相关规定使用受赠资金			1			查看制度
有固定资产、流动资产管理制度并予以执行			1			查看制度
有年度财务审计与审计报告 注:事业单位由上级主管部门审计的,出具审计结果			2			查看制度
有会计档案管理制度并予以执行			2			查看制度
政府补贴经费单独建账,账目清晰 注:如无政府补贴,可自动得分			1			查看账目
有预算及成本管理制度并予以执行			1			查看制度
有价格管理制度并予以执行,向老年人收取的服务费价格产生变动应提前告知老年人,不得强制收费			1			查看制度

评定项目	分项总分	次分项总分	三级项分值	四级项分值	得分	操作说明
财务管理人员要求		3				
会计人员持有会计资格证书				1		查看证书
财务人员熟练使用会计电算化设备				1		查看操作
财务部负责人未同时兼任采购员职务;填写票据及收据的人员未同时兼任审计人员;出纳人员与记账人员分离,未相互兼任				1		查看记录并询问工作人员

制表人:

第二节 养老机构的后勤管理

某养老院为街道办举办的公办社区养老院,自运行以来连年亏损,入住率不到60%。街道老年人对该养老院伙食和环境卫生不甚满意,感到缺乏安全感,要求其改进。

工作任务:

1. 试分析该养老院亏损的原因。

2. 请为该养老院建立高效的后勤管理体系。

后勤为整个养老机构提供重要的后援保障,养老机构的良好运转离不开后勤部门提供的服务支持。因此,在养老机构管理上,后勤管理尤为重要。在后勤管理中需要动用各种管理手段,通过组织、指挥、协调职工的活动,高质量地完成后勤工作任务,进而保证养老服务各项工作的顺利开展。

一、养老机构后勤管理概述

(一)后勤管理的概念

后勤管理是管理者采用一定的原理和方法、手段,通过一系列特定的管理行为和领导活动,使全体成员努力工作,以达到后勤工作目标的过程。从内容上来看,后勤管理包括财务管理、财产物资管理、基本建设管理、房产管理及维修、水暖电气管理、伙食管理、汽车运输管理以及后勤服务经营实体管理等。在养老机构中,后勤工作部门是为养老机构正常发挥其养老保障服务职能而提供物资保障的部门,它的任务是保障养老服务的顺利进行。养老机构的后勤管理具有两个方面的基本职能:一是按养老机构职能活动,规律化地组织后勤服务;二是通过专业、高效的管理手段,调动后勤人员的积极性。

(二)养老机构后勤管理的特点

养老机构的服务是一种以护为主、医养结合的综合性活动,具有福利性和个性化的特点,在服务中更需注重照顾老年人的特殊性。这就要求养老机构后勤服务必须具备与之相适应的特点。

1. 社会性 后勤服务门类众多,无所不包。养老机构的后勤离不开社会的供给,无论是物资、设备、能源、交通,还是人员、技术、空间、信息,都要由社会来提供,受社会的制约和影响,社会是养老机构后勤工作的总后勤。

2. 时间性 养老机构各部门的活动是一个有严密组织、严格程序的过程,有明确的时间要求,为这些活动提供服务的后勤工作也必须按照这些程序的要求进行管理,因此具有较强的时间性。任何活动都要以一定的物质条件为基础,后勤工作就是提供基础和前提的工作,在时间性上应体现"后勤先行"。此外,许多后勤工作受到季节的影响和制约,违背了季节的要求,就会造成损失。

3. 复杂性　后勤管理工作繁重,任务多,具有复杂性。诸如物资、设备、基建、房屋、伙食、交通、园林、环保以及其他各项综合服务工作,都由后勤部门管理。因此后勤管理需要有广泛的知识作为基础,在社会科学领域涉及管理学、会计学、教育学、心理学、社会学、法学等,在自然科学领域涉及的学科则更为广泛。

4. 服务性　服务性是后勤管理的一个特点,也是后勤管理的全部意义所在。后勤工作的服务性与先行性紧密相连,密不可分。如果没有先行性,就不可能有服务性,因为只有在先行性指导下的服务才能发挥其最大功用。

5. 经济性　后勤工作既是行政工作,又是经济工作。后勤服务劳动属于商品经济范畴。后勤工作的实质是通过市场经济手段和生产(劳务)、交换、分配、消费四个环节,对后勤资源进行高效的配置,而经济核算则是后勤工作的重要内容。

6. 政策性　后勤管理的复杂性决定了它必须对养老机构高效运行的相关国家政策、制度有深刻的理解与把握。同时,为了保障养老机构的有效运行,养老机构必须建立起自己的相关制度,使活动有法可依、有章可循。因此政策制度是后勤工作顺利开展的依据与标准,是检查后勤工作好坏的参考指标之一。

（三）养老机构后勤管理要求

1. 树立服务意识　养老机构设立的目的就是促使老年人健康、愉悦地生活。在为老年人提供后勤服务时,应当树立为老年人服务的思想。这不仅要求养老机构后勤人员应当掌握相应的专业知识,还需要真心地关爱老年人,全心全意地为老年人的生活与身心发展服务。员工是养老机构的工作人员,是养老机构运行好坏的决定因素之一,是养老机构的人力资源。在后勤服务工作中,应该树立为员工服务意识,最大限度地满足员工在生活、工作中的基本要求,为他们提供轻松、温馨的工作环境,使他们能够专心致志地投入到养老护理服务工作中来。

2. 健全后勤管理体系　后勤管理工作涉及人力、财务、物资、基建、卫生、安全保卫等各方面。后勤管理工作的复杂性要求后勤部门必须要建立健全高效的管理体系,明确职责分工,做到各司其职、各尽其能;同时制定并不断地完善后勤管理制度,利用后勤管理制度,可以使后勤各项工作标准化、规范化,从而使得养老机构的后勤管理能够朝着更完善、更科学、更人性化的目标前进。

3. 加强后勤工作队伍建设　专业门类多、技术性强是现代后勤的一大特点,这个特点使后勤管理具有很强的专业技术性,这就要求后勤人员必须有广泛的知识和多种专业技术,进行科学管理。我国养老产业刚刚起步,许多养老机构对后勤工作不重视,缺乏管理人员素质的培养,造成后勤管理水平和服务水平不高,从而制约了养老机构发展。后勤工作队伍建设不但要注重技术能力培养,更要注重其道德素质的培养。后勤工作人员必须热爱自己的本职工作,不断提高自身的素质,还必须具备吃苦耐劳的品质,因为养老机构的后勤工作非常繁琐,这就要求后勤工作人员必须细心、耐心,能够吃苦。

4. 增强成本意识,厉行节约　部分机构的后勤管理只讲保障供给服务,不注重质量,大手大脚,造成消耗成本过大,甚至资源浪费。有的养老机构,特别是公立养老机构浪费十分严重,这种浪费不仅包括没有遵循"成本 - 效益"原则所造成的浪费,还包括有些管理者不懂养老专业知识,造成设备闲置、库存积压、资金闲置、业务搁置等。

二、养老机构后勤管理体系

后勤服务是养老机构服务工作顺利进行的保证,是进行养老机构所有工作的物质基础。为了更好地开展后勤工作,养老机构必须建立一套完整的工作体系,对后勤部门工作职责和管理内容做好组织化管理设计,这也是科学化管理的需要。

（一）后勤部门组织结构

从目前我国养老机构的组织构成来看,管理主要采用直线职能制组织结构,而后勤部门作为这一组织结构中的重要直达部门也负责多种职能。养老机构后勤部门主要提供后勤保障工作,根据工作内容设置相应的岗位,如主任岗、副主任岗、设备管理岗、物业管理岗、食堂管理岗、安全管理岗等。

> **知识链接**
>
> **直线职能制组织结构**
>
> 直线职能制组织结构是现实中运用最为广泛的一个组织形态,是指把直线制结构与职能制结构结合起来,以直线为基础,在各级行政主管之下设置相应的职能部门,分别从事专业管理并作为该级行政主管的参谋,实行主管统一指挥与职能部门参谋、指导相结合的组织结构形式。在直线职能型结构下,下级机构既受上级部门的管理,又受同级职能管理部门的业务指导和监督。各级行政领导人逐级负责,高度集权。

(二)后勤管理领导体系

一个组织的工作效率如何,与它的领导体制高度相关。领导体系的完善与否直接影响着养老机构人、财、物的有效利用。因此,后勤部门要积极构建一个有效的领导体系。养老机构后勤管理体系设置后勤管理中心主任岗,对整个机构后勤工作有统筹管理的权力。在该岗位下设副主任岗,对中心主任一人负责,并对其管辖的各具体工作岗位进行板块划分和管理,如进行组长制管理等,从而实现管理工作的系统化、层级化。在构建后勤领导体系时,需要对每个岗位的具体职责进行清晰的界定,实行严格的岗位责任制,明确每个人的职责,责任到人。只有责任具体到人,养老机构后勤管理才能既有效率,又有针对性。

(三)后勤支持体系

养老机构后勤支持体系主要包括为老年人服务的后勤支持体系和为员工服务的后勤支持体系。

1. 为老年人服务的后勤支持体系　为老年人服务是养老机构所有工作的中心。因此养老机构后勤服务体系中,为老年人服务是一项非常重要的内容。根据老年人的身心特点,后勤部门应为老年人提供的服务主要包含如下三个方面:

(1)为老年人提供合理的养老服务设施:养老服务设施应符合安全、健康、卫生、适用、经济、环保等基本要求;符合老年人生理、心理特点,保护老年人隐私和尊严,保证老年人基本生活质量,适应机构运营模式,保证照料服务有效开展。养老机构中,通常设有为老年人日常生活提供便利的服务设施,例如生活品柜台或杂货店等。除生活服务外,休闲服务设施如健身器材和健身房等也较常见,为入住老年人的体育锻炼提供了方便。

(2)为老年人创设良好的服务环境:为了营造良好的服务环境和氛围,首先,在养老机构的场地管理方面,后勤部门应做到场地干净,每天都要定时打扫,及时清理场地沙石,避免老年人在活动中摔倒。其次,在室外环境的布置中,应做到干净、整洁,同时还可以开辟种植园,种些花草,为老年人提供休闲的场地。最后,营造舒适、安全的院所环境很有必要,但是,营造良好的养老机构精神文化环境更有必要。

(3)为老年人提供健康饮食:膳食管理是养老机构后勤工作的重要组成部分。后勤部门必须完善老年人的饮食管理体系,保证老年人的饮食有营养、安全且健康。由于老年人的身体情况、饮食有一定的差异,后勤服务应根据老年人的身心特点,成立专门的膳食领导小组,加强对老年人膳食的管理与监督,制订老年人膳食计划和营养食谱,确保老年人每天摄取的营养能达到国家相关标准。老年人饮食管理必须严格遵守饮食卫生标准,预防食物中毒。

2. 为员工服务的后勤支持体系　养老机构的后勤支持工作必须加强对员工生活与工作的关心,为他们提供必要的生活福利保障,为员工的工作和生活带来便利。如为员工提供宿舍和办公室、配备电脑等;为员工提供较好的工作条件和环境,如为员工提供活动室,以及羽毛球器具、乒乓球桌等体育锻炼器械,使工作人员在休闲时间能够锻炼身体,并且放松心情。

三、养老机构后勤管理方法

（一）全面计划管理

养老机构的全面计划管理是一项综合性的全面管理工作，它是通过计划把养老机构各项工作全面地组织与协调起来。综合性的全面管理涉及面很广，它既和养老机构各项工作发生直接关系，又渗透到各项工作的全过程，要求动员全体成员来参加。搞好后勤计划管理，必须建立全面计划管理的保障体系，做到：①建立计划管理机构，配备专职计划人员；②建立健全计划责任制，明确每个后勤员工在计划管理方面应完成的任务、承担的责任和被赋予的权限，并将工作的好坏同经济效益挂钩，进行奖惩；③建立健全计划考核与评价制度，制定明确的计划工作标准，定期进行检查和考核；④按计划、实施、检查、处理四个阶段来开展计划管理活动。每个循环结束后，及时进行总结提高，进行更高水平的循环，这样，才能不断提高计划管理水平，促使后勤工作目标和整个企业目标顺利实现。

（二）目标管理

目标管理是通过领导决策提出在一定时期内期望达到的总目标，并制定方针，从上到下，上下结合，由单位各部门和全体员工，根据总目标分别确定各自的分解目标，分解目标成为具体实施目标，再由领导考核而进行的组织管理和控制的一种管理方法。运用目标管理要求养老机构后勤活动的全过程都以目标为轴心，整个后勤工作都以实现目标为准则。采用目标管理的工作步骤是：总负责人制定后勤服务工作的总目标，并会同各部分服务项目的负责人协商各部分的目标，然后由各部分的负责人与其部下协商制定具体的目标与实现的措施。通过总目标与分目标及具体目标的综合协商，制定完善的计划体系。如果协商制定的目标比较合理，又易于调动员工的积极性，那么在各个分目标实现的情况下，后勤服务工作的总体目标也应当实现了。

（三）计算机网络信息技术管理

随着信息数字化时代的到来，云计算、大数据、物联网、移动互联、人工智能、区块链等现代信息技术在各行各业得到了广泛应用，使后勤管理趋于便利化、规范化、人性化、智能化，并成为后勤管理的重要方法。如通过网络信息技术能够及时掌握老年人健康信息、共性和个性需求，做到精准服务；通过网络信息技术使后勤的物业管理、物资采购等程序化、科学化，提高了工作效率，节省了经费开支。

 知识链接

区 块 链

区块链是一个信息技术领域的术语，它本质上是一个共享数据库，存储于其中的数据或信息，具有"不可伪造""全程留痕""可以追溯""公开透明""集体维护"等特征。2019 年 1 月 10 日，国家互联网信息办公室发布了《区块链信息服务管理规定》。2019 年 10 月 24 日，在中央政治局第十八次集体学习时，习近平总书记强调，"把区块链作为核心技术自主创新的重要突破口""加快推动区块链技术和产业创新发展"。区块链已成为社会的关注焦点，但频频发生的安全事件为业界敲响警钟，区块链的安全风险问题制约着行业的健康发展。拥抱区块链，需要加快探索建立适应区块链技术机制的安全保障体系。

四、后勤管理制度

养老机构后勤管理制度是指后勤员工在共同劳动中执行的工作内容、遵守的工作程序和使用的工作方法，是后勤服务活动的准则。后勤管理制度的制定应从建立服务机制、沟通机制、培训机制、竞争上岗机制和制度化管理机制入手。

（一）常见的后勤管理制度

根据后勤管理的内容，常见的管理制度如下：

1. 设备用品管理制度 设备用品管理是一项综合性工作，其范围包括设备用品的取得、使用以及维护、保养等。办公设备的管理包括办公设备的购置、发放、保管和盘查等。设备用品管理制度是为了统一设备用品的采购与供应,并使设备用品得到充分的利用,有效地保全与维护设备,对设备用品进行管理而制定的制度。一般养老机构常用设备采取较严格的管理制度,以节约成本。

2. 食堂管理制度 须以《中华人民共和国食品安全法》为依据,保证食品安全,保障老年人和员工身体健康和生命安全。食堂管理制度主要包括菜谱制订和食品用料管理制度、食品卫生管理制度、餐具卫生管理制度、食堂卫生管理制度、厨房仓库管理制度、送餐服务管理制度和食堂人员管理制度。

3. 物业管理制度 物业管理是指专业物业管理机构,依物业服务合同对养老机构房屋建筑物及设施设备、场地进行的维修、养护和管理,服务秩序维护,以及向机构各部门提供综合性服务等活动。养老机构的物业管理主要包括建筑维修、机电设备和公共设施的管护、治安保卫、清洁卫生、绿化等内容。常见的管理制度有保洁服务管理制度、洗衣服务管理制度、设施设备维修管理制度、环境绿化养护管理制度以及供水、电、暖、气服务管理制度等。

4. 安全管理制度 是确保养老机构安全工作的硬件指标,是规范安全标准、安全内容以及人员的行为和意识的制度规定。基本安全制度应包括安全责任查究制度、安全会议制度、安全检查制度、安全生产制度、安全档案制度、安全与消防管理制度、安全与消防责任监督管理制度等。

5. 车辆管理制度 为了提高工作效率,合理安排车辆的使用,严格管理,堵塞漏洞,须制定车辆使用及管理规定。车辆管理制度主要包括车辆使用管理办法、驾驶人员的管理规定等。

6. 后勤员工管理制度 是指为了端正后勤人员的工作态度,规范后勤管理人员的工作标准、工作程序和操作方法等与工作绩效有关的行为方式,而制定的具有操作性的管理制度。

(二)养老机构后勤管理的评定

《〈养老机构等级划分与评定〉国家标准实施指南》(试行)对养老机构后勤管理的评定指标见表 7-5:

表 7-5 《养老机构等级划分与评定》(后勤管理部分)

评定项目	分项总分	次分项总分	三级项分值	四级项分值	得分	操作说明
后勤管理	15					
后勤管理制度		15				
有物资采购和管理制度,建立台账				2		查看制度
有库房管理制度,建立库房物资出/入库记录,账物相符				3		查看制度
设施设备定期检测维护,有维护流程规范及应急预案。注:无维护流程规范或无应急预案的,得1分				2		查看制度
建立设施设备档案,有维护记录及检查维修记录。注:无维护记录或维修记录,得1分				2		查看档案及维护、维修记录
制定环境管理方案并严格执行,包括垃圾、污水、绿化等管理				1		现场查看、查看文件
做好废弃物管理工作,有记录				1		查看记录
有捐赠物品登记明细表、分配登记表,按捐赠方意愿和相关规定使用受赠物品				1		查看明细表
有车辆管理制度,车辆购置、检测、维修记录				1		查看制度
有员工宿舍管理制度并予以执行				2		查看制度

(徐国辉)

**综合思考题**

1. 简述养老机构财务管理内容和方法。
2. 养老机构后勤管理要求有哪些?
3. 查阅文献资料,论述计算机网络信息技术对养老机构后勤管理的促进作用。

养老机构的质量管理与标准化建设

第八章
数字内容

学习目标

1. 掌握：养老机构服务质量基本规范、养老机构服务质量要求与标准。
2. 熟悉：养老机构的质量管理体系、养老机构服务质量等级划分和评定标准。
3. 了解：养老机构服务人员需要具备的资质。
4. 学会提升养老机构的服务内涵和老年人满意度，能根据《养老机构等级划分与评定》标准和要求，规范养老服务行为。
5. 具有养老机构服务质量标准化建设的理念。

第一节　养老机构的质量管理体系

 导入情境

　　张奶奶今年72岁，退休前是一所知名大学的教授。刚来到养老院的时候老年人情绪不高，加上患有颈椎病，晚上睡眠也不好。养老院的服务人员了解到张奶奶的实际情况，为老年人制订了详尽的健康管理方案。除了常规的饮食、体育锻炼等活动，还安排院内的康复师为张奶奶的颈椎病进行康复治疗。另外，养老机构除了结合张奶奶以前的工作内容，让其在养老院里办讲座，还征求了张奶奶的意见，积极与社区联系，让张奶奶利用自己的专业知识去社区老年大学授课。张奶奶入住该养老院后十分舒心。在最近组织的一次服务满意度测评中，该养老院养老服务测评分均在90分以上。

　　工作任务：

1. 能运用《养老机构服务质量基本规范》对该养老机构的管理活动进行评价。
2. 能结合养老服务质量要求，为服务对象制订优质养老服务计划。

一、质量管理的原则

（一）质量与质量管理

　　1. 质量　质量是指产品和服务的优劣程度，它是满足规定和顾客潜在需要的特征总和。质量的含义可以分成4个层次。①符合性质量：以符合标准的程度作为衡量依据，"符合标准"就是合格的产品质量；②适用性质量：以适合顾客需要的程度作为衡量的依据，美国管理学家朱兰博士认为质量是"产品在使用时能够成功满足用户需要的程度"；③满意性质量：即一组固有特性满足要求的程度，它不仅包括符合标准的要求,而且以顾客及其他相关方满意作为衡量依据,体现"以顾客为关注焦点"的原则;④卓越质量:顾客对质量的感知远远超出其期望,使顾客感到惊喜,卓越质量意味着没有缺陷。

根据卓越质量理念,质量的衡量依据主要有3项:①体现顾客价值,追求顾客满意和顾客忠诚;②降低资源成本,减少差错和缺陷;③降低和抵御风险。质量的实质是为顾客提供卓越的富有魅力的质量。

按照《养老机构服务质量基本规范》(GB/T 35796—2017)和民政部、公安部等六部门印发的《关于开展养老院服务质量建设专项行动的通知》(民发[2017]51号)的文件精神,养老机构的服务质量是服务能够满足规定和潜在需求的特征及特性的总和,核心是满足老年人的需要。

养老服务的特性通常包含功能性、安全性、时间性、舒适性和文明性。功能性指服务所发挥的效能和作用;安全性是指服务过程中保障老年人安全的能力;时间性是指服务在时间上满足老年人要求的能力;舒适性是指服务过程中满足老年人舒适程度的能力;文明性是指服务过程中满足老年人精神需求的能力。

养老服务要求包含"明示的、隐含的或必须履行的需求或期望"。明示的要求即得到明确的需要和要求,包括老年人的需求,如等级护理要求及医疗、康复、餐饮、居住环境、安全、精神慰藉等的需求,同时包括老年人家属、行业、主管部门、社会、机构内部的要求。隐含的要求即形成惯例的要求,如工作人员对老年人隐私的保密、餐后餐具消毒等。必须履行的要求包括相关法律法规和强制性标准、行政规章,如老年人权益保障法、消防法、食品安全法、养老服务条例、老年人建筑设计规范、老年人社会福利机构基本规范、老年养护院建筑标准、养老机构安全管理、养老机构基本规范,以及养老机构医务室、护理站基本标准,养老护理员国家职业技能标准等。

按照养老服务质量要求,养老服务需达到满足老年人和老年人家属需要及社会、行业、主管部门的法律法规、强制性标准和行政规章等规范要求。养老机构提供的服务满足这些需要和要求的程度越高,质量就越好,反之质量就越差。

2. 质量管理 质量管理是确定和实施以质量为中心的全部管理职能,质量管理的职责由最高管理者承担,也要求组织的全体人员承担义务并参与。质量管理包括战略策划、资源分配和其他有系统的活动。

养老机构的质量管理是指在养老机构中全面实行质量管理,按照质量形成的规律,应用各种科学的方法,以保证和提高养老服务质量达到预定目标的管理活动。这些活动通常包括质量方针和质量目标的建立、质量策划、质量控制、质量保证、质量改进。

3. 质量管理的基本理论

(1)全面质量管理理论:全面质量管理是通过专门的组织制订质量计划,在系统内开展连续的服务改善活动,使服务的质量满足服务对象的期望。

经过事后质量检验、统计质量管理两个阶段的积累、发展,质量管理进入了全面质量管理阶段,休哈特(Shewhart)、戴明(Deming)、费根堡姆(Feigenbaum)和朱兰(Juran)等在这方面作出了重大的贡献。全面质量管理的思想强调质量第一、用户第一,一切以预防为主,用数据说话,按PDCA循环办事。PDCA循环是指计划(plan)、执行(do)、检查(check)和总结(action)循环上升的过程。它体现了质量管理的基本思路,也反映出管理理论的精髓。

戴明博士提出的质量管理十四法(领导职责的十四条)是全面质量管理的基础。其理论内容如下:①要有一个改善产品和服务的长期目标,而不是只顾眼前利益的短期观点。为此,要投入和挖掘各种资源。②要有一个新的管理思想,不允许出现交货延迟或差错和有缺陷的产品。③要有一个从一开始就把质量造进产品中的办法,而不要依靠检验去保证产品质量。④要有一个最小成本的全面考虑,在原材料、标准件和零部件的采购上不要只以价格高低来决定对象。⑤要有一个识别体系和非体系原因的措施。85%的质量问题和浪费现象是由于体系的原因,15%是由于岗位上的原因。⑥要有一个更全面、更有效的岗位培训。不只是培训现场操作者怎样干,还要告诉他们为什么要这样干。⑦要有一个新的领导方式,不只是管,更重要的是帮,领导自己也要有新风格。⑧要在组织内有一个新风气。消除员工不敢提问题、提建议的恐惧心理。⑨要在部门间有一个协作的态度,帮助从事研制开发、销售的人员多了解制造部门的问题。⑩要有一个激励、教导员工提高质量和生产率的好办法，不能只对他们喊口号、下指标。⑪要有一个随时检查工时定额和工作标准有效性的程序，并且要看它是真正帮助员工干好工作，还是妨碍员工提高劳动生产率。⑫要把重大的责任从数量上转到质量上，要使员工都能感到他们的技艺和本领受到尊重。⑬要有一个强而有效的教育培训计划，使员工能够跟上原材料、产品设计、加工工艺和机器设备的变化。⑭要在领导层内建立一种结构，推动全体员工都来参加经营管理的改革。

朱兰提出"质量三元论"，包括：质量计划——为建立有能力满足质量标准化的工作程序，质量计划是必要的；质量控制——为了掌握何时采取必要措施纠正质量问题就必须实施质量控制；质量改进——质量改进有助于发现更好的管理工作方式。朱兰曾尖锐地提出了质量责任的权重比例问题。他依据大量的实际调查和统计分析认为，在所发生的质量问题中，追究其原因，只有20%来自基层操作人员，而恰恰有80%的质量问题是由于领导责任所引起的。在国际标准ISO 9001中，与领导职责相关的要素所占的重要地位，在客观上证实了朱兰博士的"80/20原则"所反映的普遍规律。

PDCA循环理论，最初由休哈特在20世纪30年代提出，之后由戴明采纳。这个循环模型是一个过程或系统改善的框架。PDCA循环质量管理的核心思想分成4个阶段、8个步骤。

PDCA循环的4个阶段，即计划（plan）、执行实施（do）、检查或研究（check）和总结（action）4个环节（图8-1）。

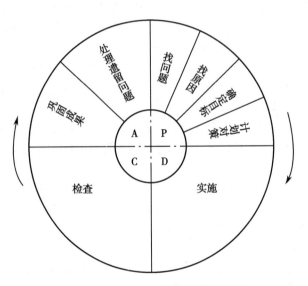

图8-1　PDCA 4阶段8步骤示意图

PDCA循环的8个步骤：①分析现状，找出存在的质量问题；②分析产生质量问题的各种原因或影响因素；③从各种原因和影响因素中找出影响质量的主要因素；④针对影响质量的主要原因，制订质量改进的计划；⑤执行计划，按预定计划和措施分头贯彻执行；⑥检查效果，把实际工作结果和预期目标对比，检查计划执行情况；⑦巩固措施，把执行的效果进行标准化，制定制度条例，以便巩固；⑧把遗留问题转入下一个管理循环。其中，①~④属于计划阶段，⑤是执行阶段，⑥是检查阶段，⑦和⑧是总结阶段。

PDCA循环的主要特点：①管理循环是综合性的循环，4个阶段紧密衔接，连成一体；②大环套小环，小环保大环，推动大循环；③不断循环上升，每循环一周上一个新台阶；④在上一循环中没有解决的问题可带入下一个循环进行解决。

（2）质量评价理论：美国学者Avedis Donabedian于1968年首次提出质量评价的三个层次理论，他认为卫生服务系统的基本框架是由结构、过程和结果动态构成。

结构评价反映提供医疗服务的基础、规模和潜在能力。其中主要的因素有人力资源（教育背景、技术能力和行医资格等）、组织机构设置和组织形式、医疗技术、固定资产、药品和医用物资等。过程评价反映组织系统全部的医疗活动和辅助医疗活动,做了些什么,怎么去做。根据Donabedian的定义,医疗行为的过程指对病人做了什么,是对医疗工作顺序及其协调性进行考核,以检验治疗程序与专业标准是否相符合。结果评价反映医疗行为的结果,如健康状况的改善等。

养老机构的服务质量评价可以借鉴Avedis Donabedian对医疗服务的质量评价理论。但是,由于服务质量对消费者而言,比实物质量更难评价(服务质量的感知取决于消费者期望服务与感受服务的对比,质量的度量不仅仅是服务的结果,同时也涉及服务的提供过程),因此人们对服务质量评价理论的研究一直处于不断探索和发展过程中。

（二）质量管理的原则

ISO 9000给出的八项质量管理原则是国际标准化组织在总结质量管理实践经验的基础上,吸纳国际上一批质量管理专家的意见整理编撰而成,是质量管理实践经验和理论的总结,是领导者实施质量管理工作必须遵循的原则,完全适用于养老服务质量管理。

八项质量管理原则分别是:

1. 以顾客为关注焦点 组织(职责、权限和相互关系得到安排的一组人员及设施,如公司、集团、企事业单位、社团等)依存于顾客(接受产品或服务的组织或个人)。因此,组织应当理解顾客当前和未来的需求,满足顾客要求并争取超越顾客期望。

2. 领导作用 领导者确立组织的宗旨及方向,创造并保持使员工能充分参与实现组织目标的内部环境。

3. 全员参与 各级人员都是组织之本,只有他们充分参与,才能使他们的才干为组织带来收益。

4. 过程方法 将活动和相关的资源作为过程(一组将输入转化为输出的相互关联或相互作用的活动)进行管理,可以更高效地达到期望的结果。

5. 管理的系统方法 将相互关联的过程作为系统(相互关联或相互作用的一组要素)加以识别、理解和管理,有助于组织提高实现目标的有效性和效率。

6. 持续改进 持续改进总体业绩应当是组织的一个永恒目标。

7. 基于事实的决策方法 有效决策是建立在数据和信息分析的基础上。

8. 与供方互利的关系 组织与供方(提供产品或服务的组织或个人)是相互依存的,互利的关系可增强双方创造价值的能力。

根据全面质量管理的理论,结合养老机构所面临的新环境、新要求,养老机构质量管理的基本原则可总结为:①树立长者至上、质量第一、费用合理的原则;②预防为主,不断提高质量的原则;③系统管理的原则,强调全过程、全部门和全员的质量管理;④标准化与数据化的原则;⑤科学性与实用性相统一的原则。

在养老机构的质量管理中,要开展广泛的质量教育,健全质量管理规章制度,实现质量标准化,建立质量信息系统,建立质量保证体系,实现全面质量管理。

二、质量管理的方法

质量管理的发展从质量检验阶段历经统计质量管理阶段,而后从20世纪50年代开始进入全面质量管理阶段,产生了全面质量控制(total quality control, TQC)、全面质量管理(total quality management, TQM)、品管圈(quality control circle, QCC)、ISO9001质量保证体系(international organization for standardization 9001, ISO9001)、六西格玛(six sigma, 6σ)等各种质量管理理论及方法。常用的质量管理方法有质量管理旧七大工具与新七大工具之分。旧质量管理七大工具包括调查表法、排列图法、因果图法、直方图法、控制图法、分层法以及散布图法。新质量管理七大工具包括系统图法、关联图法、亲和图法、矩阵图法、矢线图法、过程决策程序图法(process decision program chart, PDPC)、矩阵数据分析法。此外还有质量管理的其他方法,比如流程图法、简易图法、头脑风暴法、水平对比法、正交试验设计法等。本书我们主要结合传统的旧质量管理七大工具来讲解养老机构的质量管理。

（一）调查表

调查表也称为查检表、核对表等,它是用来系统地收集和整理质量原始数据、确认事实并对质量数据进行粗略整理和分析的统计图表。常用的调查表有不合格品工程调查表、不合格原因调查表、废品分类统计表、产品故障调查表、工序质量调查表、产品缺陷调查表等。

调查表的绘制步骤包括：①明确收集资料的目的；②确定为达到目的所需搜集的资料（这里强调养老机构质量管理中存在的问题）；③确定对资料的分析方法（如运用哪种统计方法）和负责人；④根据目的不同，设计用于记录资料的调查表格式，其内容应包括调查者及调查的时间、地点、方式等栏目；⑤对收集和记录的部分资料进行预先检查，目的是审查表格设计的合理性；⑥如有必要，应评审和修改该调查表格式。

调查表可以采用任何形式，只要能够形象展示获得的信息即可，调查表上可用检查标记或简单的符号记录数据，方便后续整理。调查表实例见表8-1。

表8-1 老年人食品卫生检查表

日期：	检查人员：		
步骤	监控标准	是	否
收货	收货后,立即检查送来的食物及材料		
	适当储存所有食物及材料		
	冷冻及冷藏食品运来时的温度是否适当		
冷存设施及温度控制	采用先入先出的原则		
	食物受到保护,避免受污染		
	保持适当的温度：冷藏柜在4℃或以下,冷冻库在－18℃或以下		
	熟的食物应放在生的食物之上,最好把生熟食物存放在不同的冷冻柜或冷藏柜		
处理食物	避免过早处理食物		
	在冷藏柜中或在清凉及流动的自来水中解冻冷藏食物		
	冷藏食物存放在4℃或以下,热的食物存放在60℃或以上		
	使用两套刀具和砧板来处理生食和熟食		
热存	食物热存在60℃或以上		
	保护食物免受污染		
运送	运送食物的容器应遮盖		
	运送车辆清洁		
留样	留样器具已清洁消毒		
	留样食品分别密封冷藏存放48h以上		

注意：在任何情况下,煮熟后的食物不应在室温下放置超过2h

（二）排列图

排列图,也叫帕累托图,是19世纪意大利经济学家维尔弗雷德·帕累托（Vilfredo Pareto）首先采用的。帕累托原理又称80：20法则,帕累托对当时的社会财富分配问题进行深入研究后发现,财富的绝大部分集中在少数人手中,他把这些人称为"极其重要的少数",把其余的人称为"不重要的多数"。帕累托认为,社会财富的80%掌握在20%的人手中,只要知道这20%的人的行动,就可以掌握社会总行动的80%。即从20%的已知变量中,可推知另外80%的结果。

帕累托原理后来由美国质量管理学家朱兰应用于质量管理。通常累计比率在0~80%的因素为

A 类因素;累计比率在 80%~90% 的因素为 B 类因素;累计比率在 90%~100% 的因素为 C 类因素。排列图反映了"关键的少数和次要的多数"的观点。在影响质量的因素中,少数关键问题重复发生,成为管理者迫切需要解决的问题。排列图就是寻找少数关键因素的方法。

1. 排列图绘制的步骤

（1）收集一定时期的质量数据。

（2）把收集的数据按原因分层,并计算各种原因重复发生的次数,即频数。计算不同原因发生的频率和累计频率,做整理表。

（3）绘制排列图。

（4）寻找少数关键因素,采取措施。

2. 排列图的构成　排列图一般由两个纵坐标、一个横坐标、几个直条图和一条曲线（帕累托线）组成。左边的纵坐标表示频数,右边的纵坐标表示频率,横坐标表示质量的项目,或者影响质量的各种因素。用直条图表示不同因素频数的多少,由左向右按大小依次排列于横坐标上。帕累托线是在各因素上的累计频率点的连线。排列图示例见图 8-2。

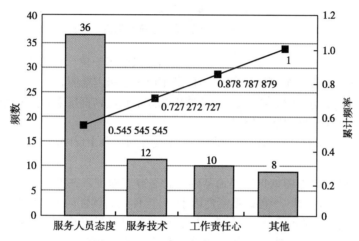

图 8-2　养老机构服务纠纷原因排列图

（三）因果图

因果图又称鱼刺图或石川馨图,它是日本东京大学石川馨教授提出的一种有效方法。这是一种由结果找原因的方法,即根据反映出来的质量问题（结果）来寻找造成这种结果的大原因、中原因和小原因,然后有针对性地采取措施,解决质量问题的方法。

1. 因果图的绘制步骤

（1）简明扼要地规定结果,即规定需要解决的质量问题。

（2）规定可能发生的原因的主要类别。这时要考虑的类别因素主要有人员、机器设备、材料、方法、测量和环境等,称之为"5M1E"。

（3）开始画图,把"结果"画在右边的矩形框中,然后把各类主要原因放在它的左边,作为"结果"框的输入。

（4）寻找所有下一个层次的原因,画在相应的主（因）枝上,并继续一层层地展开下去。一张完整的因果图展开的层次至少应有 2 层,许多情况下还可以有 3 层、4 层或更多层。

（5）从最高层次（即最末一层）的原因（末端因素）中选取和识别少量（一般为 3~5 个）看起来对结果有最大影响的原因（一般称重要因素,简称要因）,并对它们做进一步的研究,如收集资料、论证、实验、控制等。

因果图结构示例见图 8-3。

2. 画因果图的注意事项

（1）画因果图时必须充分发扬民主,畅所欲言,各抒己见,集思广益,把每个人的意见都一一记录在图上。

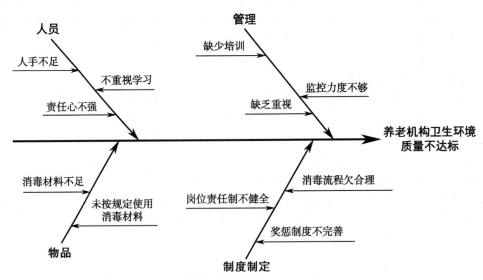

图 8-3　因果图结构展开示意图

（2）确定要分析的主要质量问题（特性）。因果图是只能用于单一目的的研究分析工具，即一个主要质量问题只能画一张因果图，多个主要质量问题则应画多张因果图。

（3）因果关系要层次分明，最高层次关系的原因就寻求到可以直接采取具体措施为止。

（4）"要因"一定要确定在末端因素上。

（5）对末端因素应进行论证，通过的"要因"一定要在对策表上反映出来。

（四）直方图

直方图又称柱状图，直方图依据的理论基础是正态分布原理。在养老机构服务活动中，质量特性总是有波动的。波动有两种：一种是系统性因素，另一种是偶然性因素。前者对质量影响大，有方向性，易识别，可检测，并有办法调整、消除和避免；后一种对质量影响小，方向不固定，且不易识别，实际上难以完全避免，在技术上难以消除，从经济学角度考虑也不值得去消除。偶然性因素对质量的影响，一般视为正常现象，其变动规律接近正态分布，其波动曲线显示为正态分布曲线，其数据绘出的图就是直方图。判断直方图是否近似正态分布，分析质量问题是否有系统性因素影响，就是直方图的意义。

直方图绘制步骤：①收集数据并记录于纸上。统计表上的资料很多，都要一一记录下来，其总数以 N 表示。②确定数据的极差（R）。找出最大值（L）及最小值（S），并计算极差（R）。$R=L-S$。③定组数。数据为 50~100 时，选 5~10 组；数据为 100~250 时，选 7~12 组；数据为 250 以上时，选 10~20 组；一般情况下选用 10 组。④定组距（C）。$C=R/$ 组数。⑤定组界。最小一组的下组界 $=S-$ 测量值的最小位数（一般是 1 或 0.1）× 0.5；最小一组的上组界 = 最小一组的下组界 + 组距；第二组的下组界 = 最小的上组界；依此类推……⑥决定组的中心点。组的中心点 =（上组界 + 下组界）/2。⑦制作次数分布表。依照数值大小记入各组的组界内，然后计算各组出现的次数。⑧制作直方图。横轴表示测量值的变化，纵轴表示次数。将各组的组界标示在横轴，各组的次数多少则用柱形画在各组距上。

正常条件下计量的质量特性值的分布大多为正态分布，从中获得的数据的直方图为中间高、两边低、左右基本对称的正态型直方图。但在实际问题中还会出现另一些形状的直方图，分析出现这些图形的原因，便于采取对策，改进质量。常见的直方图形态有：①正态型；②偏态型；③双峰型；④孤岛型；⑤平顶型；⑥锯齿型。

常见的直方图形态示例见图 8-4。

当观察到的直方图不是正态型的形状时，需要及时加以研究，譬如出现平顶型时可以检查一下有无缓慢变化的因素，又譬如出现孤岛型时可以检查一下服务成本有无变化等，这样便于及时发现问题，采取措施，改进质量。

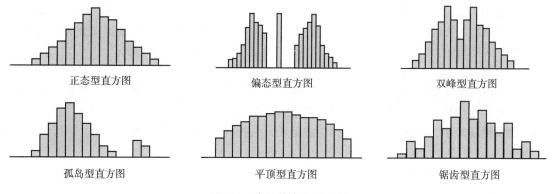

正态型直方图　　　　　偏态型直方图　　　　　双峰型直方图

孤岛型直方图　　　　　平顶型直方图　　　　　锯齿型直方图

图 8-4　常见的直方图形态

（五）控制图法

控制图（管理图）是美国贝尔电话实验室休哈特（W. A. Shewhart）于 1924 年提出来的。该图在质量控制中应用广泛,效果明显（图 8-5）。

1. 控制图的基本原理　控制图是坐标图,纵坐标表明质量特性值,横坐标是时间顺序或采样号,坐标中的 3 条横线是控制界限。中线是实线,表示样本数据的平均值;控制上限是虚线,表示平均值加上 2 个或 3 个样本数据的标准差,控制下限也是虚线,表示平均值减 2 个或 3 个样本数据的标准差。有专家认为:考虑医学统计的显著性水平一般为 0.05,医疗指标控制图以平均值加或减 2 个样本数据的标准差作为控制范围较为妥当。图中的曲线是实际质量特性以一定时间顺序按坐标打点的连线。

控制图是把数理统计学原理应用于质量管理,反映服务过程中质量的中心趋势与离散的变化,以便及时发现超限的异常状态,从而起到质量控制作用。

2. 控制图的绘制步骤　①选取要控制的质量指标的历史资料,对资料可靠性进行分析;②计算控制图中线,计算指标的均数或中位数;③计算离散指标,一般用求标准差和极差的方法;计算出的指标样本标准差和极差,应进行无偏修正;④计算上下控制界限,用标准差、极差和移动极差计算,或用百分位数法计算;⑤先制作分析用控制图,再制作管理用控制图。管理用控制图使用的数据资料,必须排除既往数据中的极大和极小数据,在比较规律的数据基础上计算和绘制。

一般控制图纵轴均设定为产品的质量特性,而以过程变化的数据为刻度;横轴则为检测对象的群体代码或编号或年月日等,以时间别或提供的先后别,依顺序将点绘在图上。

在控制图上有三条笔直的横线,中间的一条为中心线（central line, CL）,一般用蓝色的实线绘制;在上方的一条称为控制上界（upper control limit, UCL）;在下方的一条称为控制下界（lower control limit, LCL）。对上、下控制界限的绘制,则一般均用红色的虚线表现,以表示可以接受的变异范围;至于实际产品或服务质量特性的点连线条则大都用黑色实线绘制。

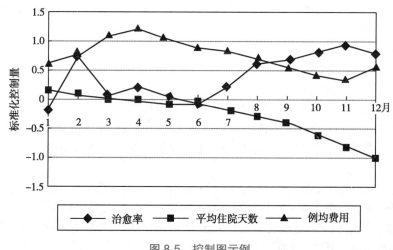

图 8-5　控制图示例

3. 控制图绘制要点　为便于对不同指标、不同部门指标的情况作对比,可在平均值加或减2个样本数据的标准差控制图基础上,计算标准化控制图,从而使大小悬殊的数量及不同量纲的指标标准化。在同一张控制图上,可以同时比较几个指标,以观察它们之间的关系和趋势。

（六）分层法

分层法也称分类法或分组法,把"类"或"组"称为"层",把杂乱无章、错综复杂的数据和意见加以归类汇总。在进行分层时,常常按层把数据进行重新统计,做出频数频率分表。在分层时,要求同一层的数据波动较小,而不同层的数据间的波动较大,这样便于找出原因,改进质量。一般情况下分层标准有:

（1）按时间分:例如按日期、季节、班次等。

（2）按工作人员分:例如按性别、年龄、技术等级等。

（3）按使用的设备分:例如按机床的型号、新旧程度等。

（4）按原材料分:例如按原材料的成分、规格、生产厂家、批号等。

（5）按服务操作程序分:例如按医疗服务规程、生活照料服务流程等。

（6）按不同的服务对象分:例如按生活完全自理老年人、生活半自理老年人、生活完全不能自理老年人等。

（7）按其他分:例如按使用单位、使用条件等。

（七）散布图

在质量管理活动中,经常需要绘制散布图。将具有相关关系的两个变量的对应观察值作为平面直角坐标系中点的坐标,并把这些点描绘在平面上,于是就能得到具有相关关系的分布图,通常称这种反映两个变量之间关系的图为散布图或相关图。在质量管理中利用散布图分析两种数据的关系有3种情况:①质量特征(结果)和质量因素之间的关系;②质量特征(结果)和质量特性之间的关系;③质量因素和质量因素之间的关系。

1. 散布图的绘制步骤　散布图由一个横坐标、一个纵坐标和散点组成。在做散布图时,一般以坐标横轴表示原因X,坐标纵轴表示结果Y。如果所研究的是两种原因或两种结果之间的相关关系,那么在做散布图时,对坐标轴可以不加区别。此外,应当使数据X的极差在坐标上的距离,大致等于数据Y的极差在坐标轴上的距离。

2. 散布图的形式　从散点的分布状况可以观察分析两个变量之间是否有相关关系以及关系的密切程度。根据两个变量X和Y之间的不同关系所绘制成的散布图的形状多种多样,但归纳起来,相关关系主要有正相关、负相关、非线性相关、不相关等。

（1）当变量X增大时,变量Y随之增大。X与Y之间的这种关系称为正相关,见图8-6示例（a）。

（2）当变量X增大时,变量Y随之减小。X与Y之间的这种关系称为负相关,见图8-6示例（b）。

（3）当变量X增大时,变量Y先随之增大,当增大到某个界限值之后,Y又随之减小。X与Y之间的这种关系称为非线性相关,见图8-6示例（c）。

（4）当变量X增大时,看不出变量随之增大还是随之减小的任何趋势。对于这种情况,就称X与Y之间不存在相关关系,见图8-6示例（d）。

散布图的不同形式示例见图8-6。

3. 注意事项　研究散布图的类型时,还需注意下面几种情况:

（1）观察有无异常点(即偏离集体很远的点):如有异常点,必须查明原因。如果经分析得知是由于不正常的条件或测试错误所造成,就应将他们剔除。对于那些找不出原因的异常点,应慎重对待。

（2）观察是否有分层的必要:如果用受到两种或两种以上因素影响的数据绘制散布图,那么有可能出现下面这种情况。就散布图的整体来看似乎不相关,但是,如做分层观察,发现又存在相关关系;反之,就散布图整体来看似乎存在相关关系。因此,绘制散布图时,要区分不同条件下的数据,并且要用不同记号或颜色来表示分层数据所代表的点。

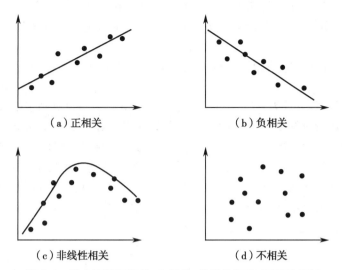

图 8-6　散布图的正相关、负相关、非线性相关、不相关图示

（3）假相关：在质量管理中，有时会遇到这样的情况。从技术上看，两个变量之间不存在相关关系，但根据所收集的对应数据绘制成的散布图，却明显地呈现相关状态，这种现象称为假相关。假相关现象可能是结果（或特性）与所列的原因（或特性）之外的因素相关而引起的。因此，在进行相关分析时，除观察散布图之外，还要进行技术探讨，以免把假相关当作真相关。

4. 养老服务质量管理标准　提供高水平的服务质量，必须学习和采用先进的、科学的质量管理方法和技术，加强对服务质量的管理。多年来，广大养老服务工作者为提高服务质量进行了长期努力，提出了许多管理方法，由于在科学性、实用性方面还存在一些问题，所以效果不令人满意。ISO 9000系列标准的广泛运用，证明这是一套实用而有效，具有科学性、先进性，对各行各业包括养老服务质量管理都有指导作用的管理标准。结合养老服务工作的性质和内容，ISO 9000系列标准非常适合在养老服务质量管理中进行应用和推广。

按照 ISO 9000 系列标准建立质量管理体系，为养老服务质量管理提供了科学、有效的方法。体系的建立有利于贯彻"一切以老年人为中心"的服务宗旨；有利于规范服务人员的日常服务行为和技术操作；有利于培养和教育服务人员的职业道德和服务规范；有利于激发和调动服务人员的工作积极性，使服务人员自觉学习钻研业务知识，提高专业技术水平；有利于提升人们对养老机构服务质量的信任；有利于促进服务质量的持续改进，提高服务能力，从而达到社会效益和经济效益的同步提升。

三、质量管理的内容

质量管理的内容主要包括以下几方面：

1. 制定质量方针和质量目标

（1）质量方针：质量方针是机构总的质量宗旨和方向，是机构在质量方面发展的远景规划和蓝图，是全面开展质量活动遵循的准则，是机构的追求。机构主要负责人是制定质量方针和确保质量方针贯彻、实施、保持的责任人。

质量方针的制定基础是八项质量管理原则，制定质量方针应以八项质量管理原则为指导，考虑老年人及相关方的需求，尤其是变化需求、潜在需求；考虑预期的老年人满意程度、所需资源、持续改进的需求、供方和合作方的作用等因素，结合机构的中长远发展规划，科学制定质量方针，使其具有较强的指导作用。

质量方针的制定要与机构的宗旨和总方针相适应；质量方针要做出满足要求和持续改进的承诺；质量方针要为制定和评审质量目标提供框架。

质量方针不宜简简单单地以一两句话表述，可采用短文，力求语句简洁，蕴含内容丰富。

为保持机构的有效运行，把握发展方向及提高整体合力，同时也为适应内外部条件和社会需求的不断变化,要定期对质量方针进行适宜性方面的评审和修订。质量方针颁布后,机构主要负责人要确保质量方针的贯彻实施,要让全体员工都能正确理解质量方针的含义,要做到质量方针深入人心。

（2）质量目标:质量目标是指机构全体员工为实现优质服务而追求并加以实现的主要工作任务。

质量目标制定以质量方针为基础,是质量方针的具体化。质量目标制定要求做到"一致性、前瞻挑战性和可测量"。质量目标要与质量方针相一致,符合"SMART"原则。养老机构的质量目标的制定应具有前瞻挑战性,质量目标不要太低也不要过高。质量目标低于现状,容易导致员工满足于现状而不求进取,使机构服务难以满足不断变化的社会需求,影响机构的可持续发展。质量目标也不要过高,太高的质量目标难以达到,会挫伤员工的工作热情和积极性,甚至会导致资源浪费、质量过剩。适宜的质量目标应当是通过不懈努力可以达到的,具有前瞻挑战性。

质量目标是否达到可通过考核测量进行评价。

知识链接

"SMART"原则

"SMART"原则是质量管理中常用到的一种目标管理模型。SMART 分别代表了 5 个单词的首字母,也是目标管理的五大原则,也被称为目标管理的五个维度。即:①目标必须是具体的(specific);②目标必须是可以衡量的(measurable);③目标必须是可以达到的(attainable);④目标必须和其他目标具有相关性(relevant);⑤目标必须具有明确的截止期限(time-based)。无论是制定团队的工作目标还是制订员工的绩效目标都必须符合上述原则,五个原则缺一不可。

质量目标描述举例:

某养老机构 2020 年 1 月份服务达标率≥95%;

某养老机构 2020 年第三季度老年人满意率≥90%;

某养老机构 2020 年度第三楼层责任事故发生次数为 0。

质量目标管理一般分为目标的制定、目标实施、目标实施情况检查、目标实现与否的评价。为对质量目标实施有效的管理,应建立相应的管理制度,定期对照标准进行检查评价,动态控制。同时要重视对员工的管理,全体员工是实现目标的核心和动力,要营造员工主动积极为实现质量目标而努力工作的氛围。

2. 质量策划　质量策划是质量管理的一部分,致力于制定质量目标并规定必要的运行过程和相关资源以实现质量目标,是开展质量活动之前的"运筹帷幄"的过程。

质量策划的主要内容包括:

（1）走访、问询老年人及相关人员,清理、分析老年人及相关方的需求和期望,定位主要服务群体。

（2）依据服务需求,确定服务功能、服务内容、服务过程、服务标准(包括制度、操作规程)。

（3）为满足服务需求,依据相关标准如《无障碍设计规范》(GB 50763—2012)、《养老机构服务安全基本规范》(GB 38600—2019)、民政部 2021 年发布的《养老机构岗位设置及人员配备规范》等确定所需设施设备、环境(生态、人文)和人力资源,各级各类人员的资质配备的数量、比例以满足服务需求和符合相关标准为原则。质量策划活动中的人力资源建设是重点。

（4）职责、权限划定,明确各级各类人员的岗位职责、权限和相互关系。管理中出现的许多问题往往是因为职责不清,权限混乱。机构功能的最佳发挥取决于机构中每个部门、每个岗位职责、权限明确合理,履行职能充分以及部门、岗位之间的关系明确、顺畅、协调。在作出规定前,应当先理顺相互关系。要加强岗位责任制建设。

（5）确定不合格(未满足要求)服务改进的途径和方法:由于需求是动态的、发展的,同时由于养老服务还存在一些难以预测的不确定因素,因而不合格服务有时会发生。对可能出现的不合格服务要确定改进的途径和方法以利于改进,同时要规定相应措施,防止同类问题再发生。

（6）确定并评价相关业绩指标:养老服务是综合服务,只有机构内外各方通力合作形成合力才能实现预期目标。因此,相关业绩指标应得到明确并予以评价。例如:设施设备完好率,测量设备（血压计、磅秤、压力表）、压力容器校验间隔时间及检测率,与供方合作的要求及兑现率等。

（7）记录要求:记录是开展工作（服务）和取得成果的证据,是管理的重要资源。要重视记录在质量管理中的作用,对记录应用范围,记录的书写、填写、收集、保管,记录的应用等要有相应的规定。

3. 质量控制　质量控制是质量管理的一部分,致力于满足质量要求是质量管理的重要环节。质量控制的目的是使每项质量活动、每个过程、每个环节始终处于受控状态,使服务、活动和结果都能达到质量要求。质量控制的活动、方法、技术等都必须始终围绕这一目的进行。由于需求的不断变化,质量控制活动、方法、技术也应随时调整、更新,以适应不断变化的需求,保证控制的实时性和有效性。

凡是为满足服务需求开展的各项工作（活动）、确定的过程、应采用的技术和方法,都属质量控制范围,包括养老服务的生活照料、医疗、康复、医疗护理、心理护理、文化体育活动、安全防护、消防、卫生、资源（设施设备、环境、人力）、餐饮、采购等过程以及采用的方法和技术等。

质量控制的核心是预防为主。预防为主的思想要贯穿于服务的全过程,对服务的重点过程和因各种因素可能导致的不良后果,要制订相应的控制规程和预防预案,例如预防老年人跌倒预案、预防压疮控制规程、预防老年人走失预案、预防老年人骨折预案等。要充分依据标准,开展各项控制活动,要落实各项预防措施,防止不合格的服务发生。对发现的不合格服务,在及时纠正的同时,要分析原因,采取有效措施防止再发生。

质量控制活动一般分为三个环节,一是要确定控制标准,即建立标准系统。质量控制首先要有标准,没有标准就无从控制,凡是重复活动均要有标准。二是按标准实施,在实施过程中要对照标准进行监视、测量和验证有无达到标准要求,即达标与否。老年人及家属满意率征询也是测量和验证有无达到标准的方法之一,其结果更有应用价值,因为这是老年人及家属对其要求能否得到满足及满足程度的亲身感受。要充分利用满意率测评的作用,定期对老年人及家属进行满意率测评。在质量控制活动中,有了测量结果就能及时发现服务中出现的问题,就能马上采取措施纠正,使各项服务活动都能达到标准要求。三是对不合格或不达标情况及时采取有效措施进行处置,使服务活动满足需求和符合标准要求。若没有纠正环节,所有开展的控制活动都将半途而废。抓好控制标准、测量验证达标与否和纠正三个环节,才能达到质量控制的目的。

4. 质量保证　质量保证是质量管理的一部分,致力于提供质量要求会得到满足的信任。质量保证的目的是取得老年人及相关方对机构质量的信任,尤其是对机构提供的服务能满足质量要求的信任,这种信任不仅是现在的也包含将来的。

为使老年人及相关方信任机构提供的服务能满足质量要求,需要机构开展有计划、有系统的活动来证实机构确有能力满足质量要求,所以质量保证是一系列有计划、有系统的证实活动。按 ISO 9000 系列标准建立、实施和保持质量管理体系是最有效的证实活动。

建立和实施质量管理体系的方法包括以下步骤:

（1）确立顾客和其他相关方的需求和期望。

（2）建立机构的质量方针和质量目标。

（3）确定实现质量目标所需要的过程和职责。

（4）确定和提供实现质量目标必需的资源（包括设施设备、环境、人力）;规定测量每个过程的有效性和效率的方法并应用这些测量方法确定每个过程的有效性和效率。

（5）确定防止不合格并消除产生原因的措施。

（6）建立和应用持续改进质量管理体系的过程。

证实机构提供的服务能满足质量要求的另一方法是提供客观证据。机构可根据内部管理、老年人及相关方的要求,选择提供适合的客观证据,证实有能力满足质量要求。例如:质量手册、质量记录、第三方认证证书、各级民政部门对机构的评审结果等。

由于需求是动态的、变化的、发展的,又有潜在的需求,所以很难做到规定的质量要求完全反映了老年人及相关方的需求,因此质量保证活动总是不完善的,存在需要改进的地方。改进是质量保证的基本活动,只有不断开展质量改进活动,质量保证能力才能日益提高。

5. 质量改进　质量改进是质量管理的一部分,致力于增强满足质量要求的能力。质量改进的目的是使服务满足需求和符合标准要求。在各类服务过程中,一旦出现不合格服务或不符合标准要求的问题,必须立即予以改进,使其达到相关要求或标准要求。同时要分析原因,采取措施防止该类问题再发生。

质量的核心是满足需要,而需要是相对的、动态的、发展的,任何机构不可能也做不到完全反映并满足需要。因此,问题始终是存在的,质量改进也就永无止境。对重复出现的不合格或不达标问题,应采取以下步骤予以改进:

（1）收集、整理、分析有关信息,找出不合格原因。

（2）针对不合格原因,提出改进意见或建议。

（3）组织改进活动并验证改进效果。

（4）有效者巩固改进效果,无效者则需重新按以上步骤,重新分析原因、重新提出改进意见或建议、组织改进活动并验证改进效果。利用纠正措施尤其是预防措施,避免不合格的发生或再发生。

纠正措施是为了消除已出现的不合格或其他质量问题产生的原因所采取的措施。预防措施是针对潜在不合格产生的原因采取的消除措施,其目的是防止不合格发生。养老机构有其特殊性,预防事故、减少事故、杜绝事故是质量管理的核心,质量管理的实施需要全体员工共同参与,共同努力,从细节抓起。

四、质量管理体系

质量管理体系是指在质量方面指挥和控制组织的管理体系。质量管理体系是组织内部建立的、为实现质量目标所必需的、系统的质量管理模式,是组织的一项战略决策。它将资源与过程结合,以过程管理方法进行系统管理,根据企业特点选用若干体系要素加以组合,一般包括与管理活动、资源提供、产品实现以及测量、分析与改进活动相关的过程组成,可以理解为涵盖了从确定顾客需求、设计研制、生产、检验、销售、交付之前全过程的策划、实施、监控、纠正与改进活动的要求,一般以文件化的方式,成为组织内部质量管理工作的要求。

针对质量管理体系的要求,国际标准化组织的质量管理和质量保证技术委员会制定了 ISO 9000 族系列标准,以适用于不同类型、产品、规模与性质的组织,该类标准由若干相互关联或补充的单个标准组成,其中为大家所熟知的是 ISO 9001《质量管理体系要求》,它提出的要求是对产品要求的补充,经过数次的改版。在此标准基础上,不同的行业又制定了相应的技术规范,如 ISO 13485《医疗器械质量管理体系用于法规的要求》等。

ISO 9001:2015 标准是由 ISO（国际标准化组织）/TC 176/SC 2 质量管理和质量保证技术委员会质量体系分委员会制定的质量管理系列标准之一。该质量管理体系的特性同样适合于养老服务机构。ISO 9001 质量管理体系特性包括:

1. 符合性　欲有效开展质量管理,必须设计、建立、实施和保持质量管理体系。组织的最高管理者对依据 ISO 9001 国际标准设计、建立、实施和保持质量管理体系的决策负责,对建立合理的组织结构和提供适宜的资源负责;管理者代表和质量职能部门对形成文件的程序的制定和实施、过程的建立和运行负直接责任。

2. 唯一性　质量管理体系的设计和建立,应结合组织的质量目标、产品类别、过程特点和实践经验。因此,不同组织的质量管理体系有不同的特点。

3. 系统性　质量管理体系是相互关联和作用的组合体,包括组织结构、程序、过程、资源等。①组织结构:合理的组织机构和明确的职责、权限及其协调的关系;②程序:规定到位的形成文件的程序和作业指导书,是过程运行和进行活动的依据;③过程:质量管理体系的有效实施,是通过其所需过程的有效运行来实现的;④资源:必需、充分且适宜的资源包括人员、资金、设施、设备、料件、能源、技术和方法。

4. 全面有效性　质量管理体系的运行应是全面有效的,既能满足组织内部质量管理的要求,又能满足组织与顾客的合同要求,还能满足第二方认定、第三方认证和注册的要求。

5. 预防性 质量管理体系应能采用适当的预防措施,有一定的防止重要质量问题发生的能力。

6. 动态性 最高管理者定期批准进行内部质量管理体系审核,定期进行管理评审,以改进质量管理体系;还要支持质量职能部门(含各一线服务部门)采用纠正措施和预防措施改进过程,从而完善体系。

7. 持续受控 质量管理体系所需的过程及其活动应持续受控。质量管理体系应最佳化,组织应综合考虑利益、成本和风险,通过质量管理体系持续有效运行使其最佳化。

五、发达国家养老机构的质量管理经验

西方发达国家有 5%~15% 的老年人选择机构养老,其中北欧国家为 5%~12%,英国大约为 10%,美国大约为 20%。发达国家经济基础雄厚,老龄化社会到来较早,社会保障较完善,养老服务体系较成熟,养老机构入住率高,在养老机构服务质量等级评定方面积累了丰富的经验。

英国养老机构的质量管理侧重政府引导、强化养老机构服务评定。英国共发布了 3 项养老服务业国家标准,分别是《考虑老年人的住宅设计指南》《标准制定考虑老年人及残疾人的需求》《老年人家庭看护质量》。英国政府对于养老服务质量控制和监督管理主要依照财政部等颁布的《家庭生活标准》《居家服务机构指南》《老年居家服务标准指南》《残疾人居家服务标准指南》《健康技术备忘录》等规范性文件进行,内容主要涉及服务质量(包括护理质量、生活质量等)、服务机构要求(包括场所、环境、设施设备)、针对养老机构的评估规范(包括评估流程、评估内容、评估人员要求)等方面。

美国养老机构的质量管理侧重运用市场调节功能,完善养老机构服务等级评定。美国卫生部医疗保险和医疗救助中心发布了两项养老服务标准,分别规定了养老服务的传统和新兴评价指标。养老机构实行准入及标准化报告制度,用于获取顾客满意度、评价和检测照料机构的服务质量,以此作为对养老机构进行监督检查的手段和依据。同时对养老机构开展星级评估,内容主要包括服务质量、从业人员、老年人健康检查等方面,根据评估结果评等定级,作为消费者选择养老机构的依据之一。经过长期的经验积累,美国各养老机构都制定了服务标准,涉及服务流程、服务规范、服务技术、设备设施和质量监控等方面。

德国养老机构的质量管理侧重依法制定服务评定规范、层层监督落实。德国中央长期照料社会保险基金联合会和联邦长期照料服务机构联合会根据法律共同制定了养老服务原则和标准,对服务质量、质量担保及措施、机构内服务质量管理制度等进行了具体规定。德国各州均建立了养老院护理质量监督机构,负责监督养老机构服务质量。

澳大利亚养老机构的管理侧重从质量着手,细化养老机构服务评定。澳大利亚健康与老年部指定老年服务标准和认证代理有限公司,专门从事养老机构资格认证工作。该机构围绕管理体系、人员配置、组织发展等方面,根据健康和人员服务、老年人生活方式、实际环境和安全系统 4 项标准 44 项要求对养老机构进行质量认证。

日本养老机构的质量管理由政府统一制定养老服务评定标准,强调评定的可操作性。日本养老服务业标准具有极高的全国统一性,在养老服务业标准化建设工作方面共发布了 29 项国家标准。日本主要实施由厚生省老年人保健福祉局制定的养老服务评定标准,涉及日常生活服务、特殊服务、其他服务、与相关业务单位的协作、设施设备与环境 5 方面内容,根据这 5 方面设定各种问题,组成服务评定项目。

第二节 养老机构的标准化建设

李奶奶,80 岁,家庭主妇,入住养老院失智区前与家人同住。李奶奶喜欢做家务,无其他爱好;记忆力下降;行为异常,经常怀疑有人偷她东西,有跟脚行为,曾发生过因快步尾随护理人员而摔倒

事件。

根据老人的状况,养老院精心安排了个性化服务。比如护理员知道老人喜欢做家务,就拿一堆红豆黄豆混在一起,请李奶奶帮忙分开,李奶奶非常开心地挑了一个多小时的豆子。自从李奶奶发生了跌倒事件后,照顾她的护理人员就特别关注她,李奶奶愿意跟着谁,谁就挽着她陪她聊聊天,如果护理员有事不能陪她,就把李奶奶交给她熟悉的其他护理人员,并告诉她自己去做什么事情去了,大概多久回来,让老人安心。

入住养老院一个月以后,李奶奶不提有人偷她东西的事情了。因为时刻有人关注她,李奶奶不再执着地黏着某一个护理员,也没有再出现跌倒事件。当亲属来探望老人时,问她这里好不好、要不要回家。老人说,这里好,她不要回家。

工作任务

1. 正确评价该养老机构的服务质量管理工作。

2. 能结合实例理解养老护理技术服务人员应具备的资质。

一、标准与标准化

(一)标准与标准化

1. 标准与标准化　标准是对重复性事物和概念所作的统一规定,它以科学、技术和实践经验的综合成果为基础,经有关方面协商一致,由主管机构批准,以特定形式发布,作为共同遵守的准则和依据。标准化是指在经济、技术、科学及管理等社会实践中,对重复性事物和概念通过制定、发布和实施标准,达到统一,以获得最佳秩序和社会效益的活动。

2. 标准的分类　标准可按多种形式进行分类,常用的分类方法有如下三种:

(1)按级别分:可分为国家标准、行业标准、地方标准、企业标准。①国家标准:对需要在全国范围内统一的技术要求,应当制定国家标准。国家标准由国家标准化管理委员会编制计划、审批、编号、发布。国家标准代号为 GB 和 GB/T,其含义分别为强制性国家标准和推荐性国家标准。②行业标准:对没有国家标准又需要在全国某个行业范围内统一的技术要求,可以制定行业标准,作为对国家标准的补充,当相应的国家标准实施后,该行业标准应自行废止。行业标准由行业标准归口部门编制计划、审批、编号、发布、管理。行业标准的归口部门及其所管理的行业标准范围,由国务院行政主管部门审定。推荐性行业标准在行业代号后加"/T",不加"T"为强制性标准。③地方标准:对没有国家标准和行业标准而又需要在省、自治区、直辖市范围内统一的要求,可以制定地方标准。地方标准由省、自治区、直辖市标准化行政主管部门统一编制计划、组织制定、审批、编号、发布。地方标准也分强制性与推荐性。④企业标准:是对企业范围内需要协调、统一的技术要求、管理要求和工作要求所制定的标准。企业产品标准的要求不得低于相应的国家标准或行业标准的要求。企业标准由企业制定,由企业法定代表人或法定代表人授权的主管领导批准、发布。企业产品标准应在发布后 30 日内向政府备案。

(2)按性质分:可分为技术标准、管理标准、工作标准。①在标准化领域中,对需要统一的技术事项所制定的标准称为技术标准。技术标准包括基础技术标准、产品标准、工艺标准、检测试验方法标准,以及安全、卫生、环保标准等。②对需要协调统一的管理事项所制定的标准称为管理标准。管理标准包括管理基础标准、技术管理标准、经济管理标准、行政管理标准、生产经营管理标准等。③为实现工作(活动)过程的协调,提高工作质量和工作效率,对每个职能和岗位的工作制定的标准称为工作标准。工作标准是指对工作的责任、权利、范围、质量要求、程序、效果、检查方法、考核办法所制定的标准。

(3)按约束力分:可分为强制性标准、推荐性标准、指导性技术文件。强制性标准是所有相关方都必须严格遵守的,而推荐性标准则是鼓励各相关方积极采用的。此外,为适应某些领域标准快速发展和快速变化的需要,1998 年起《中华人民共和国标准化法》规定在国家标准、行业标准、地方标准、企业标准四级标准之外,增加一种"国家标准化指导性技术文件",作为对国家标准的补充,其代号为"GB/Z"。指导性技术文件仅供使用者参考。

（二）现有的养老行业标准

近几年养老服务业标准化建设工作受到了国家层面的高度重视,并不断推进。截至2021年,养老服务领域已发布多项涉及养老机构服务与管理方面的国家标准、行业标准,包括《养老机构服务质量基本规范》(GB/T 35796—2017)、《养老机构等级划分与评定》(GB/T 37276—2018)、《养老机构服务安全基本规范》(GB 38600—2019)、《养老机构生活照料服务规范》(MZ/T 171—2021)、《养老机构服务标准体系建设指南》(MZ/T 170—2021)等。这些标准对养老机构服务内容、安全管理进行了规范,为提高机构服务与管理水平提供了重要的技术支撑。各省在加大国家标准宣传、贯彻力度的同时,加大力度建立健全地方标准体系。例如江苏省民政厅与江苏省质量技术监督局联合制订印发了江苏民政标准化"十三五"规划,提出编制50项地方民政标准,涉及养老、康复、孤残儿童养育等方面;浙江省出台地方标准《养老机构护理分级与服务规范》(DB33/T 2267—2020)等。随着国家和省级各项标准的出台,必将会进一步推进我国养老服务业整体发展水平。

（三）养老机构标准化建设的意义

标准化作为一种提升管理水平与服务质量的重要技术手段,是规范养老机构发展所需要的基础性工作。养老机构的标准化建设,就是运用标准化原理、方法和手段,贯彻国家标准、行业标准和地方标准等,促进养老机构技术进步和管理进步,使养老机构的运行管理活动科学化、程序化和规范化,以提高服务质量和工作效率,增强竞争力,获得最佳运行秩序、最佳社会效益和最佳经济效益。

养老机构标准化建设的内容包括服务质量、服务价格、质量保证、服务管理、服务监督、服务投诉等。养老机构发展的关键是管理服务,做好管理服务工作的保障是标准。

标准化在确保养老机构服务质量、提升机构综合效益、增强机构竞争力等各个方面发挥着非常重要的作用。

1. 标准化是提高服务质量的保障 标准是以科学、技术和经验的综合成果为基础,是养老服务活动中各种标准、协议、技术规范、操作规程、法律法规等的集合。养老机构的核心内容就是给老年人提供各种服务。养老机构标准化规范了养老服务行为,使影响服务质量的多种因素得以有效控制,让老年人享受到标准化的服务。只有服务质量提高了,入住率才会提高,养老机构的服务功能才能充分展示。

2. 标准化是科学管理的基础 养老机构标准化内容具体涵盖了各种服务要求、人员配备要求、设施与设备配置要求、安全要求、服务的评价与改进等各个方面,为养老机构科学管理提供了依据,指明了方向。只有实施一套完善的涵盖技术标准、管理标准及工作标准的标准化体系,才能实现养老机构的科学管理,从而促进养老机构各项事务的协调稳定发展。

3. 标准化是促进机构获得最佳效益的有效方法 标准化的引入能有效促进机构经济效益和社会效益的实现,具体表现在以下几个方面:①推行服务标准化,使养老机构知道应为服务对象提供什么服务,如何提供服务,服务到什么程度,从而保证养老机构高水平的服务质量和服务效果,促进机构经济效益和社会效益的实现。②推行管理标准化,实施一套规范的涵盖技术标准、管理标准及工作标准的标准化管理体系,才能实现养老机构内部管理事务的协调和整个工作过程的协调,从而提高工作质量和工作效率,保证养老机构养老服务提供能力的提高和服务质量的优化。③贯彻国家制订的安全、环保、卫生等强制性标准,按标准建立并严格实施完善的包括消防安全、食品安全、环卫安全、医疗护理安全、治安管理安全等安全保障机制,才能保障老年人和养老机构员工的人身安全、财物安全。

二、养老机构标准体系构建

（一）标准体系构建

标准体系是指一定范围内的标准按其内在联系形成的科学的有机整体。构建标准体系是运用系统论指导标准化工作的一种方法,主要体现为编制标准体系结构图和标准明细表、提供标准统计表、编写标准体系编制说明等,是开展标准体系建设的基础和前提工作,也是编制标准、修订规划和计划的依据。

1. 标准体系构建原则

（1）目标：明确标准体系是为业务目标服务的，构建标准体系应首先明确标准化目标。

（2）全面成套：应围绕着标准体系的目标展开，体现在体系的整体性，即体系的子体系及子子体系的全面完整和标准明细表所列标准的全面完整。

（3）层次适当：标准体系表是一定范围内包含现有、应有和预计制定标准的蓝图，是一种标准体系模型。标准体系表应有恰当的层次，主要表现为：标准明细表中的每一项标准在标准体系结构图中应有相应的层次；从个性标准出发，提取共性技术要求作为共性标准；为便于理解、减少复杂性，标准体系的层次不宜太多；同一标准不应同时列入两个或两个以上子体系中。

（4）划分清楚：标准体系表内的子体系或类别的划分、各子体系的范围和边界的确定，主要应按行业、专业或门类等标准化活动性质的同一性划分，而不宜按行政机构的管辖范围划分。

2. 标准体系构建的一般方法

（1）确定标准化方针目标：在构建标准体系之前，应首先了解下列内容，以便于指导和统筹协调相关部门的标准体系构建工作。①了解标准化所支撑的业务战略；②明确标准体系建设的愿景、近期拟达到的目标；③确定实现标准化目标的标准化方针或策略（实施策略）、指导思想、基本原则；④确定标准体系的范围和边界。

（2）调查研究：开展标准体系的调查研究，通常包括4项内容。①标准体系建设的国内外情况；②现有的标准化基础，包括已制定的标准和已开展的相关标准化研究项目和工作项目；③存在的标准化相关问题；④对标准体系的建设需求。

（3）分析整理：根据标准体系建设的方针、目标以及具体的标准化需求，借鉴国内外现有的标准体系的结构框架，从标准的类型、专业领域、级别、功能、业务的生命周期等若干不同标准化对象的角度，对标准体系进行分析，从而确定标准体系的结构关系。

（4）编制标准体系表：通常包括3项内容。①确定标准体系结构图：根据不同维度的标准分析的结果，选择恰当的维度作为标准体系框架的主要维度，编制标准体系结构图，编写标准体系结构的各级子体系、标准体系模块的内容说明；②编制标准明细表：收集整理拟采用的国际标准、国家标准等外部标准和本领域已有的内部标准，提出近期和将来规划拟制订的标准列表，编制标准明细表；③编写标准体系表编制说明：具体内容参见养老机构服务标准体系建设中的编制说明。

（5）动态维护更新：标准体系是一个动态的系统，在使用过程中应不断优化完善，并随着业务需求、技术发展的不断变化进行维护更新。

（二）养老机构服务标准体系建设

2021年3月29日，民政部公布了《养老机构服务标准体系建设指南》（MZ/T 170—2021），文件规定了养老机构服务标准体系建设的基本要求、构建原则、标准体系结构、标准明细表、标准号编制规则、标准统计表、标准体系构建及编制说明。

1. 基本要求

（1）养老机构开展标准体系编制工作应符合国家相关法律法规、政策要求，应着重考虑安全、环境和卫生等服务要素的要求，维护老年人和员工权益，满足老年人需求。

（2）标准体系应根据本机构和相关方的需求和期望、本机构标准化现状形成标准体系构建规划，确定标准化对象，设计标准体系结构。

（3）标准体系应主题突出、目标明确、结构合理、层次清晰，满足养老机构需求。

（4）养老机构应根据需求和内外部环境变化及时调整标准体系，视实际情况做删减和扩充。

（5）养老机构应建立健全以本机构标准为主体的标准体系，标准体系表编制可参考 GB/T 13016 和 GB/T 13017。养老服务业组织应定期开展标准体系评价工作，确保体系持续有效。

2. 构建原则 养老机构标准体系的构建原则包括目的性、系统性、完整性、层次性、同一性、开放性。

3. 标准体系结构 养老机构标准体系包括服务通用基础标准体系、服务保障标准体系、服务提供标准体系和岗位标准体系。标准体系结构见图8-7。

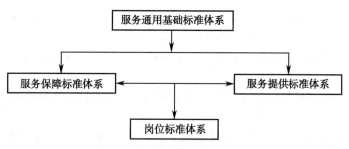

图 8-7 养老机构标准体系结构图

4. 标准明细表 养老机构应根据标准体系结构,对服务通用基础标准体系、服务保障标准体系、服务提供标准体系和岗位标准体系编制对应的标准明细表。标准明细表宜包括标准的基本信息、关联信息和使用信息等。标准明细表格式可参考 GB/T 13016。示例见表 8-2。

表 8-2 标准明细表示例

序号	标准号	标准名称	引用标准	归口部门	实施日期	备注

5. 标准号编制规则 标准号宜包括企业标准代号、企业名称、标准体系代号、标准编号、年代号,如 Q/HF BZ 101.1—2017。

6. 标准统计表 标准统计表是对养老机构制定的养老机构标准总数、服务通用基础标准数量、服务保障标准数量、服务提供标准数量、岗位标准数量及使用的国家标准、行业标准和地方标准的数量进行统计,主要内容包括标准类别、标准数量,见表 8-3。

表 8-3 标准统计表

标准类别	标准数量	服务通用基础标准	服务保障标准	服务提供标准	岗位标准	合计
国家标准						
行业标准						
地方标准						
养老机构标准						
合计						

7. 标准体系构建

(1)服务通用基础标准体系:养老机构编制服务通用基础标准体系时,应采用层次结构图表示,主要包括标准化导则、符号与标志标准、量和单位标准、数值与数据标准等,见图 8-8。

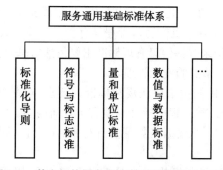

图 8-8 养老机构服务通用基础标准体系结构图

1）标准化导则主要包括三个方面：①规定养老机构内标准化管理的职责、内容、工作范围、要求等；②规定养老机构内标准体系文件的编写、审查、管理规则，修订、实施、监督和检查规则等；③梳理支撑养老机构标准化管理工作及标准编制工作相关的基础性国家标准，可直接采用或进行转化。

2）养老机构采用的符号与标志、量和单位的选用以及养老机构运营和管理活动涉及的数值和数据应符合相关的国家标准、行业标准、地方标准。

（2）服务保障标准体系：养老机构编制服务保障标准体系时，应采用层次结构图表示，见图8-9。

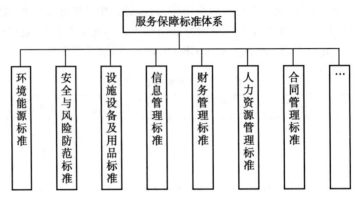

图8-9　养老机构服务保障标准体系结构图

1）环境能源标准：养老机构应制定环境条件和环境保护标准，节能降耗管理标准，主要内容包括：①老年人居室、公共活动区域、医疗区域、康复区域、食堂区域等温度、湿度、光线、照度、绿化、空气质量、卫生、清洁度、噪声、场地面积等基本条件的要求；②经营和管理活动中废弃物处置与管理标准；③日常环境卫生维护管理标准；④水、电、气、油等节能降耗管理标准。

2）安全与风险防范标准：养老机构风险包括设施设备、食品、消防、医疗护理、信息、突发事件、职业防护、公共安全、法律、服务安全等风险，主要内容有3方面。①安全标准：养老机构以保护服务对象、员工的生命和财产安全为目的，收集、制定各项安全标准，包括安全责任制度、安全教育制度、安全操作规范或规程、安全检查制度、事故处理与报告制度、突发事件应急预案、考核与奖惩制度等。②突发事件应急预案：突发事件应急管理应明确应急管理部门及其责任，制定应急预案。应急预案内容主要包括突发事件类型、组织机构、职责分工、处置原则、处理流程、工作要求等。③职业防护相关标准：主要内容包括养老机构针对员工职业活动中存在的健康损害、安全危险及其有害因素收集、制订的标准。如工作场所的空气、噪声、温湿度、辐射等要求；劳动防护标准应包括配备劳动防护服装和用品，定期体检和进行职业健康教育，随时监测和维护作业场所的环境及设施，如放射专业人员防护等；职业暴露防范与应急处置，如养老护理员腰背肌的损伤、老年人心理异常造成的伤害、传染病的防护等；职业健康管理要求。

3）设施设备及用品标准：养老机构设施设备及用品包括办公设备、医疗设备、康复器材、餐饮设备、适老化用品等。标准的主要内容包括用品、食品、药品采购标准，储运标准，安装调试标准，使用与维护保养标准，停用改造与报废标准，设施设备操作标准，设施设备安全管理标准。

4）信息管理标准：信息是对养老机构运营管理具有参考价值的数据资料，主要包括电子数据信息、网络信息、文件、档案、服务记录等。信息管理标准主要包括信息分类、采集、发布、保存及处理，信息发放、回收、借阅、销毁的要求，信息的安全管理等。

5）财务管理标准：指养老机构按法律法规和标准的要求，对财务活动中的成本核算和收支等方面进行管理，收集、制定标准。财务管理标准主要有7方面内容。①预决算；②收费标准；③营运资金管理标准；④资产管理标准；⑤票据与凭证管理标准；⑥会计核算标准；⑦会计电算化管理标准等。

6）人力资源管理标准：指养老机构对人员配备与管理的相关标准，主要内容包括4方面。

①人员聘用、教育和培训标准;②薪酬与福利标准;③人员工作绩效考核标准;④人事合同、档案标准等。

7)合同管理标准:指养老机构对合同进行管理的相关标准,主要内容包括5方面。①合同的分类、起草、订立;②合同的审查、签订、授权或委托的权限和程序要求;③合同的履行、变更和解除;④合同的纠纷处理;⑤合同的备案及保存。

(3)服务提供标准体系:养老机构编制服务提供标准体系时,应采用层次结构图表示,见图8-10。主要内容包括服务标准、运行管理标准、服务评价与改进标准等。

1)服务标准:服务标准子体系的构建方法有服务流程法、服务要素法、服务对象法、服务项目法。设计时可选用一种方法或多种方法并用。各种构建方法适用情况如下。①服务流程法:适用于服务流程相对固定单一、不因服务对象或服务项目的不同发生变化的服务项目;②服务要素法:适用于主要依托各类要素集成而提供服务的活动,如:养、食、乐、医、护、康;③服务对象法:适用于因服务对象不同而需提供不同服务项目的服务活动,如自理、半自理、不能自理;④服务项目法:适用于通常提供不同组合、不同种类服务项目的服务活动。服务项目较多时,宜先将服务项目适当地分类,如出入院服务、生活照料服务、膳食服务、清洁卫生服务、洗涤服务、医疗护理服务、文化娱乐服务、心理/精神支持服务、安宁服务。

2)运行管理规范:是指养老机构根据所提供的服务类别和项目,对服务提供过程中涉及的人员配备、资金投入、设施与设备配置、环境与能源、安全管理、信息传递等提出的要求。

3)服务评价与改进标准:是指通过对养老服务的有效性、适宜性和满意度进行评价,并对达不到预期效果的服务进行改进而收集、制定的标准,主要内容包括:①评价的基本条件、原则和依据;②评价的组织机构和人员;③评价的程序和方法;④评价内容和要求;⑤检验和验证;⑥数据分析、处理和评价;⑦改进的原则与方法;⑧服务产品的开发与设计。

(4)岗位标准体系:养老机构岗位标准体系一般包括决策层标准、管理层标准、操作人员标准。养老机构编制岗位标准体系时,宜按照机构实际情况采用层次结构图表示,见图8-11。

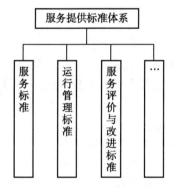

图 8-10 养老机构服务提供标准体系结构图

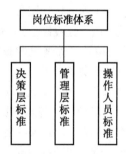

图 8-11 养老机构岗位标准体系结构图

岗位标准体系应覆盖养老机构的各个岗位,岗位标准体系应层次合理,完整、齐全,每个岗位应有标准岗位。岗位标准应以服务保障标准和服务提供标准为依据,标准内容包括职责与权限、工作范围、服务流程和要求、周期工作事项、特殊条件触发的工作事项、考核评价等内容。

8. 编制说明 体系编制说明是养老机构开展标准体系活动的必要说明,内容主要包括:①标准体系建设背景;②标准体系建设目标、构建依据及实施原则;③标准体系与养老机构的服务理念、经营方针、目标、标准化规划相符合的情况;④成立标准化组织、标准体系编写过程、主要内容等;⑤服务基础标准体系、服务保障标准体系、服务提供标准体系、岗位标准体系内层次的划分依据和划分情况,标准主要内容、适用范围;⑥分析现有标准与国际标准的差距和薄弱环节,明确今后的主攻方向。

知识链接

养老机构服务人员配备标准（示例）

1. 养老机构管理岗位人员的配备数量应根据机构规模、服务对象、老年人能力状况、功能定位等进行合理配备，达到满足运营管理的需求。养老机构应配备专职院长或副院长。

2. 养老机构专业技术岗位人员的配备数量应满足专业技术服务工作开展的需求，配备要求如下：

（1）内设医疗机构的养老机构宜配备专职医师、护（师）士、康复医师、康复治疗师等专业技术人员，人员配备比例应符合医疗机构设置的有关要求。

（2）专业技术人员应持有与岗位相适应的有效专业资格证书或执业证书。社会工作者、健康管理师应取得相应的职业资格证书。

（3）养老机构应每200名老年人（不足200名的按200名计算）配备1名社会工作者。

（4）养老机构宜配备专职或兼职健康管理师。

......

三、养老机构常用标准

（一）《养老机构服务质量基本规范》

为加快建立全国统一的养老机构服务质量基本标准和评价体系，中华人民共和国国家质量监督检验检疫总局和中国国家标准化管理委员会于2017年12月29日联合发布了《养老机构服务质量基本规范》（GB/T 35796—2017）。《养老机构服务质量基本规范》规定了养老机构服务的基本服务项目、服务质量基本要求、管理要求等内容，是养老机构服务质量管理首个国家标准，标志着全国养老机构服务质量迈入标准化管理的新时代。

1.《养老机构服务质量基本规范》发布实施的重大意义

（1）填补了养老机构服务质量国家标准空白：由于缺乏全国统一的养老机构服务质量标准，养老机构开展服务质量建设缺乏遵循的标准，社会评价养老机构服务质量也缺乏依据。《养老机构服务质量基本规范》填补了养老机构服务质量国家标准空白，健全了养老机构标准体系，为进一步规范养老机构服务质量提供了指引。

（2）明确了全国养老机构服务质量的基准线、起跑线：由于服务主体、所在地区、规模大小、兴办时间等方面的差异，不同养老机构的管理服务水平存在较大差别，服务质量参差不齐。《养老机构服务质量基本规范》结合我国养老服务发展现状和趋势，紧扣养老服务的安全底线和基本功能，明确了养老机构服务质量的基本标准，为全国养老机构服务质量提出了最低要求。

（3）为建立全国统一的养老机构等级标准打下坚实的基础：在贯彻落实《养老机构服务质量基本规范》的基础上，全国建立统一的养老机构等级标准，鼓励养老机构在保证基本服务质量基础上，实现更高质量、更多元化发展，满足老年人日益增长的多样化需求。《养老机构服务质量基本规范》的发布实施，是全国养老机构服务质量等级管理的第一块基石。

2. 主要内容 《养老机构服务质量基本规范》全文共有112条，除去规范性引用文件、术语和定义外，共对养老机构服务质量提出106条要求，主要包括基本要求、服务项目与质量要求、管理要求、服务评价与改进等内容。

（1）基本要求：坚持依法营运的原则，对养老机构的服务资质作了明确的要求。养老机构提供服务，应符合相关法律法规要求，依法获得相关许可；开展外包服务的，应与有资质的外包服务机构签订协议。

（2）服务项目与质量要求：这部分是《养老机构服务质量基本规范》的核心内容。服务项目与质量要求一方面列出了养老机构九个方面的服务项目，包括：出入院服务、生活照料服务、膳食服务、清洁卫生服务、洗涤服务、医疗与护理服务、文化娱乐服务、心理／精神支持服务、安宁服务；另一方面，明确了养老机构基本服务项目的主要内容与基本质量要求。

（3）管理要求：提出了养老机构服务管理、人力资源管理、环境及设施设备管理、安全管理四方面的基本要求，确保养老机构服务在安全、有序、有保障的环境中开展，为养老机构服务质量管理提供支撑。

（4）服务评价与改进：为促进养老机构服务质量不断提高，《养老机构服务质量基本规范》阐述了养老机构服务质量的评价方式、评价内容和持续改进要求，为养老机构开展服务质量提升工作提供指导。

（二）养老机构等级评定标准

2019年7月1日正式实施的《养老机构等级划分与评定》（GB/T 37276—2018）规定了养老机构等级划分与标志、申请等级评定应满足的基本要求与条件、等级评定。该标准适用于养老机构等级划分与评定工作，主要以《养老机构服务质量基本规范》（GB/T 35796—2017）、《养老机构服务安全基本规范》（GB 38600—2019）为参考，对养老机构的服务项目及服务质量进行评价和验证。

1. 养老机构服务质量等级的评定

（1）等级划分与评定依据：养老机构等级划分与评定工作主要依照2018年12月28日国家市场监督管理总局、中国国家标准化管理委员会发布的《养老机构等级划分与评定》（GB/T 37276—2018），该标准自2019年7月1日正式实施。

（2）等级评定的组织程序和方法

1）组织：由省级养老服务机构委员会、民政部门和市场监管等部门的专家组成省评定委员会，统一负责评定和监督全省养老服务质量星级评定和服务质量标志的使用，各市县成立评定小组负责本辖区养老服务质量星级评定工作的具体实施，评定小组成员不少于5人，评定委员由具备相应评定资质证书的人员担任。

2）权限：省评定委员会负责评定四星级和五星级，省辖市评定小组负责评定三星级及以下，并应将评定结果报省养老服务质量星级评定委员会审核备案。

3）评定人员素质要求：思想品德好，严格要求，认真负责，秉公办事，不谋私利；熟悉有关法律、法规和政策，熟悉相关业务知识；熟悉养老服务工作，具有较丰富的行业管理经验；具有较强分析、研究能力，有一定协调组织能力和口头、文字表达能力。

4）评定程序：养老服务机构向各级服务质量星级评定委员会提出星级评定申请，评定委员会受理星级评定申请。

5）评定方法：按照执业要求、绩效、服务标准体系、服务质量、环境、设施设备等方面的评定细则完成评定。

（3）组织评定过程：养老机构等级评定过程包括成立评定小组、审查相关资料、实地检查、提出评定审核结论、星级评定委员会审核批准、公示评定结果、颁发证书和标志七个环节。

2. 养老机构等级标志的管理

（1）方法：①标志实行自愿申请，统一管理制度；②标志统一制作，等级标志由五角星图案构成，有几颗五角星表示为几级；③经过评定的养老服务机构由省养老机构星级评定委员会授予相应星级的服务标志，并颁发证书；④等级标志的有效期为三年（自颁发证书之日起计算），到期应向评定机构申请复核。

（2）监督和处罚：养老服务机构在使用标志期间，一经发现与标准不符或有给老年人带来直接的、间接的利益损害的行为时，可根据情节进行如下处理：书面警告、通报批评、降低星级标志直至取消星级标志。星级标志取消后两年方可重新申请。凡标志使用有效期满而不继续申请者，不得继续使用标志。

3. 养老机构等级评定条件

（1）养老机构等级划分和申请等级评定的基本条件

1）主要内容：《养老机构等级划分与评定》标准共计118条，除范围、规范性引用文件、术语和定义外，共对养老机构等级划分与评定提出102条要求，涵盖等级划分与标志、申请等级评定应满足的基本要求与条件、养老机构等级评定内容与分值表等。该标准的出台将进一步规范养老机构的建设，引导养老机构提供优质服务。

2）等级划分与标志：该部分解释了养老机构的等级评定与各评定内容之间的整体关系，同时对各等级标志的呈现与管理方式作了规定。该标准将养老机构的评定分为 5 个等级,等级越高表明养老机构在环境、设施设备、运营管理和服务等方面的综合服务能力越强。如:五级养老机构入住率要求达到60% 以上,提供的服务项目不仅包括生活照料服务、膳食服务、医疗护理服务,还应能够提供康复、教育和居家上门服务等。老年人居住环境中,床位的平均可使用面积不应低于 $6m^2$,单人居室使用面积不低于 $10m^2$。同时,居室、卫生间、浴室应设置紧急呼叫装置或为老年人配备可穿戴紧急呼叫设备。

　　3)申请等级评定基本条件:养老机构申请等级评定需满足的基本条件涉及养老机构有效执业证明、工作人员应具备的要求和资质、空间配置、运营管理与服务以及应同时满足的条件见表 8-4。通过对基本条件的规定,为养老机构设立了基准线。同时,通过对各等级养老机构应满足的入住率、提供的服务、人员配比与资质以及硬件设施提出要求,为养老机构划定了差异性门槛。

表 8-4　养老机构申请等级评定应同时满足的条件

序号	等级	应同时满足的条件
1	一级	机构入住率不低于 30%; 提供的服务项目包括但不限于出入院服务、生活照料服务、膳食服务、清洁卫生服务、洗涤服务、医疗护理服务、文化娱乐服务、心理 / 精神支持服务、安宁服务、委托服务。
2	二级	机构入住率不低于 35%; 提供的服务项目包括但不限于出入院服务、生活照料服务、膳食服务、清洁卫生服务、洗涤服务、医疗护理服务、文化娱乐服务、心理 / 精神支持服务、安宁服务、委托服务。
3	三级	机构入住率不低于 40%; 提供的服务项目包括但不限于出入院服务、生活照料服务、膳食服务、清洁卫生服务、洗涤服务、医疗护理服务、文化娱乐服务、心理 / 精神支持服务、安宁服务、委托服务、康复服务; 院长或副院长具有高中及以上文化程度; 至少有 1 名社会工作者指导开展社会工作服务; 设卫生间的老年人居室占能力完好、轻度失能、中度失能老年人居室总数的比例不低于 50%,其中能力完好、轻度失能、中度失能老年人应符合 MZ/T039 的有关要求。
4	四级	机构入住率不低于 45%; 提供的服务项目包括但不限于出入院服务、生活照料服务、膳食服务、清洁卫生服务、洗涤服务,医疗护理服务、文化娱乐服务、心理 / 精神支持服务、安宁服务、委托服务、康复服务、教育服务; 院长或副院长具有大专及以上文化程度; 每 200 名老年人(不足 200 名的按 200 名计算)至少配有 1 名专职社会工作者; 设卫生间的老年人居室占能力完好、轻度失能、中度失能老年人居室总数的比例不低于 60%;每间中度失能老年人居室的床位数不多于 4 张,每间重度失能老年人居室的床位数不多于 6 张,其中重度失能老年人应符合 MZ/T 039 的有关要求。
5	五级	机构入住率不低于 50%; 提供的服务项目包括但不限于出入院服务、生活照料服务、膳食服务、清洁卫生服务、洗涤服务、医疗护理服务、文化娱乐服务,心理 / 精神支持服务、安宁服务,委托服务、康复服务、教育服务、居家上门服务; 院长或副院长具有大专及以上文化程度; 每 200 名老年人(不足 200 名的按 200 名计算)至少配有 1 名专职社会工作者; 设卫生间的老年人居室占能力完好、轻度失能、中度失能老年人居室总数的比例不低于 80%; 每间中度失能老年人居室的床位数不多于 4 张,每间重度失能老年人居室的床位数不多于 6 张。

（2）等级评定的基本内容：该部分对等级评定管理过程中的评定原则、评定方法、评定人员、评定过程作出了要求，以保证评定工作的科学、有效。评定方法中各部分分值的划分体现了《养老机构等级划分与评定》"以服务为重"的指导思想，对养老机构环境、设施设备、运营管理等重要方面进行了综合评价。此外，按照《养老机构等级划分与评定》第六章的规定，养老机构可根据自身情况自愿向评定机构提出参与评定的申请。

在满足申请条件的基础上，《养老机构等级划分与评定》标准从环境、设施设备、运营管理、服务四个方面设置了 40 个打分项并明确规定了每个评定项目的评定内容与分值。

《养老机构等级划分与评定》的规范性附录"养老机构等级评定内容与分值"作为评定方法的补充条款，阐释了养老机构等级评定的主要内容，包含了环境、设施设备、运营管理、服务四个分项及其次分项，见表 8-5。

表 8-5　养老机构等级评定主要内容

序　号	项目	内容	分值（1 000）
1	环境	包括交通便捷度、周边服务设施、公共信息图形标志、院内无障碍、室内温度、室内光照、室内噪声、绿化共 8 个方面	120 分
2	设施设备	包括居室、卫生间及洗浴空间、就餐空间、洗涤空间、接待空间、活动场所、储物间、医疗卫生用房、停车区域、评估空间、康复空间、社工工作室 / 心理咨询空间共 12 个方面	130 分
3	运营管理	包括行政办公管理、人力资源管理、服务管理、财务管理、安全管理、后勤管理、评价与改进共 7 个方面	150 分
4	服务	包括出入院服务、生活照料服务、膳食服务、清洁卫生服务、洗涤服务、医疗护理服务、文化娱乐服务、心理 / 精神支持服务、安宁服务、委托服务、康复服务、教育服务、居家上门服务共 13 个方面	600 分

（3）等级评定标准的实施：该标准在实施过程中，应严格按照标准和等级评定分值，见表 8-6，重点明确养老服务的监管责任，依法依规制定民政和各有关部门的权力和责任清单，通过进一步规范和固化对养老机构质量、环境、设施设备、专业素养、控制、改进等方面的要求，提升养老机构的服务质量，以推动养老服务行业持续健康发展。

表 8-6　养老机构等级评定分值

序号	等级	申报条件
1	一级	养老机构评定得分不低于 360 分，且每一分项不低于该项总分 40%
2	二级	养老机构评定得分不低于 450 分，且每一分项不低于该项总分 50%
3	三级	养老机构评定得分不低于 570 分，且每一分项不低于该项总分 60%
4	四级	养老机构评定得分不低于 780 分，且每一分项不低于该项总分 80%
5	五级	养老机构评定得分不低于 900 分，且每一分项不低于该项总分 90%

（三）养老机构老年人健康档案管理标准

2021年颁布的民政行业标准《养老机构老年人健康档案管理规范》（MZ/T 168—2021）对养老机构记录和管理老年人健康档案进行了标准化，规定了养老机构老年人健康档案基本要求、档案内容、记录要求及档案管理制度。

1. 养老机构老年人健康档案管理的基本要求　养老机构老年人健康档案是指对入住养老机构的老年人在日常就医等活动中形成的文字、符号、图表及影像等资料的总和。养老机构老年人健康档案管理的基本要求包括以下内容：

（1）机构应建立老年人健康档案管理制度。

（2）机构应保护老年人隐私，不得泄露老年人健康档案信息。

（3）健康档案中需要医务人员、老年人或担保人签名时，应由本人亲笔签署。

（4）电子健康档案应打印归档。

（5）老年人健康档案建档率应为100%。

2. 养老机构老年人健康档案的内容　老年人健康档案应包括老年人的基本信息、健康评估、健康体检、机构内外就医情况、知情同意书、辅助检查报告单等。

（1）基本信息内容：一般应包括姓名、性别、年龄、籍贯、身份证号、民族、婚姻、户口住址、原工作单位、原职业、联系人等基本信息及入住机构时间、离开机构时间、住机构天数、入住机构时身体状况、离开机构时身体状况及原因等内容。参见附录二中的附录A。

（2）健康评估内容：一般应包括姓名、性别、年龄、身份证号、生活方式、健康状况、老年人日常生活能力及简易智力等内容。参见附录二中的附录B、C、D。

（3）健康体检内容：一般应包括姓名、性别、年龄、体检日期、既往病史、用药史、体格检查、血常规、胸片等检查项目、现存健康主要问题、健康评价、健康指导等。参见附录二中的附录E。

（4）机构内外就医内容：一般应包括姓名、日期、一般情况、疾病情况、检查结果、用药情况、治疗效果、慢性病管理、健康指导、紧急救治情况、向老年人或担保人告知的重要事项、会诊、转诊、转院、离开机构时情况等内容。

（5）知情同意书内容：一般应包括档案号、姓名、性别、年龄、入住机构日期、入住机构时的情况、目前情况、采取的措施、可能出现的情况、担保人意见及签名等。参见附录二资料性附录F。

（6）辅助检查报告单内容：一般应包括姓名、年龄、检查结果、日期等。

3. 养老机构老年人健康档案的记录要求

（1）机构应在入院评估、例行评估、即时评估完成后，完成评估记录。

（2）机构应查验院前体检报告和年度体检报告，并归档。

（3）机构应于老年人入住机构时完成老年人基本信息填写。

（4）老年人就诊后，机构应记录就诊情况，将院内或院外检查报告单按时间顺序分类、归档。

（5）老年人健康状况发生变化时，机构应告知担保人，并签署知情同意书。

（6）老年人健康档案记录应真实、准确、及时、完整、规范，字迹工整、清晰，应使用蓝黑墨水、碳素墨水。

（7）健康档案书写过程中出现错字时，应用双线划在错字上，保留原记录清楚、可辨，并注明修改时间，修改人签名。

（8）老年人健康档案的日期和时间应使用阿拉伯数字，时间应采用24小时制。

4. 养老机构老年人健康档案的管理

（1）建档：①老年人健康档案应编号，同一老年人在同一养老机构多次入住应使用同一档案号；②老年人健康档案应由医务人员建立，无医务人员的，可委托其他医疗机构专业人员完成；③老年人健康档案应按照健康档案封面、基本信息、机构内外就医情况、知情同意书、检查报告单、健康体检表、健康评估表及其他相关内容排序。

（2）保管：①老年人入住机构期间，老年人健康档案应定点集中存放，并指定专人负责保管；②老年人离开机构后，机构应对老年人健康档案进行整理保存。老年人健康档案应装订并按档案号顺序有序归档；③老年人健康档案保管期限应自老年人离开养老机构之日起不少于30年。

（王元元）

综合思考题

1. 全面质量管理的含义是什么？结合全面质量管理理论，谈谈如何理解养老机构质量管理的基本原则。

2. 谈谈养老机构管理中如何做好标准化工作。

第九章 养老机构服务的延伸与辐射

第九章
数字内容

学习目标

1. 掌握：居家养老与社区养老的含义、服务内容。
2. 熟悉：老年用品分类；常见的老年用品。
3. 了解：国外社区居家养老服务模式的种类；我国社区养老与居家养老服务发展概况；我国老年用品的发展。
4. 能够根据老年人需求提供适合的社区居家养老服务，为老年人选择适合的老年用品。
5. 具有紧跟养老行业发展趋势持续学习的能力、创新意识，树立尊老、敬老、爱老的服务意识。

我国步入老龄化社会已经 20 余年，人口老龄化的进程还在继续加快，社会的养老服务需求不断增长。如何解决老年人的养老服务需求，是我国目前面临的一个重大的社会问题。

2013 年 9 月，国务院发布了《关于加快发展养老服务业的若干意见》，我国逐渐放开养老产业市场。2016 年 12 月，国务院发布了《关于全面开放养老服务市场提升养老服务质量的若干意见》，我国的养老产业市场正式进入一个快速发展期。根据民政部《2021 年民政事业发展统计公报》，截至 2021 年底，全国共有各类养老机构和设施 35.8 万个，养老床位合计 815.9 万张。其中：全国共有注册登记的养老机构 4.0 万个，床位 503.6 万张，比上年增长 3.1%；社区养老服务机构和设施 31.8 万个，共有床位 312.3 万张。

截至 2021 年底，我国共有 60 周岁以上老年人 2.67 亿人，失能半失能老年人口 4 000 余万人，我国的养老机构还远不能满足社会的需求。

因此，需要建立一种多元的养老服务体系，即大力打造居家养老、社区养老、机构养老相结合的养老服务体系，使三者互为补充、互为依托，使专业的养老机构服务能延伸到社区与家庭，积极应对社会养老服务的需求。

第一节　社区居家养老服务

社区里的李大爷今年 80 岁了，患有一些慢性病，活动不便，子女白天都要上班，无法照顾李大爷。由于李大爷不愿意到养老机构去生活，每天白天的养老问题成了一家人讨论的焦点。社区里另一位

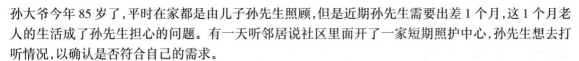

孙大爷今年85岁了,平时在家都是由儿子孙先生照顾,但是近期孙先生需要出差1个月,这1个月老人的生活成了孙先生担心的问题。有一天听邻居说社区里面开了一家短期照护中心,孙先生想去打听情况,以确认是否符合自己的需求。

工作任务:

根据李大爷和孙大爷的情况,分别为其推荐适合的养老服务。

一、居家养老服务与社区养老服务

(一)含义

1. 居家养老服务的含义 居家养老服务是指老年人在家中居住,以家庭为核心、以社区为依托、以专业化服务为依靠,为居住在家的老年人提供以解决日常生活困难为主要内容的社会化服务。

就目前我们国家的实际来看,约有97%以上的老年人都是居住在家庭,在养老机构中养老的老年人不足老年人总数的3%,部分地区甚至不到1%。

居家养老服务,不是老年人生活在家中仅有家人的照顾,而是既有家庭成员的照顾,也有社会的帮助,尤其要注重社区照顾在居家养老中的重要作用。简单来说,就是在社区建立一个支持家庭养老的社会化服务体系,它具有服务主体多元化、服务对象公众化、服务方式多样化、服务队伍专业化等特点。

2. 社区养老服务的含义 社区养老服务是居家养老服务的重要支撑,是相对于居家养老和机构养老提出来的,具有社区日间照料和居家养老支持的功能,主要是面向家庭日间无人照顾或者无力照顾的社区老年人提供服务。

社区养老服务是指以社区为依托,以社区资源为基础,在政府政策的指导下,为社区的老年人提供社会化的养老服务,以老年人日间照料、生活护理、家政服务和精神慰藉为主要内容,以上门服务、日托服务、短期照料为主要形式,满足老年人的养老需求。社区养老服务由社区整合资源提供服务,可以确保老年人、子女、养老服务人员、政府各取所需,促使资源得到充分利用。

3. 社区居家养老服务的含义 虽然居家养老与社区养老作为两种独立的模式存在,但是在服务边界与现实运行中两者联系较为紧密,都是以家庭养老为核心,社区养老是机构养老的延伸,将机构养老中的服务引进社区,实现在社区的居家养老,因此,常使用"社区居家养老"这一统称。依据社区照顾的理论视角,社区居家养老服务可以理解为"以家庭核心、以社区为依托、以专门化机构为载体、以政策为指导,通过社区对正式资源和非正式资源的整合,以上门服务与社区机构服务为方式,向居家老年人提供的辅助性、支持性的社会化养老服务与设施。"

社区居家养老服务具有福利性和市场性结合的混合福利性的特征。一方面,政府对于困难、高龄、独居和失能等特殊老年人给予无偿和"限价性"的具有福利性的服务。另一方面,由于社区居家养老服务覆盖了所有非机构养老的老年人,既包括公共财政"兜底"或"补贴"的特殊老年人,也包括一般的居家老年人。"社区居家"突出了"专门服务机构"的载体作用,因此,"基本"服务也是由非政府主体通过政府的"委托-代理"进行提供;一般老年人亦可通过购买的方式获取相应服务,体现了市场化特征。因此,社区居家养老服务具备无偿性、低偿性和有偿性并存的"混合福利"特征。无偿性主要针对困难老年人的财政兜底,低偿性是对部分特殊老年人的服务补贴;有偿性主要涉及一般老年人参照服务价格的购买行为。

(二)服务内容

1. 居家养老服务的内容 居家养老是目前养老服务的主流,老年人以居住在家为主,除了接受家人的照顾赡养之外,社区也会提供相应的上门服务,为居住在自己家中但是有养老需要的老年人提供多元化的服务。居家养老服务主要包含生活照料、医疗保健、家政服务、紧急救助及精神慰藉等内容。具体服务内容及要求如下:

(1)助餐:助餐主要分为集中用餐、上门送餐及上门做餐。服务要求为:①提供膳食服务应根据营养学及卫生学要求、老年人需求、地域特点、民族、饮食习惯制定菜谱,为老年人提供营养丰富、全面合理的均衡饮食;②符合国家食品安全法律法规的规定和食品行业标准;③送餐应及时,饮食应保温、保鲜、密闭,防止细菌滋生,提供符合保温、保鲜要求的设备及运输工具,保证及时、准确、安全地将餐饮送达;④提供膳食服务应获得卫生许可证,膳食服务人员应持有健康证,膳食服务可转介有相关资质的第三方提供。

(2)助浴:助浴主要分为上门助浴和外出助浴。服务要求为:①助浴前应进行安全提示,安全措施到位后,助浴协助到位;②助浴过程中应注意观察老年人身体情况,如遇老年人身体不适,协助采取相应防护措施;③上门助浴时应根据四季气候状况和老年人居住条件,注意防寒保暖、防暑降温及浴室内通风;④外出助浴应选择有资质的公共洗浴场所或有公用沐浴设施的养老服务机构,并签订服务协议。

(3)助洁:助洁主要包括清洁居室(客厅、卧室、厨房、卫生间)和清洁灶具。服务要求包括7方面。①墙壁:无尘土,开关盒等表面洁净;②门及框:触摸光滑、有光泽,门槛上无尘土;③地面:木地板洁净,瓷砖无尘土、有光泽;④玻璃:目视无水痕、无手印、无污渍、光亮洁净;⑤厨房:无明显污渍,不锈钢灶具光亮洁净,地面无死角、无遗漏;⑥卫生间:洁具洁净光亮,地面无死角、无遗漏、无异味;⑦清洁灶具:应及时清洗,保持洁净,必要时进行定期消毒处理。

(4)助医:助医包括协助监护人陪送老年人到医院就医或代为取药、遵照医嘱协助生活不能自理的老年人服用药品等服务。服务时需按照监护人要求提供约定内服务,必要时可提供相关信息或转介服务。

(5)助急:主要包括紧急救助服务、安装安全防护器材等。服务要求为:①危及老年人生命的紧急救助服务,必须立即转介至市公共救助服务热线(110、120、119 等),转介服务者应全程与救助中心和受助对象保持实时联系,为救助中心提供相关信息;②呼叫器、求助门铃、远红外感应器等安全防护器材应符合国家规定,质量好,其功能应符合老年人的特点和需求;③其他不含涉及老年人生命的日常生活中的救急服务,可直接提供或转介服务,按老年人要求为老年人排忧解难。

(6)精神慰藉:提供精神慰藉服务的人员应由社工、医护人员或高级养老护理员担任。具体要求为:①根据老年人需求与其交谈,及时掌握老年人心理的变化,对普遍性问题和极端的个人问题应给予适度干预,满足老年人的心理需要,促进老年人的心理健康;②应制订精神慰藉服务危机处理程序,通过评估及时发现老年人的心理问题,按程序处理问题;③精神慰藉服务应注意保护老年人的隐私权;④必要时可提供相关信息或转介由有资质的服务机构提供服务。

(7)家政预约:转介家政服务的居家养老服务组织必须负责该服务的跟踪督导,承接服务的家政服务组织须是经民办非企业单位(组织)或工商注册、管理规范、服务记录良好的服务机构。

(8)健康咨询:包括生理、心理和营养健康咨询。生理健康咨询应由有专业资质和临床经验的医生提供咨询服务,心理健康咨询应由有专业资质的心理咨询师提供咨询服务,营养健康咨询应由有专业资质的营养师提供相关咨询服务。

(9)法律咨询:转介给有法律从业资质的律师或律师事务所提供咨询服务。

(10)文化娱乐:协助老年人开展各种类型的有益于身心健康的文化体育娱乐活动,内容包括书法、绘画、棋牌、唱歌、戏曲、趣味活动以及健身运动等。所有活动遵守安全、自愿原则,满足老年人身体和精神健康的条件和需求。

(11)代办服务:代办服务是指根据老年人需求,为老年人代购生活必需品或陪同购物,代领各种物品,代缴水费、电费、煤气费、电话费等日常费用等。服务人员应准确记录购买的品种,清点钱物,按照约定购物,做到当面清点并签字。提供代办服务时应保护老年人的隐私,不向他人谈论老年人的家庭情况或钱物情况。

2. 社区养老的服务内容 社区养老服务可以充分利用社区资源,就近、方便地为有需求的老年人提供照料、助餐、娱乐、心理慰藉等服务,让老年人足不出户或者在社区范围内,就能享受到养老服务。社区养老服务主要包括上门服务、日托服务、短期入住服务等内容,见表9-1。

(1)上门服务:上门服务是一种由社区养老服务人员为居住在家中并有需要的老年人提供服务的一种方式。如送餐或做饭、打扫卫生、洗衣服、购物、日常办事等,可以方便老年人的生活。与居家养老服务内容类似,上门服务满足了老年人既可以住在家里,又同时能接受到社区的服务的需求。

表 9-1 某社区养老服务中心服务菜单

分类	客户群体	基础菜单	个性化菜单
生活照料	严重失能高龄老年人	应急呼叫设备、应急安全、上门照料、安全指导、上门做饭、室内改造、衣物清洗、家政打扫	短期托养,定期探访、出行陪护、家政清扫、代缴代办
	中度依赖	应急呼叫设备、应急安全	衣物清洗、室内改造、上门做饭、安全指导、定期探访
	轻度依赖	应急安全	家政清扫、衣物清洗、送餐配餐、应急呼叫设备、安全指导、日间(机构)照料、代办代缴、上门照料、室内改造、定期探访
医疗保健	严重依赖	家庭病床、签约医生、上门看病、器具租赁、康复指导、术后康复、定期体检、协助转诊	配药送药、陪同就医、慢性病维护、用药指导、卧床护理、远程医疗、临终关怀
	中度依赖	配药送药、上门看病、陪同就医	医疗保健、配药送药、上门看病、陪同就医、远程医疗、康复指导
	轻度依赖	慢性病维护、签约医生	定期体检、签约医生上门看病、家庭病床、健康档案、上门看病、用药指导、陪同就医、远程医疗、康复指导
	高龄老年人	配药送药、定期体检	签约医生、上门看病、家庭病床
	中龄老年人	配药送药、定期体检	慢性病维护、健康档案、用药指导、签约医生
	低龄老年人	配药送药	定期体检、用药指导、健康档案

（2）日托服务:日托服务是居家养老服务的进一步发展,是白天老年人到日托机构生活,晚上返回家居住的一种新型的养老模式。在日托机构,老年人衣食住行都有照料,老年人可以一起活动,还可以得到专业化的护理和医疗保健服务。日托服务对于不愿意到养老机构去养老,同时家里面又无力照顾的老年人提供了有针对性的帮助,不仅减轻了家庭负担,更缓解了老年人的孤独感,体现了老年人与社会的互动,增加了老年人的自信心,满足、回应了部分老年人的需求。

（3）短期入住服务:短期入住服务是在赡养人、扶养人有特殊情况临时无法护理老年人时,让老年人短期入住在老年福利设施接受的一系列相关服务,主要适用于老年人的家人外出、患病、体力不支等情况时使用。短期入住可选择各种短期服务类型,有针对性地享受常规生活护理及其他全方位的服务。短期入住服务一般不超过 3 个月。

短期入住服务充分体现了养老服务设施使用的灵活性,通过老年人短期入住设施,进行生活协助、健康娱乐、康复休养、交流谈心等活动,可以充分利用养老机构专业化的服务资源,解决老年人及其家属的燃眉之急,在维持老年人身心健康的同时,减轻老年人家属在照顾方面的负担。

（三）社区居家养老服务的优势

1. 大多数老年人愿意就近获取养老服务　社区提供"嵌入式""小型化""多功能"的养老服务设施,离家近、收费低、环境熟悉,老年人既能生活在家庭和社区环境中,又能得到就近、便捷、低成本的社会化、专业化服务和照护,满足了大多数老年人与家人团圆的情感需求,老年人既可以享受专业服务,又可以享受天伦之乐,社区居家养老服务普遍受到老年人的欢迎。

2. 易启动、费用低,财政负担小　社区居家养老服务借助于城市社区养老服务网络支撑,以少量资金投入即可以启动,不必花费大量资金兴建养老院、购置养老设施,是一种经济实用型的养老方式。

3. 有利于促进就业和新型服务业发展　社区居家养老服务业是劳动密集型产业,面对日益增大的养老服务需求,要达到《国务院关于加快发展养老服务业的若干意见》中的 1 000 万养老服务人员的目标,需要大量的服务人员,这为促进就业和养老产业发展提供了广阔的空间。从产业角度看,社区居家养老服务作为联系养老服务业、老年用品和老年人需求之间的"平台纽带",拓展和带动了相关产业和服务的供需对接,成为老年人生活需求和文化交流的平台。社区居家养老服务引入社会组织、家政和物业等企业,这些企业可以通过持续服务发现一些新需求,挖掘服务和产品市场。

4. 符合国际化养老发展趋势　第二次世界大战以后,欧美国家对老年人进行集中供养,兴建了大量老年公寓、护理院,但这些老年公寓、护理院生活支出费用高、环境单调、探访不便、财政不可持续。20 世纪 60 年代,国外一些国家出现了"回到家庭和社区"的趋势,很多国家开始采取社区照料模式,把养老福利经费用于居家和社区养老服务,制定了一系列促进社区养老服务发展的政策,确保"社区养老优先于机构养老"的新目标。目前,世界大多数老年人选择居家和社区养老,即使在欧美等发达国家和高福利国家,居家和社区养老也是主体。

5. 有效整合社会养老资源　社区作为社会化养老的基础平台,可以有效整合政府、社会养老机构、家庭、社区等方面的资源,可以有效调动社会各方面的力量。

二、国外社区居家养老服务模式

国外发达国家比中国更早进入老龄化社会,经过长期实践形成了相对完善的养老服务体系和社区居家养老模式。

（一）根据政府对社区居家养老管理层次和幅度的差异,分为福利型和监管型

1. 福利型　主要特点是政府不仅通过法律和政策手段进行规范和引导,并且参与社区居家养老的基层组织建设,而非营利组织和中介组织只是起补充作用。福利型社区居家养老服务模式主要存在于英国、西班牙等欧洲国家。以英国为例,政府对于居家养老除了法律规范和政策扶持以外,还通过财政支付手段促进居家养老发展,内容包括建设社区居家养老设施、改造老年人住房、补贴老年人长期护理费用以及雇佣服务人员为老年人提供上门服务等。

2. 监管型　主要特点是政府在法律规范、政策引导和运行监管等方面促进社区居家养老的运行和发展,基层建设和服务项目由社会团体和中介组织依据商业化、市场化原则提供。政府监管型社区居家养老服务模式的主要代表国家是美国和日本。美国社区居家养老服务模式运行主要基于政府监管、商业运营原则;日本实行的介护保险制度同样是由社会团体负责具体实施,政府主要履行监管职能。

（二）根据政府对社区居家养老补贴覆盖范围的差异,分为普惠型、重点型以及普惠重点兼容型

1. 普惠型　主要特点是政府通过投资、购买、补贴或社会保险等方式,对全体老年人提供低价或免费的居家养老。普惠型的代表国家主要包括挪威、瑞典等。以瑞典为例,瑞典不仅通过养老金制度为老年人提供稳定的收入,政府还面向全体老年人提供老年家政服务。老年人日常生活不能自理时,只需提出申请,经过专门机构评估即可享受级别不同的老年家政服务。服务收费标准根据申请家政服务的老年人实际收入确定。

2. 重点型　主要特点是政府仅为高龄、失能、低收入等特殊老年群体提供补助。重点型的代表国家主要包括俄罗斯、印度等国家在内的新兴经济体。以印度为例,印度国民养老金制度只覆盖政府、邮政部门等有限群体,此外,只有 65 岁以上贫困老年人才能享受政府提供的救济金。

3. 普惠重点兼容型　典型代表是澳大利亚,澳大利亚政府在向全体老年人提供居家养老的基础上,根据老年人经济状况和健康情况的不同,重点补贴高龄老年人、失能半失能老年人和低收入老年人等特殊老年群体,以满足特殊老年群体的养老需求。

（三）根据社区居家养老服务提供主体优先程度的差异,分为家庭优先型和社会优先型

社区居家养老模式中服务提供主体是多元化的,但更加重视家庭在居家养老中的作用,多以法律形式确定了家庭在居家养老中的重要地位,以新加坡、韩国等东亚国家为代表。而多数欧洲国家,由于文化背景不同,子女没有赡养老年人的义务,其法律也规定居家养老主要由政府、社会团体和商业组织等主体提供,呈现出明显的社会化特点。

（四）根据社区居家养老和医保制度联系程度上的差异,分为相对独立型和医养融合型

在新西兰等部分国家中,医疗保险制度和社区居家养老作为社会保障体系的组成部分,各自拥有

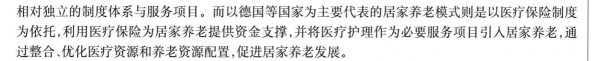

相对独立的制度体系与服务项目。而以德国等国家为主要代表的居家养老模式则是以医疗保险制度为依托,利用医疗保险为居家养老提供资金支撑,并将医疗护理作为必要服务项目引入居家养老,通过整合、优化医疗资源和养老资源配置,促进居家养老发展。

三、我国社区居家养老服务发展概况

（一）近十年政策发布情况

我国社区居家养老政策的发展划分为五个阶段:20世纪80年代为政策探索期;90年代为凸显社区作用的政策萌芽期;2000—2011年为重视社会力量参与的政策形成期;2012—2017年为政策快速发展期;2018年至今为政策完善期。此处主要介绍自2012年以来我国社区居家养老政策的发展。

1. 政策快速发展期　自2012年以来,我国养老政策进入了快速发展期,主要在以下几个方面获得了新的突破:

（1）信息技术在养老服务中的应用:2013年《国务院关于加快发展养老服务业的若干意见》提出,发展居家网络信息服务,地方政府要支持企业和机构运用互联网、物联网等技术手段创新居家养老服务模式,发展老年电子商务,建设居家服务网络平台,提供紧急呼叫、家政预约、健康咨询、物品代购、服务缴费等适合老年人的服务项目;《关于推进社区公共服务综合信息平台建设的指导意见》就"社区信息化在提升社区自治和服务功能方面的积极作用"进行了专门论述;2016年《国务院办公厅关于全面放开养老服务市场提升养老服务质量的若干意见》更是首次提出"推进'互联网+'养老服务创新";《关于中央财政支持开展居家和社区养老服务改革试点工作的通知》提出,支持探索多种模式的"互联网+"居家和社区养老服务模式和智能养老技术应用,促进供需双方对接,为老年人提供质优价廉、形式多样的服务;2017年《"十三五"国家老龄事业发展和养老体系建设规划》提出,依托城乡社区公共服务综合信息平台为居家老年人提供服务和实施"互联网+"养老工程。同时,信息化技术在医养融合发展中起着重要作用,如老年人电子病历、电子健康档案。可见,互联网、物联网、大数据、云计算等现代信息技术与养老融合是养老服务发展的一大重点。

（2）医疗与养老相结合:2013年《国务院关于加快发展养老服务业的若干意见》首次提出"积极推进医疗卫生与养老服务相结合,推动医养融合发展",同时提出发展"健康保险、长期护理保险"等保险。2014年《关于加快推进健康与养老服务工程建设的通知》和2015年《关于推进医疗卫生与养老服务相结合的指导意见》就医疗服务与养老融合发展进行了专门论述。2017年《"十三五"国家老龄事业发展和养老体系建设规划》提出将健全"居家为基础、社区为依托、机构为补充、医养相结合的养老服务体系"作为"十三五"时期老龄事业的发展目标。可见,医疗与养老融合发展是养老服务发展的又一重点。

（3）养老服务内容专门论述:2012年《关于进一步加强老年文化建设的意见》、2013年《关于进一步加强老年人优待工作的意见》《国务院关于加快发展养老服务业的若干意见》、2015年修订的《中华人民共和国老年人权益保障法》、2016年《关于推进老年宜居环境建设的指导意见》、2017年《国务院办公厅关于制定和实施老年人照顾服务项目的意见》《关于加快精神障碍社区康复服务发展的意见》等文件就老年文化、老年优待、老年权益保障、老年宜居环境、老年照顾、无障碍环境建设进行了专门论述。

2. 政策完善期　2018年我国社区居家养老政策进入稳定期,实质上是2016年以来居家和养老服务改革试点的延续,社区居家养老政策内容上并未取得新的发展。从2016年开始,民政部和财政部多次联合发文,就关于推进中央财政支持开展居家和社区养老服务改革试点、跟踪评估和绩效考核工作发布了专门通知,分三批在全国共确定了北京市丰台区等90个市（区）为中央财政支持开展居家和社区养老服务改革试点地区,对于总结和推广社区居家养老服务经验,促进社区居家养老服务发展,满足老年人在家或社区享受养老服务起到了实质性推动作用,通过"试点—经验总结与推广—再试点"的模式推动社区居家养老服务呈现不断调整完善与成熟。

《中华人民共和国国民经济和社会发展第十四个五年规划和2035年远景目标纲要》明确提出,大力发展普惠型养老服务,支持家庭承担养老功能,构建居家社区机构相协调、医养康养相结合的养老服务体系。在政府引领、市场为核心、社会迫切需求推动下,随着长期护理保险制度的推进,以及互联

网大数据、物联网技术、人工智能技术等信息化管理技术建设的综合性老年数据库、社区居家养老服务智能管理系统、老年人日常监测系统等功能体系的完善,老年友好社区逐步形成,社区养老服务网络进一步健全,社区居家养老正变成在我国广覆盖、高品质、可持续性养老服务体系的关键组成部分。

（二）我国各地社区居家养老发展情况

社区居家养老有着家庭养老和机构养老所不具有的优势,各个省市在社区居家养老模式方面积极探索,其中,青岛市作为我国较发达的沿海城市,浙江省作为国内经济水平较高、社区居家养老模式实行较早的大省具有代表性。而香港作为我国的特别行政区,其社区居家养老模式更为成熟。这三个地区社区居家养老模式的特点如下:

1. 青岛　作为一个经济飞速发展的沿海港口,青岛的老龄化程度居我国前列。2006年青岛市开始试行社区居家养老,其社区居家养老模式有以下几个特点:①在社区居家养老服务的监督管理方面,青岛先后出台了包括《青岛市社区养老服务场所规范化管理暂行办法》在内的多个文件,制定了清晰的服务标准;②规定了社区居家养老服务人员每年必须接受规定时长的专业培训,以确保服务人员的专业性;③不断增加建设社区居家养老服务网点;④政府还会对一些社区居家养老服务站给予适当的资金补助。

2. 浙江省　浙江省主要的社区居家养老模式有5种。①政府赡养型:即政府为生活困难的老年人提供经济支援供其居家养老;②社会服务型:即依靠社区中企事业单位的力量,确保社区居家养老事业能够可持续发展;③邻里互助型:即充分调动社区住户的主观能动性,以发挥邻里对居家老年人的协助作用,这也是社区居家养老的优势所在;④志愿参与型:即发动志愿者支援社区居家养老工作,强调自愿、互助、平等;⑤非营利组织运作型:非营利组织作为连接政府和个人的中间媒介,其更加了解基层民众的需求,并能够灵活方便地传达给政策制定者,以推动社区居家养老事业的发展。

3. 香港　香港人口极度密集,土地资源稀缺,护理机构的床位紧张,因此香港对于解决养老问题实际是非常迫切的。香港现行的社区居家养老模式称为"长者社区支援服务系统",主要包含长者服务中心、长者社区照顾服务和其他社区支援服务三部分内容。①长者服务中心:包括长者地区中心、长者邻舍中心、长者活动中心,是在地区和邻舍层面对老年人及其照护人提供社区支援,中心往往邻近老年人住所,老年人能够方便地接受各种服务。②长者社区照顾服务:主要针对有意愿在家里养老而自理能力有限的老年人,提供长期护理,包括长者日间护理中心和改善居家及社区服务或综合居家照顾服务。③其他社区支援服务:包括帮助老年人的照护者照顾老年人,减轻其看护的压力;建立针对老年人的度假中心,老年人可以一起宿营或日营,一起锻炼身体,一起参加各种兴趣班等,鼓励老年人终身学习,并走到社会中去发挥特长,继续为社会贡献力量。

（三）我国社区居家养老服务存在的问题

1. 养老服务内容与老年人需求错位　老年人存在着多样的服务需求,目前,我国的社区居家养老服务多偏重于日常生活服务与护理,缺少专业化的医疗保健和精神文化服务。随着老年人身体功能的下降、患病概率的增加,他们对自身健康更为关注,对医疗和日常保健的需求也更为迫切。

2. 政策扶持不平衡　虽然近年来政府增加了扶持政策,各地也先后出台了支持社区居家养老的相关政策,但养老服务政策仍滞后于社会经济发展,主要表现为:老年人基本保障水平仍有待提升,城乡和地区差异明显,农村地区发展明显滞后于城市地区,东部地区所享受的各项补贴要明显高于中西部地区。

3. 缺乏专业人才　目前,从事养老服务的人才多为中年人,由于待遇及工作环境等因素,愿意进入养老服务行业的年轻人相对较少。同时,居家养老服务人员被很多人理解成家政服务员,没有明确的职业特征,导致了专业的护理人员也不愿到居家养老服务领域工作。虽然目前国家及地方纷纷出台了很多政策鼓励居家养老服务的发展,很多地区都推行免费培训的政策,但是由于行业发展及工作待遇、环境等问题,愿意进入行业的人才较少,专业人才的流失率比较高。

（四）我国社区居家养老发展趋势

未来我国社区居家养老服务将呈现以下发展趋势:

1. 从服务内容来看,将呈现保障基本养老服务和提供多样化服务相结合的发展趋势

（1）保障特殊困难老年人的基本养老服务需求:老年人出现不同程度的生活困难主要是不良身

体状况、经济状况、家庭状况等因素导致。具体而言,特殊困难老年人可以分为以下几类:经济困难的老年人;身体状况恶劣的失能失智、患病、残疾等老年人;存在不良家庭状况的空巢、失独、留守、孤寡等老年人。这些老年人是社区居家养老服务重点关怀和长期照护的群体,需要建立养老服务清单,由政府购买服务,引进专业化社会组织,提供专业的养老服务。

（2）提供满足老年人多样化需求的社会化养老服务:发挥社会力量在提供养老服务方面的主体作用,为老年人提供方便可及、价格合理的各类养老服务和产品,提升老年人的幸福感。在教育学习上,以社区为依托,为老年人提供教育学习场所、资源和条件,支持鼓励企事业单位、社会组织、志愿者等社会力量举办或参与老年人教育活动。在精神陪护上,统筹家庭关爱和专业力量,调动专业心理工作者和社会工作者开展老年人心理健康服务试点,为老年人提供心理关怀和精神关爱服务。

2. 从服务提供来看,将呈现出政府购买服务精准化和服务提供商品牌化、连锁化并重的趋势

（1）政府购买服务会向更加聚焦基本养老服务的方向发展:根据养老服务对象、特点和实际情况,政府购买养老服务将着眼于满足老年人基本养老服务需求,合理配置养老服务资源,政府面向企业和社会组织公开招标,按照公开、公平、公正原则,吸引有一定经营资质和经营条件的组织参与,通过竞争择优的方式选择承接政府购买养老服务的优秀社会力量,提供包括生活照料、医疗护理、康复保健、精神慰藉、紧急救援、法律维权等在内的基本养老服务,并对其开展的服务效果进行测评和定期考核。

（2）服务提供商向品牌化、连锁化、规模化发展:针对目前养老服务市场主体小而分散的问题,鼓励在养老服务项目建设、运营、管理等方面具有专业资质的社会资本方整合重组,通过提供标准化、规范化的优质服务,形成一批面向居家社区、跨区域和行业的综合性养老服务集团,支持服务机构向着规模化、专业化、连锁化、品牌化的方向发展,成为居家和社区养老服务的主力。

（3）专业养老机构向社区延伸服务的方向发展:鼓励和引导养老机构尤其是公办养老机构开设社区居家养老服务场所来承接居家养老服务项目,由原来的"围墙内"服务到现在的"开放式"服务,为周边社区老年人提供生活照料和护理服务等,利用自有食堂或与餐饮企业合作的方式向辐射区内老年人提供就餐、配餐、送餐服务,制订老年营养食谱,提供符合食品安全规定的老年餐;积极为居家生活老年人尤其是中、重度失能老年人提供上门助浴、理发等服务。

3. 从服务支撑来看,将呈现出线上平台、线下服务和智能产品运用一体化的趋势

（1）打造"线上"养老服务信息化数据平台:社区居家养老服务应当充分依托信息技术,构建社区居家养老服务信息化数据平台。信息化数据平台整理汇总、实时公布辖区内膳食服务、生活照料、家政服务、文化娱乐等社区居家养老服务机构信息,方便老年人根据需求就近选择养老服务供应商。

（2）对接"线下"提供多元的社区居家养老服务:社区居家养老服务主体运用互联网、物联网、大数据、云计算等技术,探索线上与线下相结合的养老服务新模式,为老年人提供健康管理、紧急救援、精神慰藉、服务预约、物品代购等更加多元的居家养老服务。

（3）提升开发和应用智能化终端产品的水平:当前信息技术发展迅猛,科技产品更新迭代的速度日益加快,在智能化产品和设备的开发设计中,相关企业、社会组织和科研团队要通过实地调研、市场调查等形式充分了解老年人的需求,有针对性地将信息化、智能化设备和产品用于养老服务领域,提升养老服务的个性化、精准化和科学化水平。

第二节 老年用品服务

导入情境

王大爷今年 75 岁了,近期不慎摔了一跤,导致腿部骨折,活动受限,日常活动都需要别人辅助。王大爷平时是个好强的人,希望能够独立完成走路、如厕等日常活动,要求家人为其购置拐杖等老年用品。

工作任务:

为王大爷推荐适合的老年用品。

谈养老必离不开老年用品,老年人在日常生活中总会或多或少依赖一些老年用品,最常见的老年用品有拐杖、轮椅等。老年用品不只是在老年人日常生活中会用到,在养老机构的日常运营与管理中,适老化设计、老年用品是否齐全也是必须要考虑的一个方面。

一、老年用品分类

2019 年 12 月 31 日,工业和信息化部、民政部、国家卫生健康委员会、国家市场监督管理总局、全国老龄工作委员会办公室五部门联合印发了《关于促进老年用品产业发展的指导意见》,该文件提出,到 2025 年,老年用品产业总体规模超过 5 万亿元。这是国家层面第一个促进老年用品产业发展的引导政策,首次明确了老年用品产业重点领域,目的就是希望调动各方积极性,加快构建老年用品产业体系,不断满足多层次消费需求。《关于促进老年用品产业发展的指导意见》将老年用品归纳为五大领域,并依据产业特点、发展现状和趋势,明确了每个领域的发展方向:一是发展功能性老年服装服饰,二是发展智能化日用辅助产品,三是发展安全便利养老照护产品,四是发展康复训练及健康促进辅具,五是发展适老化环境改善产品。

2020 年 2 月 4 日,为加快推进养老产业发展,科学界定养老产业统计范围,准确反映养老产业发展状况,国家统计局公布了《养老产业统计分类(2020)》,将老年用品及相关产品进一步细分为老年用品及相关产品制造、老年用品及相关产品销售和租赁两个大类。其中,老年用品及相关产品制造包括 9 个小类:①老年食品制造;②老年日用品及辅助产品制造;③老年健身产品制造;④老年休闲娱乐产品制造;⑤老年保健用品制造;⑥老年药品制造;⑦老年医疗器械和康复辅具制造;⑧老年智能与可穿戴装备制造;⑨老年代步车制造。老年用品及相关产品销售和租赁包括 2 个种类和 9 个小类。Ⅰ. 老年用品及相关产品销售:①老年营养和保健品销售;②老年日用品及辅助产品销售;③老年保健用品销售;④老年文体产品销售;⑤老年药品销售;⑥老年医疗器械和康复辅具销售;⑦老年智能与可穿戴装备销售;⑧老年代步车销售。Ⅱ. 老年相关产品租赁。

二、常见的老年用品

随着社会的发展,更多的行业、研究进入到养老领域,老年用品也是种类繁多。常见的老年用品根据用途可以分为医疗保健类、娱乐设施类、出行辅助类、便利生活类、护理用品类,见表 9-2。

表 9-2　老年用品常见产品分析

分类	常见产品	产品特点	老年人需求程度
医疗保健类	血压计、糖尿仪、保健食品、按摩椅等	医学和科技的结合体,辅助老年人完成自我检查等	针对患有慢性疾病的老年人
娱乐设施类	武术用具、舞蹈用品、健身球类、钓鱼产品、棋牌	有一定健身和娱乐性质的产品	用于老年人空闲时间的娱乐项目
出行辅助类	拐杖、轮椅、代步车、手杖、购物车等	一定的通用性技术和科技的结合体,能够相对全面地辅助老年人出行	用于老年人出行的辅助类产品
便利生活类	放大镜、老花镜、穿针器、义齿清洗剂、定时提醒药盒等	根据老年人的生理特征所设计的具有针对性的产品	根据老年人自身所需而进行自主性购买
护理用品类	坐便器、床上用品等	主要针对失能、半失能的老年人护理身体用的产品	身体患有重病的老年人使用的辅助用品

通过对老年人需求程度分析发现,医疗保健类和护理类产品由于针对性较强,使用人群比较少,非生活中必备品;出行辅助类和便利生活类产品则是大部分老年人的生活必备品;娱乐类产品具有通用性。

医疗保健类产品根据用途可进一步分为预防、治疗、康复三类。预防类的产品适用于身体健康或者身体欠佳的老年人,在日常生活中能够辅助老年人进行自我检查。辅助类产品多用于身体有慢性疾病的老年人,能够改善或者控制疾病的发生。康复类产品则适用于失能和半失能老年人使用,对产品的安全系数和科技含量要求较高。老年医疗保健类产品分析见表9-3。

表9-3　老年医疗保健类常见产品分析

分类	常见产品	产品特点	辅助功能	老年人需求	辅助用户需求
预防类	血压仪、助听器等	具有一定科技的辅助产品	辅助老年人进行身体的检查	老年人主动需求较强	可以独立生活的老年人
治疗类	按摩器、理疗器、吸痰器等	具有辅助治疗的产品	辅助老年人进行治疗	需要老年人或者家人配合操作使用	身边有陪护人员的老年人
康复类	康复脚踏车、牵引训练器、站立架等	安全系数和医疗技术要求较高	辅助失能老年人进行复健	需要在陪护人员的协助下操作使用	身边有陪护人员的老年人

出行辅助产品在老年人生活中扮演了重要并且不可或缺的角色,几乎每一位老年人对于出行辅助产品都有一定的需求。近年来老年人出行辅助产品在市场中非常流行,种类也较多,大致可分为助力产品和非助力产品两种。助力产品主要是指能够完全实现老年人代步的产品,老年人只需简单地操作即可。非助力产品是老年人自发驱动,产品本身没有动能。老年出行辅助用品分析见表9-4。

表9-4　老年出行辅助常见产品分析

分类	常见产品	产品特点	辅助功能	老年人需求	辅助用户需求
助力类	代步车	代步车有两种助力方式,电动和燃油	实现代步功能的同时还能够借力	实现中短途外出的功能	能够独立生活和操作的老年人
非助力类	拐杖、购物车、轮椅等	需要老年人施力,短时间、短距离使用	辅助老年人相对省力地购物和散步	相对省力,能够辅助老年人完成活动	能够辅助老年人,相对省力

中国残疾人康复协会康复工程与辅助技术专业委员会和中国残疾人辅助器具中心,参照国家标准 GB/T 16432—2016/ISO 9999：2011 和《世界卫生组织重点辅助器具清单》,组织编写了《残疾人基本辅助器具指导目录(2020版)》,老年人可参照该文件选用适合的辅具。

在本节,我们介绍几类常见的老年用品。

（一）轮椅

轮椅主要针对有步行障碍的老年群体,是老年人日常生活的重要辅助用具。通过轮椅的使用,老年人可以在平地、斜坡移动。轮椅的种类很多,有手推型轮椅、折叠轮椅、躺式轮椅、电动轮椅等,见图9-1。

（二）手杖、拐杖

杖类器具是辅助老年人行动的重要器具,老年人常用杖的种类可分为手杖和拐杖两种。

手杖由于非常简单,是最常见的步行辅助器具(图9-2)。手杖的功能在于增加步行时支撑的面,以减缓下肢或是身体骨骼结构所必须承担的负荷。手杖主要分为单足手杖和多足手杖。多足手杖的稳定性明显要高于单足手杖,对于行动不便的老年人更为常用。

拐杖主要是用来接受更大的承重,当老年人因病如骨折需要支撑较多的体重时,就不适合使用手杖而需用拐杖了(图9-3)。拐杖可以在老年人行动时改善身体平衡,减缓关节的疼痛,有利于某些疾病的康复。

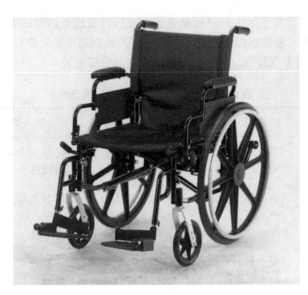

图 9-1　轮椅

图 9-2　手杖

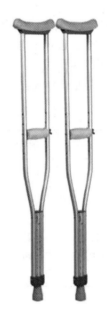

图 9-3　拐杖

（三）有扶手的坐式便器

对于行动不便的老年人来说，在洗手间中最麻烦的事情就是坐下、起立。带扶手椅子一样的坐式便器可以辅助老年人完成坐、起的动作，不但可以大大减轻腰腿的负担，而且还可以防止摔倒受伤等意外事件（图 9-4）。

如厕是一种比较私密的活动，有扶手的坐式便器可以帮助老年人独立完成如厕，有助于保护老年人的隐私与自尊。

（四）保护带

保护带主要针对肢体不能活动的、卧床不起的老年人，起到帮助老年人移动的作用。

（五）餐具

针对一些有感知障碍或手部活动受限的老年人，设计专用餐具（图 9-5），起到使其正常进餐的作用，如防抖勺、具有一定隔热效果的碗，不要采用比较锋利的刀叉等。

（六）移动浴缸

有些老年人因行动不便，沐浴非常困难，也有些老年人不适合到浴室去沐浴，因此移动浴缸的设计就非常有必要了（图 9-6）。

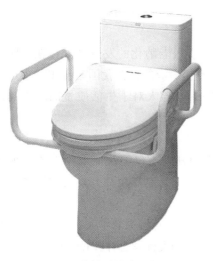

图 9-4　有扶手的坐式便器

图 9-5　餐具

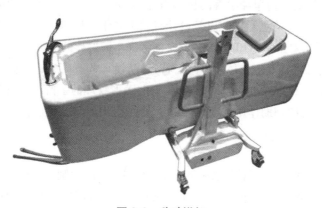

图 9-6　移动浴缸

（七）牵引床

牵引床适用于患有腰椎间盘突出、颈椎病等脊柱相关疾病的老年人,主要功能为腰椎牵引和颈椎牵引,见图 9-7。

此外,常见的老年用品还有口腔清洁器、腕关节训练器、体疗床等。

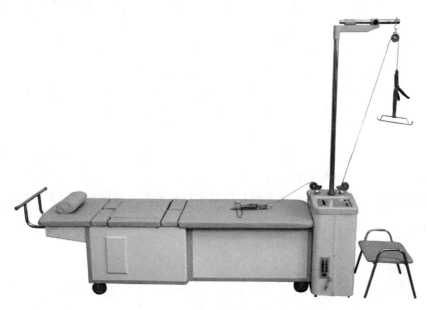

图 9-7　牵引床

三、我国老年用品的发展

目前,我国对于老年用品的研究与开发,与国外一些早已步入老龄化的发达国家存在着明显的差距,这是与当前我国人口老龄化的现状和未来发展趋势不相适应的。在我国老年用品市场属于一个年轻的产业,随着社会的发展,老年人的用品需求增多,老年人对于生活质量的要求越来越高。

（一）老年用品的开发设计原则

老年用品的开发与养老事业的发展密不可分,老年用品的开发不仅要关注老年人的生理需要,更要关注老年人的心理需要。人性化设计与适老化设计并存,是老年用品开发要遵循的基本原则。

在造型风格方面,设计应更加简约、易辨识,在细节设计方面要注意解决老年人在生活中所存在的麻烦,应注重考虑老年人的生理特征和心理特征,贯彻以人为本的设计理念,同时所设计出的产品造型风格也应适合老年人的审美观,服务于老年人的需求。

在色彩方面,应选用比较简单和温馨的色彩搭配,解决老年人由于年龄的增长视力下降,识别字体以及形态吃力的问题。好的色彩搭配以及设计有助于老年人快速地识别反应。此外,在选择色彩时也要考虑到女士和男士对色彩感知力的不同,全面考虑不同群体的需求。

在材质方面,需要考虑到老年人体力下降的特点,所设计的产品应选用更加轻便和牢固的材料,同时也要注意不同材质及纹理对老年人的影响。例如,菱形纹理的手持产品具有防滑的效果,对握力不好的老年人能起到很好的辅助作用。在设计老年人使用的椅子时需要考虑到不同材质的椅面对老年人使用体验感的影响等。

（二）老年用品的租赁

目前,我国一部分老年人受传统消费观念及自身经济条件的限制,不愿意购买或无力购买昂贵的老年用具和设备,这就为养老机构老年用品的租赁提供了广阔的应用空间。通过社区服务平台,机构可以将老年用品投放到真正需要的老年群体中,方便老年人的生活。

知识链接

上海开展康复辅助器具社区租赁服务试点

2018年底,民政部等四部门联合下发了《关于开展康复辅助器具社区租赁服务试点的通知》。经申报,上海成为首批试点地区之一,首期70个康复辅具社区租赁点多数设在试点街镇的社区综合为老服务中心,另有部分设在养老机构或服务残障人士的辅具适配中心,老年人、残障人士、伤病人士可就近前往现场体验或办理租赁。试点期间,上海户籍60周岁至74周岁低保、低收入老年人,75周岁（含）以上老年人,租赁《上海市2019年社区康复辅具租赁产品目录》中的产品可申请租赁服务补贴,补贴金额为辅具租赁服务价格的50%,每人每年补贴上限为3 000元。

列入上海首期康复辅具社区租赁试点的产品有45种,包括矫形器、家具及其配件、个人移动辅助器具、个人生活自理和防护辅助器具、个人医疗辅助器具等。随着试点工作深入,产品目录会适时调整,同时也将进一步研究康复辅具租赁补贴纳入长期护理保险和商业保险的可行性。

（王　新）

综合思考题

案例1：某智慧养老信息服务平台于2015年11月正式启动,截至2017年8月31日有平台用户11.9万人,政府购买服务用户约2万人,商户用户约200人,已托管5个社区养老服务站,为老年人提供就近的紧急救援服务及便民帮扶服务,同时提供各种商业化的居家服务。

具体服务内容如下:

（1）紧急救援服务:凡是服务覆盖的区域,均深入社区,招募线下紧急救援人员,客户需要紧急救援服务时,服务平台根据后台定位联系就近的紧急救援人员到现场查看情况,并协助送医。

（2）商业化的居家生活服务:除了政府兜底的服务群体以外还有公司自己开发的用户,此部分用户的所有费用为自费。服务内容包括3方面。①生活照料服务:助餐、助洁、助行、助购;②康复护理服务:起居照顾、代购药品、陪同就医、一般理疗、康复指导、测量血压;③精神慰藉服务:聊天读报、心理咨询、法律服务（委托有资质的第三方）。除了享受基础信息服务或者上门服务以外,也可享受线下联盟商家的优惠服务和优惠项目（政府兜底客户也可享受联盟商家的优惠服务）。

（3）健康管理项目:利用公司的平台,将前期采集到的老年人的健康信息进行存档（药物过敏史、老年慢性病、食物禁忌等）,同时,护理员每次上门服务时会对用户进行常规的血压、脉搏检测,通过APP将数据上传至公司平台进行永久保存。

服务费用及服务方式:每个服务对象需每年一次性缴费300元,缴费后即可免费享受以下服务内容:①为老年人建立完整健康信息档案;②提供24小时紧急救援;③配发一部具有定位功能的老年人专用机,为老年人提供远程定位服务;④定期电话或上门回访,免费健康体检及专家义诊;⑤享受联盟商家优惠服务。此外,为老年人提供居家养老专用手机号码及手机专用通信资费套餐,并赠送通信话费和流量,费用由运营商进行收取。

案例2：自2012年以来,某地区按照"广覆盖、保基本、可持续"的工作思路,在农村建立居家养老服务中心,让老年人在家门口就能安度晚年,探索创新了农村养老新模式。受益老年人满心欢喜,社会各界赞誉广泛。为了使农村居家养老服务这一民生工程能真正长效惠泽民生,2015年,由区质监局联合区民政局制订并发布了相关规范,以标准化促管理科学化,以科学化管理为惠民工程建立起长效有序发展的机制,对每个养老服务中心的设施设备、服务内容、服务质量方面等都分别进行了全方位的规范,使居家养老服务中心管理起来有据可循,从而满足全区老年人专业化、多样化的居家养老服务需求。

除了满足老年人日常的吃住,居家养老服务中心还为老年人提供"医、养、护一体化"的养老服务。为满足全区老年人日益增长的医疗护理和养老服务需求,有效缓解医养床位紧张和老年人看病难、住院不方便的压力,让老年人不出户、不出村（社区）就能享受到医疗护理服务,该区立足乡镇卫生院,依托社区卫生服务站和居家养老服务中心,推进村（社区）责任医生签约服务,打造医养结合模式,对辖区低保、特困供养人员签约服务费全部由财政承担。通过与责任医生签约服务协议,为老年人建立健康档案,定期上门提供健康管理、健康体检、保健咨询、慢性病防控等"医、养、护一体化"服务,并按需提供家庭病床、上门诊视等服务,使居家老年人享受到便捷、专业的医疗保健服务。全区11家乡镇卫生院和居家养老服务中心,已通过互设机构床位、共享优惠政策、签订合作协议等方式全面开展医养服务。

案例3：打造嵌入式社区养老服务机构。某市出台了《关于推进社区长者驿家建设工作的通知》,打造"社区长者驿家"养老服务模式,将小型养老机构移至社区,让"社区长者驿家"与街道老年人日间照料中心、社区居家养老服务站、社区卫生服务机构等整合设置或邻近设置,为社区老年人提供日间照料、助残送餐、短期托养、喘息服务、精神慰藉等服务。

多地利用社区公共服务用房和设施,盘活资源,推进建设小微嵌入式养老服务机构,探索"机构居家化""居家机构化"的服务模式,方便社区老年人就近就亲养老。

案例 4：绘制"关爱地图"，开展精准化社区养老服务。某市对全市高龄、独居、空巢、失能等特殊困难老年人开展摸查工作，绘制集老年人动态管理数据库、老年人能力评估等级档案、养老服务需求、养老服务设施于一体的养老"关爱地图"。

一是实现精准快速救助。开展养老服务需求和老年人能力评估，全面摸清 60 周岁以上低保老年人、80 周岁以上高龄老年人、空巢（留守）老年人、低收入家庭中的残疾老年人等特殊群体的分布情况及老年人身体状况、经济来源、养老服务需求。为老服务队伍、为老服务机构通过"关爱地图"，及时为他们提供生活照料、医疗护理、精神慰藉、文化娱乐等服务，切实消除服务获取障碍，做到关爱援助精准快速。

二是搭建供需精准对接平台。老年人可以通过"关爱地图"搜索就近的养老服务组织或企业、社区日间照料中心、老年大学、就餐服务点、养老机构、医院、超市等分布信息，可以快速查询养老服务设施的收费、服务等情况，结合自身需求，有针对性地选择养老服务，解决了以往养老服务机构布局与老年人实际人数不匹配、服务内容与老年人实际需求不匹配的问题。

分析比较上述案例，思考以下问题：

1. 社区居家养老服务的优势有哪些？
2. 社区居家养老服务的运营模式是怎样的？
3. 依托社区居家养老服务，开发老年用品市场的策略有哪些？

实践项目1 养老机构概况调研

【实训目的】

1. 了解当地养老机构现状、服务内容、服务对象。

2. 能通过调研分析当地养老机构发展现状。

【实训准备】

1. 物品 调研表或调研提纲；当地养老政策和文件。

2. 场所 提前联系的养老机构。

【实训学时】

2学时。

【实训方法与内容】

1. 学生分组，到养老机构进行走访调研。

2. 收集、查阅相关资料。

3. 根据调研养老机构的规模、类型、服务内容与对象等，分析当地养老机构的发展现状和存在的问题，形成调研报告。

【实训评价】

1. 考查学生对当地养老行业发展概况、养老机构类型和性质等现状的调研能力。

2. 考查学生组织协调、分工协作、沟通交流以及发现问题、分析问题和解决问题的能力。

实践项目2 养老机构实地考察

【实训目的】

1. 了解调研的养老机构的规模、服务对象、服务内容、周边环境等基本情况。

2. 能够利用所学知识，对该养老机构的选址和建筑设计进行分析。

【实训准备】

1. 物品 测量工具、白纸、调研提纲。

2. 场所 提前联系的养老机构。

【实训学时】

2学时。

【实训内容与方法】

1. 学生分组，到养老机构进行实地考察，分析该养老机构的选址和建筑设计。

2. 了解该机构的基本情况，如规模、目标人群定位、服务对象与内容、周边环境等。

3. 形成调研报告。

【实训评价】

1. 考查学生根据国家相关规定,对养老机构选址和建筑设计要求进行分析的能力。

2. 考查学生组织协调、分工协作、沟通交流以及发现问题、分析问题和解决问题的能力。

实践项目3　养老机构营销策划

【实训目的】

1. 能提炼所给材料中的有效信息,较为熟练地运用养老机构营销管理的基本原则,评估案例中养老机构的市场定位。

2. 能针对入住养老机构的患有特殊疾病的老年人制订优质服务计划。

【实训准备】

1. 物品　白板、纸张。

2. 环境　可实现分组讨论的实训教室。

【实训学时】

2学时。

【实训方法与内容】

(一)实训内容

华东地区某地级市一家中型养老机构,坐落于城市开发新区,距离老城区约4公里,交通便利,环境优美。机构所在位置周围小区多为五年内新建豪华小区,业主多为附近养老机构收入较高的中层管理人员;周围两公里内有一家综合性三乙医院;附近有三家市属老年大学街道教学点和两家不设床位的社区养老服务中心。机构定位为中高端养老项目,拥有400张床位,以失能、失智照护为特色。机构开业前期在本地电视台、本地互联网门户网站投入大量广告进行营销宣传,广告内容为展示机构幽雅环境和先进照护设备。机构开业三个月以来,前来咨询的客户远少于预期,入住率仅为30%左右。

问题1:分析该机构经营困境的原因,列举求证所需的数据和信息。

经对本区域市场进行调研,汇总数据发现:老城区老年人口密度较高,60岁以上人口占比高达25.6%,开发新区相应数据仅为16%;老城区老年人失能率、高龄率、空巢率占比均远高于开发新区老年人;数据显示开发新区老年人文教娱乐消费高于老城区老年人;调研数据还显示本地老年人对该机构品牌和服务特色的知晓率较低。

问题2:根据上文所给信息,探讨并给出该机构从市场定位、服务产品、营销策划方面需要改进的建议。

(二)实训方法

1. 学生分组进行讨论,并汇报讨论结果。

2. 每组提交一份实训报告。

【实训评价】

1. 考查学生熟练运用所学知识,分析养老机构营销中存在的问题,为养老机构制订营销策略的能力。

2. 考查小组成员组织协调、分工协作、沟通交流、发现问题、分析问题和解决问题的能力以及自主学习的能力。

实践项目4　养老机构信息化管理软件操作

【实训目的】

1. 熟悉机构养老管理信息系统的业务模块。

2. 帮助学生直观体会养老机构信息管理的高效、便捷与智能化,理解养老机构信息化管理的必要性。

3. 培养学生利用现代化信息技术更好地服务老年人的职业素质。

【实训准备】

1. 物品　计算机。

2. 环境　实训机房,网络环境良好。

【实训内容与方法】

上机操作机构养老管理信息系统(可结合学校实际购买教学软件或通过网页申请有关软件的试用权限),了解信息化管理在养老机构运营中的应用。

1. 按照实训指导教师要求打开教学软件或输入指定网址。

2. 熟悉机构养老管理信息系统的业务界面。

3. 结合所学内容,分析该系统的各业务界面设置、用户体验的合理性与不足之处。

【实训评价】

1. 每位同学提交一份该机构养老管理信息系统用户体验报告。

2. 各小组提交一份国内智慧养老 / 智能化养老的现状综述。

实践项目 5　入院管理和制订服务计划

【实训目的】

1. 熟悉老年人入住流程,掌握养老机构服务内容和要求。

2. 学会为老年人办理入住手续,建立入住档案,根据护理评定等级制订服务计划。

【实训准备】

1. 物品　某养老机构入住申请表、养老服务入住协议及附件、体检报告、入住评估结果、老年人身份证复印件、户籍卡复印件、紧急联系人 / 担保人的身份证复印件及联系方式等。

2. 器械　电脑、养老机构管理软件。

3. 环境　养老机构运营管理实训室。

【实训学时】

2 学时。

【实训方法与内容】

(一)实训内容

张爷爷,78 岁,有糖尿病史 16 余年,使用口服药治疗,血糖控制较好,吃饭有时会出现呛咳、吞咽困难等症状,需要别人帮助进食,能看清大字体,但看不清书报上的标准字体,听力正常,因老伴去世,长时间自己独处,有些脱离社会。模拟出入院管理部门和护理部门为老年人建立入住档案,并为老年人制订服务计划。

(二)实训方法

1. 学生 4~6 人分为一组,模拟完成实训内容。

2. 分组进行汇报,完成实训报告。

【实训评价】

1. 考查学生熟练掌握工作流程、为老年人提供入院服务的能力。

2. 考查小组成员以人为本的意识,以及组织协调、分工协作、沟通交流、发现问题、分析问题和解决问题的能力和自主学习的能力。

实践项目 6　养老机构意外伤害事故案例分析

【实训目的】

1. 熟练掌握养老机构意外伤害事故类型、产生原因、防范措施以及突发事件发生后的应急处理措施。

2. 学会应对媒体,进行危机管理。

【实训准备】

1. 物品　案例分析任务单。

2. 器械　桌椅、相关文件。

3. 环境　养老机构运营管理实训室。

【实训学时】

2 学时。

【实训内容与方法】

（一）实训内容

案例一:某日养老机构中的老年人出现不同程度的腹泻现象,经过调查发现该养老机构的食堂承包给了个人。试分析在该案例中食品安全管理中可能存在的问题及责任,说明应急处理措施,如何防止类似情况再次发生。

案例二:住在某养老院的一位男性老人,70 岁,三级护理。某日下午,由儿子带出去吃晚饭,晚上7 点钟回养老院,回院后老人要求护理员开浴室门洗浴。护理员说:"洗浴时间已过,不能洗。"在该老人再三要求下,护理员打开了浴室门让该老年人洗浴。一小时后,护理员发现该老人摔倒在浴室内,送医检查诊断为股骨骨折,家属要求养老院作出赔偿。试分析该案例中各方责任及原因,说明应急处理措施及如何防止类似事件再次发生。

案例三:年过七旬的赵爷爷被子女送到家里附近的一家日间照料中心,白天老人在日间照料中心有人照顾,子女也很安心,但是,3 周后老人突然从日间照料中心走失。照料中心和赵爷爷的子女到处寻找,虽然最终找到了老人,但老人的身体和精神状况明显变差。赵爷爷的子女将日间照料中心告上了法庭,要求被告赔偿精神损失费 8 万元,并承担为寻找老年人支出的相关费用。日间照料中心认为赵爷爷当天情绪等各方面都很正常,如果没有其他原因赵爷爷即便出走,也应自己回来,因此怀疑赵爷爷是否患有记忆方面的疾病,但因日间照料中心在接收赵爷爷时没有做过体检,没有任何依据。试分析该案例中各方的责任及原因,说明应急处理措施以及如何防止类似事件再次发生。

（二）实训方法

1. 学生 4~6 人分为一组,分组讨论案例。

2. 分组进行汇报,完成实训报告。

3. 根据案例三,分工进行角色扮演,模拟进行危机处理。

【实训评价】

1. 考查学生能够正确分析养老机构发生意外事件的原因、责任,掌握对意外事件防范和处理措施。

2. 考查小组成员以人为本的意识以及组织协调、分工协作、沟通交流、发现问题、分析问题、解决问题的能力和自主学习的能力。

实践项目 7　养老机构质量管理案例分析

【实训目的】

1. 能对所给材料进行信息加工,较为熟练地运用质量管理的基本方法,评估案例中养老机构质量管理活动。

2. 能针对入住养老机构的患有特殊疾病的老年人制订优质服务计划。

【实训准备】

1. 物品　撰写实训报告纸张若干。

2. 环境　可实现分组讨论的实训教室。

【实训学时】

2 学时。

【实训方法与内容】

（一）实训内容

谢爷爷因认知障碍入住某养老机构的三楼失智区。入院评估简易智能状态量表评分14分,属于中度老年认知症患者。

入院后谢爷爷一直念叨自己有重要的东西丢了,要去找回来,负责照料他的护理员未给予重视。某日在护理员中午交接班的过程中,谢爷爷从房间出走。直至下午三点左右,护理员才发现老年人不在自己房间。养老机构调监控发现,三楼失智区的门禁系统有故障,无须刷卡就能打开。后来又发现老年人未从电梯下楼,而是拐进了楼梯,有监控死角,从而无法判断老年人的具体位置。随后机构调取了大门口监控,未看到老年人离开养老机构的身影,于是动员全体工作人员在养老院内寻找,最终在九楼天台发现老人坐在空调通风口。

（二）实训方法

1. 学生分组讨论。

2. 运用质量管理的基本方法(任选一种),对该养老机构的服务质量管理活动进行分析。每人提交一份分析报告。

3. 为养老服务机构对患有认知症/偏瘫/抑郁症的入住老年人制订服务计划。每小组提交一份服务计划。

【实训评价】

1. 考查学生是否能选择恰当的质量管理方法,较为全面地分析该养老机构产生质量缺陷的原因。

2. 考查小组成员是否能积极协作,运用"头脑风暴法"等方法充分讨论,为养老机构入住的患有特殊疾病老年人制订优质服务计划。

附 录

附录一 常用法规、标准一览表

法规、标准名称	文件号或标准号
养老机构安全管理	MZ/T 032—2012
无障碍设计规范	GB 50763—2012
社区老年人日间照料中心服务基本要求	GB/T 33168—2016
社区老年人日间照料中心设施设备配置	GB/T 33169—2016
养老机构服务质量基本规范	GB/T 35796—2017
养老机构等级划分与评定	GB/T 37276—2018
老年人照料设施建筑设计标准	JGJ 450—2018
城镇老年人设施规划规范（2018年版）	GB 50437—2007
养老机构管理办法	中华人民共和国民政部令 第66号
养老机构服务安全基本规范	GB 38600—2019
养老机构老年人健康档案管理规范	MZ/T 168—2021
养老服务常用图形符号及标志	MZ/T 131—2019
养老机构预防压疮服务规范	MZ/T 132—2019
养老机构顾客满意度测评	MZ/T 133—2019
残疾人基本辅助器具指导目录（2020版）	—
养老机构社会工作服务规范	MZ/T 169—2021
养老机构服务标准体系建设指南	MZ/T 170—2021
养老机构生活照料服务规范	MZ/T 171—2021
老年人能力评估规范	GB/T 42195—2022

附录二　老年人健康档案

附录 A
（资料性）基本信息

养老机构名称：　　　　　　　　　　　　　　　　　　　　档案号：

<table>
<tr>
<td rowspan="8">基本信息</td>
<td colspan="2">姓名_____性别：1. 男　2. 女　□　出生日期_____年____月___日　年龄_____国籍_____</td>
</tr>
<tr>
<td colspan="2">出生地_____省（区、市）_____市_____区　籍贯_____省（区、市）_____市　民族_____</td>
</tr>
<tr>
<td colspan="2">身份证号_____婚姻：1. 未婚　2. 已婚　3. 丧偶　4. 离婚　5. 其他　　　　　□</td>
</tr>
<tr>
<td colspan="2">现住址_____省（区、市）_____市_____区_____电话_____邮编_____</td>
</tr>
<tr>
<td colspan="2">户口地址_____省（区、市）_____市_____区_____邮编_____</td>
</tr>
<tr>
<td colspan="2">原工作单位_____职业_____</td>
</tr>
<tr>
<td colspan="2">担保人姓名_____　关系_____　电话_____　单位_____</td>
</tr>
<tr>
<td colspan="2" style="height:0"></td>
</tr>
</table>

<table>
<tr>
<td>付费方式</td>
<td>1. 城镇职工基本医疗保险　2. 城乡居民基本医疗保险　3. 贫困救助　4. 商业医疗保险
5. 全公费　6. 全自费　7. 其他社会保险　8. 其他　　　　　　　　　　　　　　　□</td>
</tr>
<tr>
<td colspan="2">入住机构时间_____年____月___日___时　离开机构时间_____年____月___日___时
住机构_____天</td>
</tr>
<tr>
<td>入住机构
时身体
状况</td>
<td></td>
</tr>
<tr>
<td>离开机构
时身体
状况</td>
<td></td>
</tr>
<tr>
<td colspan="2">药物过敏：1. 无　2. 有，过敏药物 _____　　　　　　　　　　　　　　□</td>
</tr>
<tr>
<td colspan="2">离开机构原因：1. 回家　2. 转其他养老机构　3. 转院就医　4. 死亡　5. 其他　　　　□</td>
</tr>
<tr>
<td colspan="2" style="text-align:right">签名：　　年　月　日</td>
</tr>
</table>

附录 B
（资料性）
健康评估

档案号

姓名	性别	年龄	身份证号

评估类别　□入院评估　□例行评估　□即时评估

健康状况

评估结果

评估人：　　　　　　　　　　　　　　　　　　评估日期：

附录 C
（资料性）
日常生活能力（ADL）评定量表

项目	评分	分值	评估内容
进食		10分	可独立进食,自己在合理的时间（约1h内完成一餐饭）,自行或用辅具进食,不需要协助
		5分	需部分帮助,前述某个步骤需要一定帮助,如切好食物或穿脱进食辅具
		0分	完全依赖他人,无法自行取食
洗澡		5分	可自行完成盆浴、淋浴或擦澡,不需他人协助、监督或持续敦促
		0分	需要别人协助监督或持续敦促才能完成;可自行完成,但执行过程困难或清洁度不佳
修饰		5分	可自行刷牙、洗脸、洗手、梳头发和刮胡子
		0分	需别人协助才能完成上述盥洗项目
穿脱衣裤鞋袜		10分	可自行穿脱衣裤鞋袜,必要时使用辅具
		5分	在别人帮忙下,可自行完成一半以上动作
		0分	需要别人完全帮忙
如厕		10分	可自行上下马桶、坐便器,便后清洁,不会弄脏衣裤且没有安全上的顾虑;若使用便盆,可自行拿取并清洗干净
		5分	在上述如厕过程中需要协助保持平衡、整理衣物或使用卫生纸
		0分	无法完成如厕过程
大便控制		10分	可控制大便,必要时会自行使用塞剂
		5分	偶尔失控（每周不超过一次）,使用塞剂需要别人帮忙
		0分	完全失控或需要灌肠
小便控制		10分	可控制小便,日夜皆不会尿失禁,必要时会自行使用并清理尿布、尿裤
		5分	偶尔失控（每周不超过一次）,使用尿布、尿裤需要别人帮忙
		0分	完全失控或需要导尿
移位转移		15分	可独立完成
		10分	需他人搀扶或使用拐杖
		5分	需要较大程度上依赖他人搀扶和帮助
		0分	完全依赖他人
平地行走		15分	可独立在平地上行走50m
		10分	需他人搀扶或使用拐杖、助行器等辅助器具
		5分	需要极大帮助或坐在轮椅上自行在平地上移动
		0分	完全依赖他人

续表

项目	评分	分值	评估内容
上下楼梯		10分	可独立连续上下 10~15 个台阶
		5分	需要他人搀扶或口头指导
		0分	需要极大帮助或完全依赖他人搀扶

附录 D
（资料性）
简易智力状态检查量表（MMSE）

项目	评分（1 正确 0 错误）	
时间定向		
1. 现在是		
哪一年？	1	0
哪一季节?	1	0
几月份?	1	0
几号?	1	0
星期几?	1	0
地点定向		
2. 我们在:		
哪个国家?	1	0
哪个城市?	1	0
什么地址?	1	0
哪个医院?	1	0
第几层楼?	1	0
表达		
3. 复述以下 3 个物体的名称		
手表	1	0
钢笔	1	0
眼镜	1	0
注意力与计算力		
4. 计算:		
93-7= ?	1	0
86-7= ?	1	0
79-7= ?	1	0
72-7= ?	1	0

项目	评分（1 正确 0 错误）	
记忆力		
5. 回忆刚才复述过的 3 个物体名称		
手表	1	0
钢笔	1	0
眼镜	1	0
语言		
6. 说出所示物体名称		
帽子	1	0
毛巾	1	0
7. 复述		
"如果、并且、但是"	1	0
8. 朗读卡片上的句子		
"闭上眼睛"	1	0
9. 按卡片上写的做：		
用右手拿一张纸	1	0
两手将它对折	1	0
然后放在左腿上	1	0
10. 写一个完整的句子		
（要有主语、谓语,且有一定意义）	1	0
11. 模仿画出下图		
（两个五边形交叉形成一个四边形）	1	0

姓名		性别		年龄		体检日期	
内容		检查项目					

内容		检查项目	
症状		1 无症状　2 头痛　3 头晕　4 心悸　5 胸闷　6 胸痛　7 慢性咳嗽　8 咳痰　9 呼吸困难　10 多饮　11 多尿　12 体重下降　13 乏力　14 关节肿痛　15 视力模糊　16 手脚麻木　17 尿急　18 尿痛　19 便秘　20 腹泻　21 恶心呕吐　22 眼花　23 耳鸣　24 乳房胀痛　25 其他_____　□□□□□□	
病史		1 无　2 高血压　3 冠心病　4 慢性阻塞性肺疾病　5 糖尿病　6 高脂血症　7 脑卒中　8 溃疡病　9 肾病　10 骨质疏松　11 恶性肿瘤　12 老年痴呆　13 重性精神疾病　14 结核病　15 肝炎　16 职业病　17 其他_____　□□□□□□	
一般状况	老年人生活自理能力	1 可自理　2 轻度依赖　3 中度依赖　4 不能自理	□
	老年人认知功能	1 粗筛阴性　2 粗筛阳性	□
	老年人情感状态	1 粗筛阴性　2 粗筛阳性	□
生活方式	饮食	1 普食　2 软食　3 吞咽困难　4 饮水呛咳　5 鼻饲　6 其他	□/□/□
	二便	1 正常　2 便秘　3 排尿困难　4 留置尿管　5 其他	□/□/□
	睡眠	1 正常　2 睡眠困难　3 早醒　4 夜间吵闹　5 其他	□/□/□
体格检查	T_____　P_____　R_____　BP_____　意识 1 清楚　2 模糊　3 嗜睡　4 昏睡　5 昏迷		□
	皮肤	1 正常　2 潮红　3 苍白　4 发绀　5 色素沉着　6 其他_____	□
	巩膜	1 正常　2 黄染　3 充血　4 其他_____	□
	淋巴结	1 未触及　2 锁骨上　3 腋窝　4 其他_____	□
	眼部	1 正常　2 异常_____	□
	耳部	1 正常　2 异常_____	□
	口咽	口唇 1 红润　2 苍白　3 发干　4 皲裂　5 疱疹	□
		齿列 1 正常　2 缺齿　3 龋齿　4 义齿	□
		咽部 1 无充血　2 充血　3 淋巴滤泡增生	□
	胸廓	桶状胸 1 否　2 是	□
	乳房	1 未见异常　2 切除　3 包块　4 其他_____	□
	肺脏	呼吸音　1 正常　2 异常_____	□
		啰音 1 无　2 干啰音　3 湿啰音　4 其他_____	□
	心脏	心率_____ 次 /min　心律 1 齐　2 不齐　3 绝对不齐	□
		杂音 1 无　2 有_____	□
	腹部	压痛 1 无　2 有_____	□
		包块 1 无　2 有_____	□
		肝大 1 无　2 有_____	□

内容		检查项目		
	腹部	脾大1无　2有_____		☐
		移动性浊音1无　2有_____		☐
	脊柱	畸形1无　2有_____		☐
	四肢	畸形1无　2有_____		☐
	神经系统	生理反射1存在　2无		☐
		病理反射1无　2有_____		☐
辅助检查	血常规	1正常　2异常_____		☐
	尿常规	1正常　2异常_____		☐
	肝功	1正常　2异常_____		☐
	肾功	1正常　2异常_____		☐
	血脂	1正常　2异常_____		☐
	空腹血糖	1正常　2异常_____		☐
	乙型肝炎表面抗原	1正常　2异常_____		☐
	心电图	1正常　2异常_____		☐
	胸部X线片	1正常　2异常_____		☐
	腹部B超	1正常　2异常_____		☐
	其他_____			

用药情况	药物名称	用法用量	其他需说明的情况

健康评价	1体检无异常　2有异常_____	☐
健康指导	1建议复查　2建议转诊　3其他_____	☐/☐/☐

签名：　　　　　　　　　　　　　　　　　　　　　　　　　　　　　年　月　日

注：未检查的项目可在相应栏中划"—"。

附录F

（资料性）

知情同意书

档案号

姓名	性别	年龄	入住机构日期

告知目的

入住机构时主要情况

目前情况（健康状况、诊疗情况及需要的进一步检查、治疗项目）

可能出现的情况

担保人意见（包括治疗意见以及是否了解所交代病情）

老年人签名：   签名：

担保人签名（注明与老年人的关系）

　　　年　月　日　时　分   年　月　日　时　分

附录

附录三　养老机构管理办法

第一章　总　则

第一条　为了规范对养老机构的管理,促进养老服务健康发展,根据《中华人民共和国老年人权益保障法》和有关法律、行政法规,制定本办法。

第二条　本办法所称养老机构是指依法办理登记,为老年人提供全日集中住宿和照料护理服务,床位数在10张以上的机构。

养老机构包括营利性养老机构和非营利性养老机构。

第三条　县级以上人民政府民政部门负责养老机构的指导、监督和管理。其他有关部门依照职责分工对养老机构实施监督。

第四条　养老机构应当按照建筑、消防、食品安全、医疗卫生、特种设备等法律、法规和强制性标准开展服务活动。

养老机构及其工作人员应当依法保障收住老年人的人身权、财产权等合法权益。

第五条　入住养老机构的老年人及其代理人应当遵守养老机构的规章制度,维护养老机构正常服务秩序。

第六条　政府投资兴办的养老机构在满足特困人员集中供养需求的前提下,优先保障经济困难的孤寡、失能、高龄、计划生育特殊家庭等老年人的服务需求。

政府投资兴办的养老机构,可以采取委托管理、租赁经营等方式,交由社会力量运营管理。

第七条　民政部门应当会同有关部门采取措施,鼓励、支持企业事业单位、社会组织或者个人兴办、运营养老机构。

鼓励自然人、法人或者其他组织依法为养老机构提供捐赠和志愿服务。

第八条　鼓励养老机构加入养老服务行业组织,加强行业自律和诚信建设,促进行业规范有序发展。

第二章　备案办理

第九条　设立营利性养老机构,应当在市场监督管理部门办理登记。设立非营利性养老机构,应当依法办理相应的登记。

养老机构登记后即可开展服务活动。

第十条　营利性养老机构办理备案,应当在收住老年人后10个工作日以内向服务场所所在地的县级人民政府民政部门提出。非营利性养老机构办理备案,应当在收住老年人后10个工作日以内向登记管理机关同级的人民政府民政部门提出。

第十一条　养老机构办理备案,应当向民政部门提交备案申请书、养老机构登记证书、符合本办法第四条要求的承诺书等材料,并对真实性负责。

备案申请书应当包括下列内容:

(一)养老机构基本情况,包括名称、住所、法定代表人或者主要负责人信息等;

(二)服务场所权属;

(三)养老床位数量;

(四)服务设施面积;

(五)联系人和联系方式。

民政部门应当加强信息化建设,逐步实现网上备案。

第十二条　民政部门收到养老机构备案材料后,对材料齐全的,应当出具备案回执;材料不齐全的,应当指导养老机构补正。

第十三条　已经备案的养老机构变更名称、法定代表人或者主要负责人等登记事项,或者变更服

177

务场所权属、养老床位数量、服务设施面积等事项的,应当及时向原备案民政部门办理变更备案。

养老机构在原备案机关辖区内变更服务场所的,应当及时向原备案民政部门办理变更备案。营利性养老机构跨原备案机关辖区变更服务场所的,应当及时向变更后的服务场所所在地县级人民政府民政部门办理备案。

第十四条　民政部门应当通过政府网站、政务新媒体、办事大厅公示栏、服务窗口等途径向社会公开备案事项及流程、材料清单等信息。民政部门应当依托全国一体化在线政务服务平台,推进登记管理机关、备案机关信息系统互联互通、数据共享。

第三章　服务规范

第十五条　养老机构应当建立入院评估制度,对老年人的身心状况进行评估,并根据评估结果确定照料护理等级。

老年人身心状况发生变化,需要变更照料护理等级的,养老机构应当重新进行评估。

养老机构确定或者变更老年人照料护理等级,应当经老年人或者其代理人同意。

第十六条　养老机构应当与老年人或者其代理人签订服务协议,明确当事人的权利和义务。

服务协议一般包括下列条款:

(一)养老机构的名称、住所、法定代表人或者主要负责人、联系方式;

(二)老年人或者其代理人和紧急联系人的姓名、住址、身份证明、联系方式;

(三)照料护理等级和服务内容、服务方式;

(四)收费标准和费用支付方式;

(五)服务期限和场所;

(六)协议变更、解除与终止的条件;

(七)暂停或者终止服务时老年人安置方式;

(八)违约责任和争议解决方式;

(九)当事人协商一致的其他内容。

第十七条　养老机构按照服务协议为老年人提供生活照料、康复护理、精神慰藉、文化娱乐等服务。

第十八条　养老机构应当为老年人提供饮食、起居、清洁、卫生等生活照料服务。

养老机构应当提供符合老年人住宿条件的居住用房,并配备适合老年人安全保护要求的设施、设备及用具,定期对老年人的活动场所和物品进行消毒和清洗。

养老机构提供的饮食应当符合食品安全要求、适宜老年人食用、有利于老年人营养平衡、符合民族风俗习惯。

第十九条　养老机构应当为老年人建立健康档案,开展日常保健知识宣传,做好疾病预防工作。养老机构在老年人突发危重疾病时,应当及时转送医疗机构救治并通知其紧急联系人。

养老机构可以通过设立医疗机构或者采取与周边医疗机构合作的方式,为老年人提供医疗服务。养老机构设立医疗机构的,应当按照医疗机构管理相关法律法规进行管理。

第二十条　养老机构发现老年人为传染病病人或者疑似传染病病人的,应当及时向附近的疾病预防控制机构或者医疗机构报告,配合实施卫生处理、隔离等预防控制措施。

养老机构发现老年人为疑似精神障碍患者的,应当依照精神卫生相关法律法规的规定处理。

第二十一条　养老机构应当根据需要为老年人提供情绪疏导、心理咨询、危机干预等精神慰藉服务。

第二十二条　养老机构应当开展适合老年人的文化、教育、体育、娱乐活动,丰富老年人的精神文化生活。

养老机构开展文化、教育、体育、娱乐活动时,应当为老年人提供必要的安全防护措施。

第二十三条　养老机构应当为老年人家庭成员看望或者问候老年人提供便利,为老年人联系家庭成员提供帮助。

第二十四条　鼓励养老机构运营社区养老服务设施,或者上门为居家老年人提供助餐、助浴、助洁等服务。

第四章　运　营　管　理

第二十五条　养老机构应当按照国家有关规定建立健全安全、消防、食品、卫生、财务、档案管理等规章制度,制定服务标准和工作流程,并予以公开。

第二十六条　养老机构应当配备与服务和运营相适应的工作人员,并依法与其签订聘用合同或者劳动合同,定期开展职业道德教育和业务培训。

养老机构中从事医疗、康复、消防等服务的人员,应当具备相应的职业资格。养老机构应当加强对养老护理人员的职业技能培训,建立健全体现职业技能等级等因素的薪酬制度。

第二十七条　养老机构应当依照其登记类型、经营性质、运营方式、设施设备条件、管理水平、服务质量、照料护理等级等因素合理确定服务项目的收费标准,并遵守国家和地方政府价格管理有关规定。

养老机构应当在醒目位置公示各类服务项目收费标准和收费依据,接受社会监督。

第二十八条　养老机构应当实行 24 小时值班,做好老年人 安全保障工作。

养老机构应当在各出入口、接待大厅、值班室、楼道、食堂等公共场所安装视频监控设施,并妥善保管视频监控记录。

第二十九条　养老机构内设食堂的,应当取得市场监督管理部门颁发的食品经营许可证,严格遵守相关法律、法规和食品安全标准,执行原料控制、餐具饮具清洗消毒、食品留样等制度,并依法开展食堂食品安全自查。

养老机构从供餐单位订餐的,应当从取得食品生产经营许可的供餐单位订购,并按照要求对订购的食品进行查验。

第三十条　养老机构应当依法履行消防安全职责,健全消防安全管理制度,实行消防工作责任制,配置消防设施、器材并定期检测、维修,开展日常防火巡查、检查,定期组织灭火和应急疏散消防安全培训。

养老机构的法定代表人或者主要负责人对本单位消防安全工作全面负责,属于消防安全重点单位的养老机构应当确定消防安全管理人,负责组织实施本单位消防安全管理工作,并报告当地消防救援机构。

第三十一条　养老机构应当依法制定自然灾害、事故灾难、公共卫生事件、社会安全事件等突发事件应急预案,在场所内配备报警装置和必要的应急救援设备、设施,定期开展突发事件应急演练。

突发事件发生后,养老机构应当立即启动应急预案,采取防止危害扩大的必要处置措施,同时根据突发事件应对管理职责分工向有关部门和民政部门报告。

第三十二条　养老机构应当建立老年人信息档案,收集和妥善保管服务协议等相关资料。档案的保管期限不少于服务协议期满后五年。

养老机构及其工作人员应当保护老年人的个人信息和隐私。

第三十三条　养老机构应当按照国家有关规定接受、使用捐赠、资助。

鼓励养老机构为社会工作者、志愿者在机构内开展服务提供便利。

第三十四条　鼓励养老机构投保责任保险,降低机构运营风险。

第三十五条　养老机构因变更或者终止等原因暂停、终止服务的,应当在合理期限内提前书面通知老年人或者其代理人,并书面告知民政部门。

老年人需要安置的,养老机构应当根据服务协议约定与老年人或者其代理人协商确定安置事宜。民政部门应当为养老机构妥善安置老年人提供帮助。

养老机构终止服务后,应当依法清算并办理注销登记。

第五章 监 督 检 查

第三十六条 民政部门应当加强对养老机构服务和运营的监督检查,发现违反本办法规定的,及时依法予以处理并向社会公布。

民政部门在监督检查中发现养老机构存在应当由其他部门查处的违法违规行为的,及时通报有关部门处理。

第三十七条 民政部门依法履行监督检查职责,可以采取以下措施:

(一)向养老机构和个人了解情况;

(二)进入涉嫌违法的养老机构进行现场检查;

(三)查阅或者复制有关合同、票据、账簿及其他有关资料;

(四)发现养老机构存在可能危及人身健康和生命财产安全风险的,责令限期改正,逾期不改正的,责令停业整顿。

民政部门实施监督检查时,监督检查人员不得少于2人,应当出示执法证件。

对民政部门依法进行的监督检查,养老机构应当配合,如实提供相关资料和信息,不得隐瞒、拒绝、阻碍。

第三十八条 对已经备案的养老机构,备案民政部门应当自备案之日起20个工作日以内进行现场检查,并核实备案信息;对未备案的养老机构,服务场所所在地的县级人民政府民政部门 应当自发现其收住老年人之日起20个工作日以内进行现场检查,并督促及时备案。

民政部门应当每年对养老机构服务安全和质量进行不少于一次的现场检查。

第三十九条 民政部门应当采取随机抽取检查对象、随机选派检查人员的方式对养老机构实施监督检查。抽查情况及查处结果应当及时向社会公布。

民政部门应当结合养老机构的服务规模、信用记录、风险程度等情况,确定抽查比例和频次。对违法失信、风险高的养老机构,适当提高抽查比例和频次,依法依规实施严管和惩戒。

第四十条 民政部门应当加强对养老机构非法集资的防范、监测和预警工作,发现养老机构涉嫌非法集资的,按照有关规定及时移交相关部门。

第四十一条 民政部门应当充分利用信息技术手段,加强对养老机构的监督检查,提高监管能力和水平。

第四十二条 民政部门应当定期开展养老服务行业统计工作,养老机构应当及时准确报送相关信息。

第四十三条 养老机构应当听取老年人或者其代理人的意见和建议,发挥其对养老机构服务和运营的监督促进作用。

第四十四条 民政部门应当畅通对养老机构的举报投诉渠道,依法及时处理有关举报投诉。

第四十五条 民政部门发现个人或者组织未经登记以养老机构名义开展活动的,应当书面通报相关登记管理机关,并配合做好查处工作。

第六章 法 律 责 任

第四十六条 养老机构有下列行为之一的,由民政部门责令改正,给予警告;情节严重的,处以3万元以下的罚款:

(一)未建立入院评估制度或者未按照规定开展评估活动的;

(二)未与老年人或者其代理人签订服务协议,或者未按照协议约定提供服务的;

(三)未按照有关强制性国家标准提供服务的;

(四)工作人员的资格不符合规定的;

(五)利用养老机构的房屋、场地、设施开展与养老服务宗旨无关的活动的;

(六)未依照本办法规定预防和处置突发事件的;

(七)歧视、侮辱、虐待老年人以及其他侵害老年人人身和财产权益行为的;

（八）向负责监督检查的民政部门隐瞒有关情况、提供虚假材料或者拒绝提供反映其活动情况真实材料的；

（九）法律、法规、规章规定的其他违法行为。

养老机构及其工作人员违反本办法有关规定，构成违反治安管理行为的，依法给予治安管理处罚；构成犯罪的，依法追究刑事责任。

第四十七条 民政部门及其工作人员在监督管理工作中滥用职权、玩忽职守、徇私舞弊的，对直接负责的主管人员和其他责任人员依法依规给予处分；构成犯罪的，依法追究刑事责任。

第七章 附 则

第四十八条 国家对农村五保供养服务机构的管理有特别规定的，依照其规定办理。

第四十九条 本办法自 2020 年 11 月 1 日起施行。2013 年 6 月 28 日民政部发布的《养老机构管理办法》同时废止。

附录四 养老机构服务安全基本规范（节选）

1 范围

本标准规定了养老机构服务安全的基本要求、安全风险评估、服务防护、管理要求。

本标准适用于养老机构的服务安全管理。

2 规范性引用文件

下列文件对于本文件的应用是必不可少的。凡是注日期的引用文件，仅注日期的版本适用于本文件。凡是不注日期的引用文件，其最新版本（包括所有的修改单）适用于本文件。

GB 2893 安全色

GB 2894 安全标志及其使用导则

3 术语和定义

下列术语和定义适用于本文件。

3.1 相关第三方 relevant third party

老年人配偶、监护人以及为老年人提供资金担保或委托代理的个人或组织。

注：改写 GB/T 35796—2017，定义 3.4。

3.2 床单元 bed unit

养老机构老年人床位所包含的设备和物品。

4 基本要求

4.1 养老机构应符合消防、卫生与健康、环境保护、食品药品、建筑、设施设备标准中的强制性规定及要求。

4.2 使用安全标志应按照 GB 2893，GB 2894 的要求。

4.3 养老护理员应经培训合格后上岗。

4.4 应制定昼夜巡查、交接班制度，并对检查、服务开展情况进行记录。

4.5 应制定老年人个人信息和监控内容保密制度。

4.6 应防止在养老机构内兜售保健食品、药品。

4.7 污染织物应单独清洗、消毒、处置。

4.8 老年人生活、活动区域应禁止吸烟。

5 安全风险评估

5.1 老年人人住养老机构前应结合老年人日常生活活动、精神状态、感知觉与沟通、社会参与进行服务安全风险评估。

5.2 服务安全风险评估应包括噎食、食品药品误食、压疮、烫伤、坠床、跌倒、他伤和自伤、走失、文娱活动意外方面的风险。

5.3 每年应至少进行 1 次阶段性评估,并保存评估记录。

5.4 评估结果应告知相关第三方。

5.5 应根据评估结果划分风险等级。

6 服务防护

6.1 防噎食

6.1.1 应为有噎食风险的老年人提供适合其身体状况的食物。

示例:流质、软食。

6.1.2 有噎食风险的老年人进食时应在工作人员视线范围内,或由工作人员帮助其进食。

6.2 防食品药品误食

6.2.1 应定期检查,防止老年人误食过期或变质的食品。

6.2.2 发现老年人或相关第三方带入不适合老年人食用的食品,应与老年人或相关第三方沟通后处理。

6.2.3 提供服药管理服务的机构,应与老年人或相关第三方签订服药管理协议,准确核对发放药品。

6.2.4 发生误食情况时应及时通知专业人员。

6.3 防压疮

6.3.1 应对有压疮风险的老年人进行检查:皮肤是否干燥、颜色有无改变、有无破损,尿布、衣被等是否干燥平整。

6.3.2 预防压疮措施应包括:变换体位、清洁皮肤、器具保护、整理床铺并清除碎屑。

6.3.3 应对检查情况予以记录。

6.4 防烫伤

6.4.1 倾倒热水时应避开老年人。

6.4.2 洗漱、沐浴前应调节好水温,盆浴时先放冷水再放热水。

6.4.3 应避免老年人饮用、进食高温饮食。

6.4.4 应避免老年人接触高温设施设备与物品。

示例:开水炉、高温消毒餐具、加热后的器皿。

6.4.5 使用取暖物时,应观察老年人的皮肤。

6.4.6 应有安全警示标识。

6.5 防坠床

6.5.1 应对有坠床风险的老年人重点观察与巡视。

6.5.2 应帮助有坠床风险的老年人上下床。

6.5.3 睡眠时应拉好床护栏。

6.5.4 应检查床单元安全。

6.6 防跌倒

6.6.1 老年人居室、厕所、走廊、楼梯、电梯、室内活动场所应保持地面干燥,无障碍物。

6.6.2 应观察老年人服用药物后的反应。

6.6.3 有跌倒风险的老年人起床、行走、如厕等应配备助行器具或由工作人员协助。

6.6.4 地面保洁等清洁服务实施前及过程中应放置安全标志。

6.7 防他伤和自伤

6.7.1 发现老年人有他伤和自伤风险时应进行干预疏导,并告知相关第三方。

6.7.2 应专人管理易燃易爆、有毒有害、尖锐物品以及吸烟火种。

6.7.3 发生他伤和自伤情况时,应及时制止并视情况报警、呼叫医疗急救,同时及时告知相关第三方。

6.8 防走失

6.8.1 有走失风险的老年人应重点观察、巡查,交接班核查。

6.8.2 有走失风险的老年人外出应办理手续。

6.9 防文娱活动意外

6.9.1 应观察文娱活动中老年人的身体和精神状态。

6.9.2 应对活动场所进行地面防滑、墙壁边角和家具防护处理。

7 管理要求

7.1 应急预案

7.1.1 应制定噎食、压疮、坠床、烫伤、跌倒、走失、他伤和自伤、食品药品误食、文娱活动意外突发事件应急预案,并每年至少演练 1 次。

7.1.2 应制定突发事件报告程序。

7.2 评价与改进

7.2.1 应每半年至少对本标准涉及的服务安全风险防范工作评价 1 次。

7.2.2 服务及评价中发现安全隐患应整改、排除。

7.3 安全教育

7.3.1 应制定安全教育年度计划。

7.3.2 养老机构从业人员上岗、转岗前应接受安全教育。

7.3.3 养老机构从业人员每半年应至少接受 1 次岗位安全、职业安全教育,考核合格率不低于 80%。

7.3.4 相关第三方、志愿者和从事维修、保养、装修等短期工作人员应接受养老机构用电、禁烟、火种使用、门禁使用、尖锐物品管理安全教育。

7.3.5 应对老年人开展安全宣传教育。

附录五　养老机构服务质量基本规范(节选)

1 范围

本标准规定了养老机构服务的基本要求、服务项目与质量要求、管理要求、服务评价与改进。

本标准适用于养老机构的服务质量管理。

2 规范性引用文件

下列文件对于本文件的应用是必不可少的,凡是注日期的引用文件,仅注日期的版本适用本文件,凡是不注日期的引用文件,其最新版本(包括所有的修改单)适用于本文件。

GB 50140　建筑灭火器配置设计规范

GB 50763　无障碍设计规范

MZ/T 032—2012　养老机构安全管理

3 术语和定义

下列术语和定义适用于本文件。

3.1 生活照料服务 daily living care service

协助或照顾老年人饮食、起居、清洁、卫生等日常生活的活动。

3.2 医疗护理服务 medical nursing service

为老年人提供疾病预防、保健、康复、照护的活动。

3.3 安宁服务 hospice service

为临终老年人及相关第三方提供特别服务支持及心理慰藉的活动,以及应相关第三方要求,协助办理相关后事的活动。

3.4 相关第三方 relevant third party

为老年人提供资金担保,监护或委托代理责任的个人或组织,如亲属、村(居)委会、老年人原单位等。

4 基本要求

4.1 养老机构应持有养老机构设立许可证。

4.2 提供餐饮服务的养老机构,应持有食品经营许可证。

4.3 养老机构的内设医疗机构,应持有医疗机构执业许可证。

4.4 提供其他应依法许可的服务的养老机构,应持有相应许可证明。

4.5 外包服务应与有资质的外包服务机构签订协议。

5 服务项目与质量要求

5.1 出入院服务

5.1.1 服务内容

出入院服务内容包括但不限于:入院评估、入院手续办理、出院手续办理。

5.1.2 服务要求

5.1.2.1 应建立老年人入院评估制度,评估内容包括但不限于:老年人生理心理状况、服务需求。

5.1.2.2 老年人入院评估结果应经老年人或相关第三方认可,并作为提供相应服务的依据。

5.1.2.3 应采集相关第三方基本信息。

5.1.2.4 老年人确认入住后,养老机构应与老年人和相关第三方签署服务合同,服务合同内容包括但不限于:权利义务、服务内容、服务标准、收费标准、合同的变更和解除。

5.1.2.5 特困人员入住应按规定办理接收手续。

5.1.2.6 协助老年人及相关第三方办理入院手续。

5.1.2.7 老年人终止服务、出院,养老机构应通知相关第三方协助老年人及相关第三方办理出院手续。

5.2 生活照料服务

5.2.1 服务内容

生活照料服务内容包括但不限于:协助老年人个人饮食、起居、清洁卫生、排泄、体位转移。

5.2.2 服务要求

5.2.2.1 应提供24h服务,记录交接班情况。

5.2.2.2 养老护理员应了解所服务老年人的基本信息,包括但不限于:姓名、个人生活照料重点、个人爱好、精神心理情况。

5.2.2.3 养老护理员应定时巡查老年人居室,观察老年人身心状况,发现特殊情况及时报告并协助处理。

5.2.2.4 生活照料服务的要求包括但不限于:

a)防止跌倒、烫伤;

b)保持皮肤、口腔、头发、手足指(趾)甲、会阴部清洁,外表整洁,无长指(趾)甲;保持老年人床铺整洁。

5.3 膳食服务

5.3.1 服务内容

膳食服务内容包括但不限于：为老年人提供集体用餐和个人用餐服务。

5.3.2 服务要求

5.3.2.1 应尊重老年人宗教信仰、民族习惯，结合老年人生理特点、身体状况、生活习惯制定食谱，做到营养均衡。

5.3.2.2 食品加工与制作应符合食品监督管理要求，符合食品安全相关规定。

5.3.2.3 加工后的储存应做到成品与半成品分开、生熟分开。

5.3.2.4 每周应对食谱内容进行调整，向老年人公布并存档。临时调整时，应提前告知。

5.3.2.5 应建立食品留样备查制度，每日留样品种齐全，每种样品不少于100g，并在专用盒上标注品名、时间、餐别、采样人，并将留样盒放置于0~4℃冰箱内，储存时间不少于48h，并留样记录。

5.3.2.6 每餐应对餐（饮）具、送餐工具清洗消毒，每日处理餐厨垃圾。

5.3.2.7 膳食服务人员应身着洁净的工作服，佩戴口罩和工作帽，保持个人清洁。

5.3.2.8 老年人集体用餐时，应配备相应服务人员予以协助。

5.4 清洁卫生服务

5.4.1 服务内容

清洁卫生服务内容包括但不限于：公共区域及老年人居室内的清洁。

5.4.2 服务要求

5.4.2.1 公共区域和老年人居室应整洁，地面干燥，物品摆放安全合理，空气无异味。

5.4.2.2 应每日清扫老年人居室，整理老年人个人物品及生活用品；定期更换床上用品及窗帘等，被污染的及时更换；定期清洁老年人居室内电器、家具、玻璃等；定期清洗消毒卫浴设备。

5.4.2.3 应定期对公共区域及设施设备进行清洁和消毒。

5.4.2.4 被污染的物品，应单独清洁、消毒。

5.4.2.5 卫生间、厨房、居室及其他区域的清洁设备、用具应区别使用及消毒。

5.4.2.6 提供清洁服务前及清洁过程中，应在显著位置设置安全提示标识。

5.5 洗涤服务

5.5.1 服务内容

洗涤服务内容包括但不限于：老年人衣物、被褥等织物的收集、清洗和消毒。

5.5.2 服务要求

5.5.2.1 应配备洗涤设备及固定场所，定期对设备进行消毒，保持洗衣场所环境整洁。

5.5.2.2 应按照不同织物确定收集时间，定期清洗。

5.5.2.3 老年人个人衣物与被褥应分类清洗。

5.5.2.4 被污染的织物，应单独收集、清洗、消毒。

5.5.2.5 应有指定地点收集被污染织物，避免在老年人居住区域清点。

5.5.2.6 应检查洗涤后的织物是否清洗干净、完好无损，并进行清点核对。

5.6 医疗护理服务

5.6.1 服务内容

医疗护理服务内容包括但不限于，常见病多发病诊疗、健康指导、预防保健、康复护理、院内感染控制。

5.6.2 服务要求

5.6.2.1 应对有需要的老年人提供护理服务，包括但不限于：翻身、叩背、尿管管理。

5.6.2.2 应指导老年人使用机构提供的康复辅助器具，包括但不限于轮椅、助行器。

5.6.2.3 应遵医嘱使用约束用具，并与相关第三方签署知情同意书，按操作规范执行。

5.6.2.4　老年人突发疾病时,应及时与相关第三方联系,不能处置的,应立即联系医疗救护机构,并协助做好老年人转诊转院工作。

5.6.2.5　应根据老年人评估结果,签订相应的服药管理协议,提供服药管理服务时,工作人员应核对处方和药品,按照医疗卫生相关部门的规定进行药品发放。

5.6.2.6　应组织老年人开展健康体检,每年不少于1次。

5.6.2.7　老年人Ⅱ度及以上压疮在院新发生率应低于5%。

5.6.2.8　养老机构内设医疗机构,应做到:

a）按照内设医疗机构核准登记的诊疗科目开展诊疗活动;

b）观察老年人生命体征、病情变化、体重变化;

c）开展医疗巡视,发现老年人出现病情变化,做出相应处理;

d）对老年人常见慢性病进行监测及健康指导;

e）进行老年人保健和传染病的预防,定期开展卫生知识宣教工作。

5.7　文化娱乐服务

5.7.1　服务内容

文化娱乐服务内容包括但不限于:文化、体育、娱乐、节日及纪念日庆贺活动。

5.7.2　服务要求

5.7.2.1　应每日组织开展1项以上适合老年人生理、心理特点的文化娱乐活动。

5.7.2.2　服务过程中,应密切关注老年人的身体情况,保障老年人安全地进行活动。

5.8　心理/精神支持服务

5.8.1　服务内容

心理/精神支持服务内容包括但不限于:环境适应、情绪疏导、心理支持、危机干预。

5.8.2　服务要求

5.8.2.1　应帮助入住养老机构的老年人熟悉机构环境,融入集体生活。

5.8.2.2　应了解掌握老年人心理和精神状况,发现异常及时与老年人沟通了解,并告知相关第三方。必要时请医护人员、社会工作者等专业人员协助处理或转至医疗机构。

5.8.2.3　应定期组织协调志愿者为老年人提供服务,促进老年人与外界社会接触交往;倡导老年人参与力所能及的志愿活动。

5.8.2.4　应督促相关第三方定期探访老年人,与老年人保持联系。

5.9　安宁服务

5.9.1　服务内容

安宁服务内容包括但不限于:临终关怀、哀伤辅导和后事指导。

5.9.2　服务要求

5.9.2.1　应尊重老年人宗教信仰、民族习惯和个人意愿,帮助老年人安详、有尊严地度过生命终期。

5.9.2.2　宜引导相关第三方接受老年人临终状况,根据需要协助处理老年人后事。

6　管理要求

6.1　服务管理要求

6.1.1　应建立基本管理制度,包括但不限于行政办公制度、人力资源制度、服务管理制度、财务管理制度、安全管理制度、后勤管理制度、评价与改进制度。

6.1.2　应在机构内醒目位置公布服务管理信息,包括但不限于:服务资质、服务管理部门设置、服务管理专业技术人员资质、主要服务项目、收费标准。

6.1.3　应定期评估老年人身体状况和精神状态;老年人身体状况和精神状态发生变化时,应即时评估；应根据评估结果提供相应服务。

6.1.4　应建立老年人入住档案和健康档案，包括但不限于：服务合同、老年人身份证及户口本复印件、病史记录、体检报告及评估报告。老年人健康档案保管期限应不少于老年人出院后 5 年。

6.1.5　财务、人事、医疗和其他档案的保管期限，应按照国家有关规定执行。

6.1.6　应及时、准确、完整地记录服务过程，并由记录人员签字确认，工作记录保管期限应不少于 3 年。

6.1.7　应保护老年人及相关第三方信息，未经老年人或相关第三方同意，不应泄露老年人及相关第三方信息。

6.1.8　应设立投诉受理部门，公开投诉电话和负责人电话。

6.2　人力资源管理要求

6.2.1　应明确养老机构工作人员岗位职责。

6.2.2　养老护理员配置应满足服务需求。

6.2.3　应配备专职或兼职安全管理人员，包括但不限于：消防安全管理人员、食品安全管理人员。

6.2.4　养老机构工作人员应掌握相应的知识和技能。养老机构负责人应具有养老服务专业知识，定期参加相关培训；养老护理员应经职业技能培训后上岗；护士应持有护士执业资格证；医生应持有相应的执业资格证书；餐饮人员应持有健康合格证；特种设备管理人员应具备相应上岗资质；其他专业技术技能人员应持与岗位相适应的专业资格证书、执业证书或经过技能培训后上岗。

6.2.5　应定期开展或参加培训，培训内容包括但不限于：以人为本、爱老尊老孝老服务理念、相关政策法规及管理服务技能。

6.2.6　应组织工作人员每年进行 1 次健康体检，患传染性疾病的工作人员应停止为老年人提供服务。

6.3　环境及设施设备管理要求

6.3.1　老年人居室内床位平均可使用面积不应低于 $6m^2$，单人居室使用面积不低于 $10m^2$。

6.3.2　老年人居室配置的各种设施设备应安全、稳固，若有突出尖锐的阳角应做软包处理，床头、浴室、卫生间应设呼叫装置。

6.3.3　应设置无障碍设施，包括但不限于：无障碍出入口、安全扶手、无障碍卫生间、防滑地面。无障碍设施的设计应符合 GB 50763 的规定。

6.3.4　应设置垃圾专门存放区域，并分类存放、分类管理。

6.3.5　老年人居室内及其他非吸烟区域应禁止吸烟，若有需要，可设立吸烟区域。

6.3.6　应符合公安消防部门相关要求，配备消防设施设备。消防灭火器的配备应符合 GB 50140 的规定。

6.3.7　应设置醒目、易懂的标志。

6.4　安全管理要求

6.4.1　应按照 MZ/T 032—2012 中第 4 章的规定建立安全管理体系，建立健全各项安全管理制度。安全管理制度应包括但不限于：安全责任制度；安全教育制度；安全操作规范或规程；安全检查制度；事故处理与报告制度；突发事件应急预案；考核与奖惩制度。

6.4.2　突发事件应急管理应符合 MZ/T 032—2012 第 12 章的要求，明确应急管理部门及其责任，制定应急预案，应急预案内容包括但不限于：突发事件类型；组织机构；职责分工；处置原则；处理流程；工作要求。

6.4.3　突发事件类型包括但不限于：火灾；食物中毒；公共卫生事件；自然灾害，老年人自伤、跌倒、噎食、窒息、误吸、走失、烫伤。

6.4.4　养老机构发生意外或可能引发意外的过失行为后，应按要求逐级上报。发生重大疫情，应及时向机构属地疾病预防控制机构报告。

6.4.5 特种设备安全管理应符合 MZ/T 032—2012 中 5.4 的规定,应定期对设施设备进行维护和保养,特种设施设备应设置专人负责管理,定期进行检查,并经有资质的检验机构检验合格后使用。

6.4.6 设施设备安全管理应符合 MZ/T 032—2012 中第 5 章的规定,消防安全设施、器材,每年至少进行 1 次全面检测,确保完好有效。

6.4.7 应每半年至少开展 1 次消防演练和应急预案演练;每季度至少开展 1 次安全教育培训;每月至少组织 1 次防火检查;白天防火巡查、夜间防火巡查每日各不少于 2 次。

7 服务评价与改进

7.1 评价方式

7.1.1 应定期听取老年人及相关第三方的建议和意见,采取设置意见箱、网上收集等方式收集信息。

7.1.2 应定期开展机构内的服务质量检查与考核。

7.1.3 宜采取日常检查、定期检查、不定期抽查、专项检查等方式进行内部评价,每年开展不少于 1 次的自我检查,并形成检查报告。

7.1.4 应每年开展不少于 1 次的服务满意度测评,向住院老年人或相关第三方发放满意度调查问卷,并形成分析报告。

7.1.5 宜邀请相关专家或第三方专业机构,对服务质量进行评价。

7.2 评价内容

服务评价的内容包括但不限于:

a)服务项目;

b)服务质量;

c)服务人员;

d)服务满意度;

e)工作记录和归档情况等。

7.3 持续改进

7.3.1 通过召开工作例会、座谈会等相关会议,进行沟通交流,查找问题,分析原因,及时制定整改措施。

7.3.2 工作人员日常工作中发现问题应及时上报相关部门,及时制定整改措施。

参 考 文 献

[1] 许虹,李冬梅. 养老机构管理[M]. 杭州:浙江大学出版社,2015.

[2] 雷莹. 我国人口老龄化发展趋势问题及对策研究[J]. 农村经济与科技,2019,30(16):207-208.

[3] 李健,石晓燕. 养老机构经营与管理[M]. 南京:南京大学出版社,2016.

[4] 周燕珉,林婧怡. 我国养老社区的发展现状与规划原则探析[J]. 城市规划,2012,36(1):46-51.

[5] 李传福. 养老机构经营管理实用手册[M]. 上海:世界图书出版公司,2019.

[6] 董克用. 人力资源管理[M]. 北京:中国人民大学出版社,2015.

[7] 杨根来,刘开海. 养老机构经营与管理[M]. 北京:机械工业出版社,2019.

[8] 宋剑勇,李怡然. 养老机构运营与管理[M]. 北京:中国社会出版社,2016.

[9] 汪生夫. 养老机构服务与管理实务[M]. 南京:东南大学出版社,2017.

[10] 黄岩松. 养老服务机构院长实务培训[M]. 北京:高等教育出版社,2019.

[11] 贾素平. 养老机构管理与运营实务[M]. 天津:南开大学出版社,2014.

[12] 宋剑勇,李怡然. 养老机构运营与管理[M]. 北京:中国社会出版社,2016.

[13] 王智华. 老人护理机构高效运营[M]. 北京:光明日报出版社,2015.

[14] 李妍妮. 养老型社区公寓营销策略研究[D]. 成都:四川师范大学,2015.

[15] 高鹏飞. 民营养老机构盈利模式研究[D]. 上海:上海工程技术大学,2020.

[16] 程婷. 中国人寿养老社区嘉园营销策略研究[D]. 广州:华南理工大学,2020.

[17] 郭竞成. 居家养老模式的国际比较与借鉴[J]. 社会保障研究,2010(1):29-39.

[18] 侯明明. 基于人性化理念的老年产品设计研究[J]. 工业设计,2020(3):67-68.

[19] 吕晏莹. 老年人生活辅助产品研究[D]. 沈阳:沈阳理工大学,2020.

[20] 赵戎蓉. 重庆市城市社区居家养老照护模式的构建研究[D]. 重庆:中国人民解放军陆军军医大学,2019.

[21] 侯冰. 城市老年人社区居家养老服务需求层次及其满足策略研究[D]. 上海:华东师范大学,2018.

[22] 谭日辉. 北京蓝皮书:中国社区发展报告(2018—2019)(社区养老专题)[M]. 北京:社会科学文献出版社,2019.